東京・目白台の自宅テラスにて
（撮影＝ 楢原多計志）

京都・北白川の自宅前にて

牧野四子吉 画

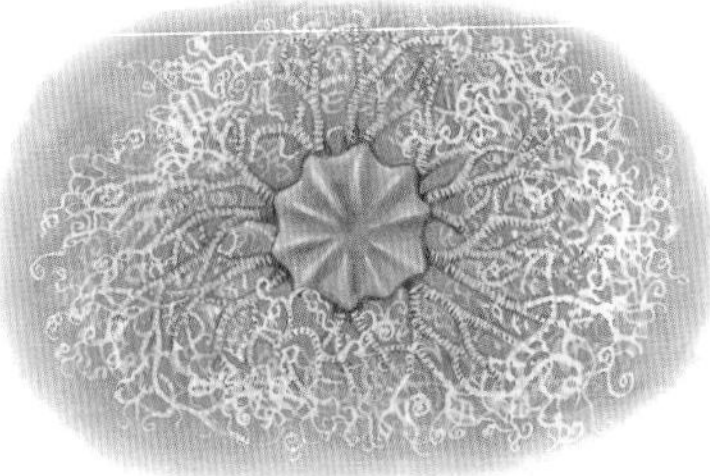

テルズモデル

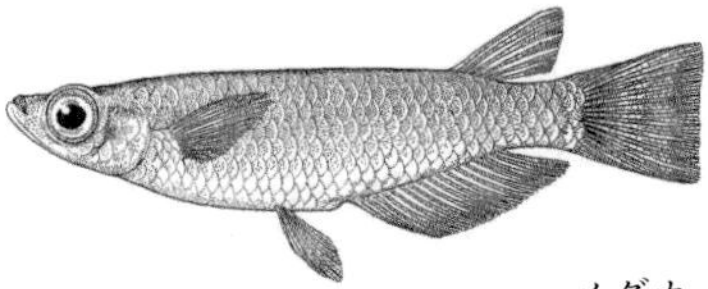

メダカ

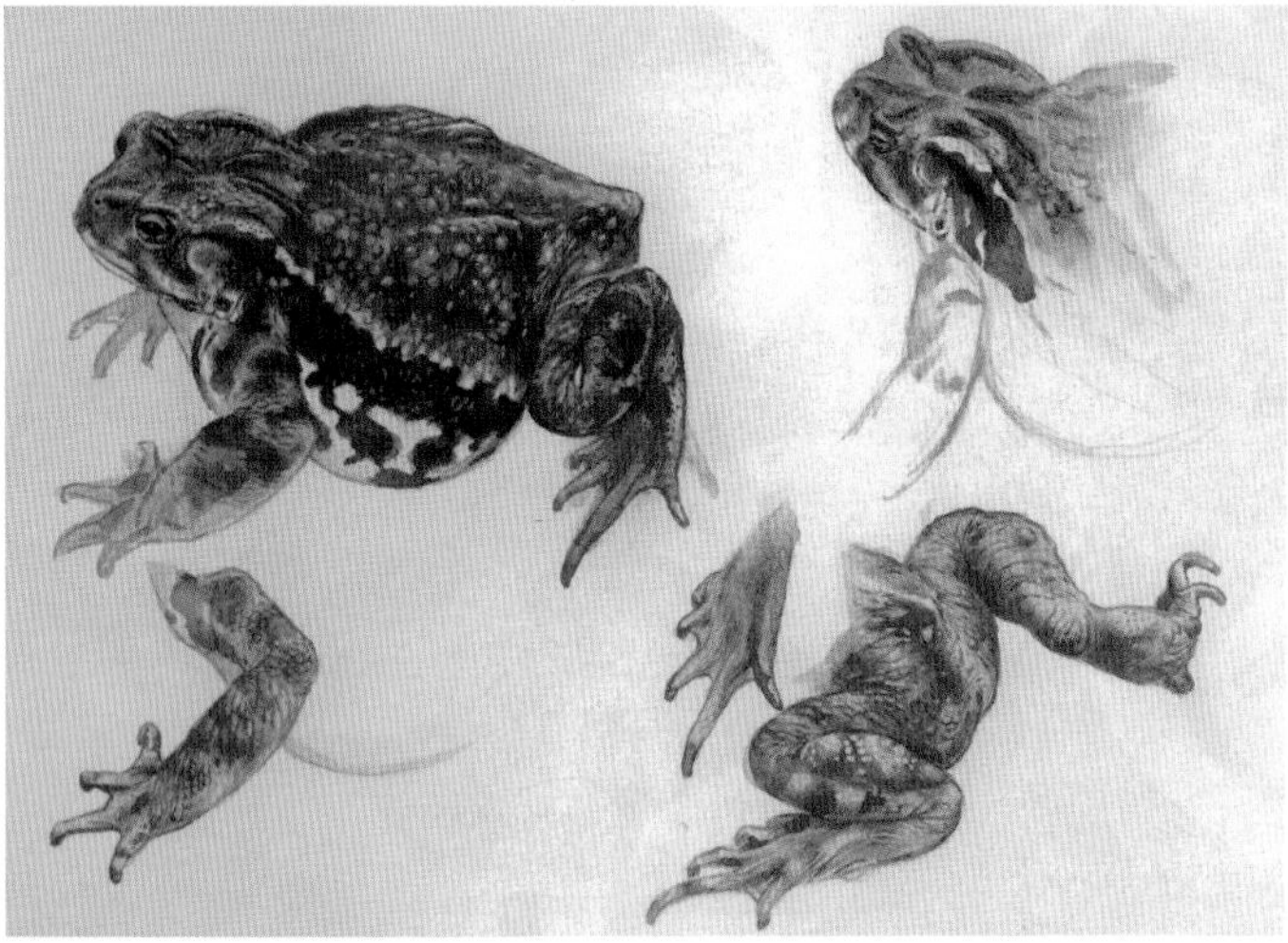

ニホンヒキガエル

スナイソギンチャク

侠気の生態学

牧野四子吉と文子の鮮やかな日々

船木拓生
Funaki Takuo

ぷねうま舎

装丁＝矢部竜二《BowWow》

はじめに　博物誌風精神誌の試み

『広辞苑』（岩波書店）は一九五五年に初版が発行された。国語辞書だが編纂意図に百科事典としての効用をうたい、二十万を越す語彙に二千余の絵図を付けた。その原図制作を編纂者の新村出《しんむらいずる》から依頼されたのが牧野四子吉《よねきち》だ。『広辞苑』は以降、改版ごとに語彙と同様、図版の増加、改変、差換えがあり、画家が増えたが、四子吉の絵は第五版まで使用された。第六版ではすべてをCG化、絵筆による図版はなくなった。

四子吉が生物画家になったのは伴侶に文子がいてのことだった。その二人も没してすでに三十年を越した。が、描かれた野生の力に変わりはない。野生の力、その新鮮な魅力の奥に二人の生が拡がっている。それは派手ではない、むしろ地味な日々の繰り返しだが、その日常の保ち方に時代と静かに切り結んだ精神の靭《つよ》さ、豊かさが溶けている。本書は二人の生の経緯を追いつつ、そこにともなった精神の姿態をたずねることを通して、描かれた野生について語ろうとする博物誌風精神誌の試みである。

たずねた対象の様相は錯綜し、ときに突出散乱してみえるから、それらがつながり形成するはずの界域的網の行方についてあらかじめ見当を付けておきたく、その結び目を粗くだが錘鉛を下ろすがごとく示しておきたい。

四子吉は生物画について、なによりもその生命を美として画面に捉えたかった。しかし生物画は対象をそれらしい姿態で生き生きと、また個別像として細密に描いてもじゅうぶんとはいえない。写真は光の物理作用に就いて化学反応させた結果だから、その影像は顕現するまで分からない。人為の技は機器材を操る過程に働き、一定の焦点域が人の目に「正確」な映像として写るが、つまりは光線が機械的に形成した明暗の陰影による構成図である。これでは対象生物の精確な写像としては不満足だ。生物画には種としての特徴を明確に示す「科学性」が要求される。科学性は人間による抽象であり、その指摘および明示はどこまでも人為の業だ。ここでの生物画は「科学性の明示」という条件を満たして、四次元に生きている対象を平面上に表して見せなければならない。

十九世紀西欧絵画の諸潮流は、それぞれ自然科学や人文科学の「眼」を自家の芸術欲求のうちに方法化しようと試みた。またその「眼」に反撥、排除しようと意識した。明治期の洋画は模倣による習熟可能な技術として、輸入可能な道具とともに入ってきた。大正期、欧州大戦（第一次世界大戦）にいたる不安感、およびその渦中と戦後の動揺のなかで起きた西欧の新しい芸術運動をリアルタイムに流入させた日本で、その場にいた四子吉だったが没入はしなかった。流入させた切迫感を共有しながらも没入することはなかった。

四子吉にとっては自己の美が大切だった。美は自己の感覚であり、したがって自己を確認させるなにかでなければならなかった。この美と自己のあり様に四子吉は「自我」を見出していた。「自我」は「自意識」をともない、自分はなにものなのかを問う。自分の存在とその自分を対象として客観視する意識の分離を問い、悩むのが自我である。存在と意識の仕合わせな合体を求める自我のあり方には、現在では「アイデンティティ」が適合する。大正期、自画像が多く描かれたが（岸田劉生《りゅうせい》が中心の「草土舎」が代表する）、これは「自我」としての「アイデンティティ」を求める自身を表現対象にすることで「自我の確立」という「アイデンティティの実現」を求める実践行為だった（これを文学の主題にしたのが『白樺』派であり、私小説）。自我を美において実現する。このとき自己の美感と美意識は結ばれるだろう。この美感と美意識との別を知らせたのが西欧の芸術だった。

四子吉の美感からすると、日本の美術運動諸派は若さを特権としたエネルギーを西洋前衛諸流派に向けた感性の反応であり、その変遷と羅列だった。伝統美は美として打倒の対象となり得ても変革の対象とはなり得ず、無縁だった。他方で四子吉が養った義侠心的社会意識は画壇の画家となることを拒ませた。そんな四子吉は自己の美感と興味がおもむくまま、描くことを手段および目的としてさまざまな仕事に参加した。

たまたま生物を描く対象としたとき、生命を美として表現したいと思った。生物画に自我の具象化を求めたということだ。その美意識は生命表現のために西洋科学の成果を採り入れることに積極的な姿勢を取らせた。四子吉の生物画には普遍性を標榜する西洋科学の方法意識とつながるところがある。

出版社における四子吉の評判について、高校生時代の生物同好仲間に連れられて以来、牧野宅を訪ねる一人だった日高敏隆（動物行動学）が自身の体験を語っている。日高が訪ねていた出版社でのこと、編集部へ四子吉から電話が入った。と、その担当者が、「また、アイツが出てきた……」と口にした。生物画家、牧野四子吉はそれほど「すこぶる評判が悪かった」とのこと。[*]これには理由があった。

生物画家の作品発表の場は印刷物がほとんどだから、出版社等依頼主が絶対的な力を持った。契約など思いもよらぬ当時のこと、生物画家のほうも「好きでやっているんだから」と無権利状態にあまんじていた。そんななか、最初に版元（依頼主）に面と向かって版権（著作権）を話題に出し、主張したのが四子吉だった。実績が信用となっていた四子吉だったから権利を認めさせようとすることができた。初版『広辞苑』が刊行を迎えつつあった時期、四子吉は生物画家の組織化を呼びかけ始めていた。それが二年たって、「日本理科美術協会」として成立した。その間における四子吉の一徹さを物語るエピソードがある。

昭和天皇採集になる貝類図鑑の刊行企画が宮内庁にあり、全六百個体を描いて欲しいという依頼が四子吉にあった。承諾した四子吉は打ち合せのため皇居を訪ねた（一九五六年五月二十五日）。企画会議は順調に進んで、最後に画料の話になった。宮内庁の提案額は四子吉が要求する三分の一だった。四子吉は要求の正当なることを、「出版社に訊いてもらってもいい」とまで言った。宮内庁は「すでに予算化しているので、提案通り承知してもらいたい」と言う。けっきょく、この話はここで立ち消えになった。

卑屈と権威主義を嫌う四子吉である。しかも生物画家の組織化を呼びかけた当人だった。「今回は特別だから」と画料を変えるなど到底できることではなかった。また、自分が名誉や最高画料を得て済むという問題ではなかった。不当として仲間から持ち込まれる訴えについて、日頃は寡黙な四子吉がしつこく筋をとおして版元とかけ合った。それが編集者をして、「また、アイツが出てきた。――メンドーだな」と口ばしらせることになった。

筋をとおす四子吉の気質は宮大工だった父譲りだったようだ。が、その上に何層もの体験の蓄積があり、つちかい養った精神があった。

四子吉は西暦一九〇〇年の生まれ、十代が「大正デモクラシー」の盛期である。川端絵画研究所日本画科へ入り、日本画を結城素明《ゆうきそめい》、洋画を藤島武二に学んだ。学びつつ、他方で浅草にさかんに通い、また講演会にも足を運び、社会思想の刺激を受けた。そんななか、百瀬晋《ももせすすむ》を知ると、すぐから兄事した。

百瀬は「赤旗事件」時（一九〇八年）、十代の年少懲役囚だった。知られるように、堺利彦、大杉栄、荒畑寒村《あらはたかんそん》、山川均《ひとし》らが「大逆事件」（一九一〇年）を免れ、生き残ったのは「赤旗事件」の獄囚だったからだが、百瀬もまたその一人だった。その後、深く結んだ同志だった大杉と寒村が決裂する場（一九一六年一月）にもいた百瀬は、二人がそれぞれ無政府主義者、社会主義者としての道をひたすら歩んでゆくとき、第三とみなされる後背《こうはい》の位置を採った。

百瀬の巷間《こうかん》に生きた姿態は老荘風であり、イタリア語文法とオペラを探究した。この百瀬とのつながりから四子吉は大杉、宮嶋資夫《みやじますけお》、辻潤《つじじゅん》といったアナキスト、虚無主義者、ダダイストなどとも交わる。そしていつか「自我・自由・美」を一体の、切り離すことのできない「魂」として自己を形成していた。これが四子吉の核心にあって、その絵にあまねくゆきわたる。

画壇をきらった四子吉の一九二〇年代は関東大震災をはさんで、本郷区白山上《はくさんうえ》の南天堂から浅草辺を根拠地とし、児童雑誌、人形劇、商業美術などに表わされた。竹久夢二、「マヴォ」の前衛芸術家や『赤と黒』の詩人、そしてサトウハチロー、今東光、林芙美子などと交わっている。

つねに一本気の四子吉である。人妻だった文子を愛し、愛される関係となる。文子は大阪船場《せんば》生まれで、神戸女学院英文科に学んだ職業婦人だった。その父は六甲山塊南麓を開発し、「苦楽園」と名付けて分譲した実業家の中村伊三郎。この「とうさん」育ちで明るく社交的な人妻にとって、四子吉の魅力とはどういうものだったのか。

姦通罪があった当時、ついに二人は京都へ駆け落ちを決行する。これが四子吉、二十代最後の年であり、〝疾風怒濤《しっぷうどとう》〟期との別れになった。夏目漱石のいわゆる「姦通小説」を二人が読んだかは不明だが、以降、漱石のいった「私の個人主義」を「高等遊民」ならぬ「貧民」階層の位置で生活することになる。

京都にきた四子吉はたまたま京都大学教師編纂の理科教科書に植物絵を描いた。これが川村多実《たみ》二《じ》教授の目にとまり、生物画を一生の仕事とすることになった。川村は動物生態学の講座を日本で最初に開いた動物学者であり、旧制三高生時代には浅井忠《ちゅう》の洋画塾に通った美術志望者でもあった。そして四子吉には手ずから解剖なども指導、紙上に描線で示し、自然科学の「眼」を教えた。

新婚生活を始めた小さな山小屋風の家、そこに築かれた家庭は人を呼び寄せた。一九三五年頃から訪ねていた森下正明（個体群生態学）はいう。時間をかまわず訪ね、先客がいても上がり込み、紹介されておしゃべりを楽しんだ。ここでは皇族（久迩宮《くにのみや》・宇治《うじ》家彦《いえひこ》）も、外国人も一視同仁、対等平等、いろんな人が来るから話題も豊富で、お茶を飲みながら勝手なおしゃべりをして仲よくなった。誰かがお土産を持ってくると、その場で分けてみんなでいただくというのがごく自然な生活習俗としてできあがっていた。戦争がひどくなってモノ不足になっても、なけなしのモノでごちそうが出た。牧野夫妻について語ることは自分の青春時代そのものを思い起こすことにつながる、と[**]。

そんな初期のころのエピソードがある。四子吉が描くショウジョウバエを見たカルフォルニア工科大学（カルテク）のモルガン研究所（遺伝学研究室）から招聘《しょうへい》依頼が来た。トマス・ハント・モルガンはショウジョウバエの突然変異の発見から、発生学の分野だった遺伝研究を専科として確立させたノーベル賞受賞学者である。カルテクにおける生物学部の新設計画を依頼されたモルガンは、生化学と物理学を導入した生物科学総合研究機関を組織した。この組織にドイツから来た若き物理学者マックス・デルブリュックが参入、研究対象としてバクテリオファージを採りあげた。このファージ研究が微生物遺伝学の始まりとなり、二十五年後に分子生物学となった。

モルガンのノーベル賞受賞から間もない時期の招聘依頼を四子吉はあっさりと断った。仲介した駒井卓《たく》（遺伝学）に、「しばらく行っていれば、何年も欧米を見てまわることができる」と、翻意を勧められたが肯《うなず》かなかった。「もったいない」と評された四子吉だが、またその気骨から一目置かれるような存在になったに違いない。戦後も欧米留学が輝かしい資格的経歴になったころ、三崎の東京大学臨海実験所長、冨山一郎を介してカルフォルニア大学スクリップス海洋学研究所から招聘されたが、これもあっさりと断っている。いったいその直情的判断はどこからきたのか。

アイヌ族研究のため日伊交換学生として来日、一九四一年四月から京都大学でイタリア語を教えたフォスコ・マライーニ（人類学・登山・写真・日本学）はいう。牧野夫妻は生き方も物腰もことば遣いも謙虚で率直、気取りがなく、この上なく日本的だった。が、その人間性の奥底のところで真に普遍的なにかを身につけていた、と。** 当時、最年少学生として出入りした梅棹《うめさお》忠夫（比較文明学）の言い方では、「牧野宅ではあらゆることが話題になって、その会話がインテレクチュアル、文化サロン、そこが魅力的、教室では専門の話ばかりだから、ほっとした。四子吉という人は大インテリ、若いときに思想運動をやったと私はにらんでます」となる。* 戦時下、夫妻が形成した小さな屋根の下には清新な空気が流れ、集《つど》う人たちに平常心を取りもどさせた。

マライーニはとくに四子吉の性情と絵について、ふだんから物静かで、とても繊細、めったに口をきかないけれど、その理念・思想は絵のなかに示されていたと記す。森下正明は四子吉の絵画作品について、生物の形態を精確に写すというだけでなく、生きている生物として表現するところに独自の道を開拓した。全作品にサインを入れておいて欲しかったという。

『広辞苑』の絵図は大きさ二・五センチメートル四方、墨一色で、さらに塗りの濃淡はほとんど使えない。線と点による配合が主であり、その疎密による明暗が凹凸の形態を表現する。微妙な、また細密な描写が困難なところで、対象固有の特徴を科学的な精確さを損なうことなく、誇張といった手法を使わずに図示するのである。原図は十センチ四方ぐらいだが、これが興味深い。一本の線が通常の輪郭線のごとき〝解説的〟描写を超え、点の疎密が立体効果を表わすとき、戯画的誇張が発揮するような力を獲得する。これは制約を逆に表現のための必要条件、ほとんど方法のための素材と化したのであり（建築における木や石や、また重力のごとく）、ここには芸術創造だけが可能な自由の獲得・実現がある。

四子吉と文子は京都を拠点に確かな地歩を築いた。関西圏における交際、知友の範囲は広く、濃かった。その二人にとり敗戦は、親愛によってのみ結ばれた人間関係の喪失の後に生き残ったと知ることだった。将来に生きるべき若い人たちを、人為による戦争が殺した。その自他に対する怒りを伴う痛恨が、二人の戦後の生の基にある。

会話の自由が保障された戦後社会、貧しいが明るい混乱のもたらすかまびすしい状況下、同年配から弟年代の研究者たちはみな、ひとかどの学者に育って、その議論は公の場をにぎわすようになっていた。学部学生時代から交わった一世代下の知友群もそれぞれ自分の道を定め、家庭を持つようになっていた。四子吉も生物を対象とする画家として、その位置の上昇があっても下がることはなかった。にもかかわらず転居した。在京都二十年、五十歳を間近にしてなにが東京への転居をうながしたのか。

四子吉と文子は死別するまで五十余年、つねに行動をともにした。絵を描く四子吉の傍らにいて、文子はほとんど独学でイタリア語を習得――文子は生まれ出た赤子を、その直後に亡くしたことがイタリア語を始めたきっかけと語っている――、戦中から戦後、翻訳書を出版、自作詩集や旅行記を出した。二人はつねにいっしょだったにもかかわらず、時の経過が照らし出すのは一人の男と一人の女として、内に持った意思、感情、欲望をそれぞれに育てていった姿である。その表面はないだ海のごとく静かに穏やかに映るが、それは個々に形成した独自性による協同的関係がもたらした強靭な張力の与える印象だ。

吉良《きら》龍夫（植物生態学）は自分の生涯を振り返って、「家庭」についてもっとも大きな影響を与えられたのが牧野夫妻だったという。その家庭とは「自由人の生活」であり、「しげしげとかよったのはその魅力にひきつけられていたからにちがいない」。「かなり険悪な夫婦げんかの最中にとびこんで、たいへんバツがわるかったこともあった**」という喧嘩のシーンには何人かが出くわしている。一方また、文子が机上に湯呑を置こうとして四子吉の手に触れたとき、「自分が悪かった」と互いに謝り合っている、その姿に訪問者同士で顔を見合せたという体験についても何人かが語っている。これは夫唱婦随とか一心同体とは異質な、馴れ合うことを拒否する二人の姿を示しているだろう。子がなかった吉良は、晩年は上京のたびに夫婦で訪ねたとのこと。

駆け落ちは二人の自由への意思、野生の情熱、人間的自然への欲望の果敢な表明だった。そしてその意思、情熱、欲望を新鮮な営みとして積み重ねつづけることをもって日常とした。それが二人による家庭であり、「自由人の生活」だった。「自由人の生活」は二人の生態、エコロジーについて言ったことばだ。それは駆け落ちを選択、断行した、その意思を貫こうと実践追求してきたところに表われた生態だ。

駆け落ちは目的ではなかった。手段でもなく、意思で選んだ生き方、すなわちみずからの運命として把握されたのであり、この決断により二人はその人生を追求対象そのものとした。そこに諦観的宿命観の入る余地はない。ここに重なるのは制約を必要条件として自由を獲得しようとする芸術創造の神秘だ。二人の生は生涯をもって表現した作品のようだ。〝みなぎる張力、その強靭さ〟は二人が実践した倫理的作品がもたらす印象だ。

四子吉が兄事した百瀬晋は、文子という伯楽《はくらく》がいて四子吉は生物画家になったと語った。伯楽は中国説話中の名調教師だ。四子吉は文子という個性との協同生活によって生物画家になった。四子吉の野生は無為に放散されることなく、文化として培養され、開花した。エコロジカル・ロマンスである。そのエコロジー、生態模様は京都の新生活に始まる。

＊　日高敏隆、梅棹忠夫のことばは、「生物生態画のパイオニア――牧野四子吉を語る」における発言（二〇〇一年七月二十一日）。この会は同年七―八月、京都・思文閣美術館で開催された「牧野四子吉と動植物たち展」中に開かれた。当日の講師は、梅棹忠夫（吉良龍夫が体調不良により、代わった）、川那部浩哉、田隅本生、田端英雄、日高敏隆、斉藤清明（司会）。

＊＊　森下正明、フォスコ・マライーニ、吉良龍夫の言は、『にど　だもれ――回想　牧野四子吉・文子』（回想文集編集委員会、一九八八年）から。

目次

第一章　人妻が恋に走った六月

1　青いりんごを持つ女――ネオ・クラシズム

「昭和四年・九月――イル　ディアリ　オ　ニード　ダモーレ」と表記されたノートが残っている。カタカナの「イル　ディアリ　オ　ニード　ダモーレ」はイタリア語、「愛の巣日記」である。その一頁目を全文写す（以下、引用の仮名遣いは詩歌を除き、現代表記にあらためている）。

九月一日

相倚りて眺むる山の頂は　蒼茫として侘びし黄昏

窓ぎわに二人がよりて眺めたる　比叡の山のうつくしさかな

四子吉が私に青いリンゴを持たせて、ネオ・クラシズムとはどんなものか見せてあげると

「リンゴを掌にする文子」

の前ぶれで、写生を描き始めたので、私もモデルになっている間、「叱られて」の歌曲にあわせて昨夕の景色と実感を歌った「夕暮れ」と題する歌詞を纏《まと》めることを仕事にした。

夕食のあと、歌詞を覚えながら彼が歌ってくれるのを黙ってきいていると、歌詞の最後の繰返して歌う――「はかなき恋のかくれ家よ」というところを二三度きいていているうちに、ほんとうにはかない気持に襲われてしまった。

ちょうど、悲しい気持を胸いっぱいにもちながら、誰にも語らずに平気をよそおうている時、つい親しみ深い人の前で打開けて話してみると、急にたまらない悲しみがこみあげて来て、言い現わさずに心にとじ込めていた時よりも、幾層倍も大きい悲しみを感じるのと同じようである。

メロディーに合せて自分の言葉を歌われると、もう、もう、ぢっとひたっていられないような果敢ない気持と、「ほんとにそうだ」とおもう心とが一緒になって、我慢が出来ないほどはかない気がした。

冒頭の短歌二首が四子吉、あとを文子がつづけた。そして余白に当日の食事メニューを記録し、枠で囲んでいる。その中身は「M・ブレッド（コッペ）＆ミルク・梅干湯・トメトー　L・ブレッド＆番茶　S・ライス＆茄子しぎ焚き　T・コーフィー・ドロップス」（「M・L・S・T」はそれぞれ「朝・昼・夕・お茶」の略記号だろう。「トメトー」は一年後の「料理日誌」では「トマト」と表記される、新登場の果物的野菜のことだろう）。これだけの短歌と文章および献立をちょうど一頁分に納めている。これがこの日記の基本形となる。

新生活は、「青いリンゴを持たせて、ネオ・クラシズムとはどんなものか見せてあげる」という写生に始まった。この写生と思われるデッサンが遺《のこ》されている。

文子の横顔はあごをあげて目は真っすぐに正面をみつめ、肩から先は素肌の、その左掌に一個のリンゴを載せている。捧げるかのように、またその重量感をいつくしんでいるかのように。その青いリンゴは新鮮ですっぱく、文子が蔵する魂のごとく、その目は意思そのもののごとく前方をみつめる。四子吉は文子像を、毅然としながらも、あらわな素肌が柔らかさをかもしだす女人として描いた。ここには二年前、カラフトの草原に見た一面の花々が四子吉の心に甦らせた「自然の命」との照応があるだろう。命ある魂と、これを戴《いただ》きつづけようという意思を合一させた精神の影像を表現するための「ネオ・クラシズム」だった。

ネオ・クラシズムを四子吉に教えたのは川端絵画研究所（画学校）時代の師、藤島武二だろう。このとき四子吉の思念に藤島の『芳蕙《ほうけい》』があったのではないか（八四頁参照）。藤島の画業を画すと評される『芳蕙』はチャイナドレスを着けた女性の横顔肖像、手に香り草（蕙）を持つ。その画面は藤島が得意とする官能的ローマン性が描写の格調（クラシズム）と調和する。

もう一つ気付かされるのは「果敢ない気持に襲われて」いることだ。文子はモデルをしながら自作詩「夕暮れ」をまとめている。この詩を「叱られて」のメロディーで二人が歌ったという、その「叱られて」は一九二〇年に発表された童謡（清水かつら詩・弘田龍太郎曲）のことだろう。そしてその詩句には、「はかなき恋のかくれ家よ」とあった。恋の成就、その激烈な遂行は、他方でとくに文子にこのような「感傷」をもたらしている（漱石の『門』を読んでいたか？）。

つづいて九月五日の摘記。

霧の様な雨が
眼界一ぱいに降つてゐる。
驚く程鮮かな緑に輝いてる稲の葉が
　雨の心を把握してゐるかのようだ。

おゝ私の心は感謝でいつぱいだ。
しみじみと手を合せたい悦びに包まれてゐる。
山の心が
私の心に浸み入つたのか

それとも雨が稲の葉を勇気づけたように
私の心を湿してくれたのだろうか――

銀座裏つゝしみ深く語らざる　恋を抱きて二人歩みし。
銀座の灯　眼に浮び来ぬ　ぢっとして恋のはじめの夜を思へば。
向ひあひ日毎に君と仕事せし机の格好さへもなつかし。

二人は「今」のかけがえなさを、今の生活に感じ取っている。ほんのちょっと前の出来事をはかない過去として、違う世界のことだったかのように感じている、今のこの仕合わせを完璧にするために。

銀座の化粧品会社で二人は机に向かい合って仕事をしたという。文子は社員で、四子吉は依頼された意匠家（デザイナー）という関係だったのか？　二人の会話は『明星』をめぐって、その短歌や表紙絵に始まったのではないか――。「感謝でいっぱい」の「しみじみと手を合せたい悦び」が、あのネオ・クラシック様式を求めさせた。

九月十日、すなわち同棲二週間、日記をつけだして十日目、文子は「幸福」と題して書いている。その最後の部分と、それ以降については四子吉の歌を摘記する。四子吉の歌は恋の成就の喜びを率直に表出する。

今、私は、ニード・ダモーレにいる。そして、幸福の国にたどりついて永久に住まおうとしている。今迄は恋をしても、一度も真当《まっとう》の恋ではなかったことに気がついた。私は最後のそして真当の恋人とニード・ダモーレに住んでいる。幸福の国に住んでいる。それが而《しか》も現実で消えない幸福の国だ。

九月十二日

両の手に林檎捧げて座る君　しみじみ愛《は》しと思ふ昼かな
うつつなる目醒めの耳に朗らかに　君の声聞くこゝろ嬉しさ
雲低く心に垂るる侘びしさよ　さもあらばあれ君のいとしさ

九月十三日

そのかみの悪童の名に呼ばれたる　わがおもかげをなつかしむ日ぞ
足りかぬる布をいぢりて半コート　作らんとする今年の初秋。
秋の陽の射し入りくればほがらかに　曇れば直ぐに沈む心よ。
人の世のこの面白さ、しんじつに　二二んが八で終る世もある。

四子吉が「悪童の名に呼ばれた」というのは詩的修飾なのではなく、実際のことだったことをこの歌は知らせる。「二二んが八で終る世もある」はアナキスト間に似つかわしい表現だが、「悪童」

四子吉の意思および潜勢力による恋の完遂、すなわち奪取合意婚の成就讃美は不安動揺に襲われる文子を励まし主導する。

九月十四日。二人の細かな文字は似ている。似てくるといったほうがふさわしい。

　　力いっぱい抱きしめてみてもまだ足りぬ　このいとしさをどうすればいい

「あゝ、あの頃」と題された文子の随想の末尾部分――

　あゝ、あの頃の思出はビロードの布のようだ。苦しみぬいた六月。悩みぬいた六月。それでいて忘れることの出来ない思い出の六月。人妻が恋に走った六月。

　今宵の月は澄んでいる。今日の昼間には葡萄の実をたべた。思い出にふけりながら一粒づゝたべるにふさわしい小さな実をたべた。

　二人の恋が成立したのは梅雨の六月、それから三カ月、もうすでに三カ月がたったと思う、その端から、まだ三カ月しか経っていないのに遠い過去という感慨が湧いてくる。この心の動き、遠近感の混在は心理の矛盾とみえて、そうではない。変動の激しさ、目覚ましさが人の心情にもたらす現実感だ。心が通過したとする時間と時計が計る時間のずれであり、この感覚と意識のずれを実感するというのはそれなりの落着きを示している。「苦しみ」と「悩み」を「思い出の六月」にさせつつあるということだ。

この日の献立記録の「L（ランチ）」の項に珍しいメモがある。「L・ブレッド（オプロン、コッペ）、パンケーク（但し一枚）、フライド・ポテトー&ビーンズ、アップル、グレープ、番茶」。ここに「茂雄さん来訪快食す」とある。一九二〇年、宮嶋資夫宅で会って親しくなった、今は日活太秦《うずまさ》撮影所に出入りしている近藤茂雄だ。このころは神戸光《かんべひかる》の名で俳優もやっている。神戸光はアナキストとしての名前だったから、なかなか皮肉な人物のようだ。田坂具隆《たさかともたか》、内田吐夢《とむ》、村田実などの監督作品に出て、身軽な三枚目、例えばビルからビルへ飛び移るといった役をやった。戦後は『日本経済新聞』の映画記者、今のブルーリボン賞の創設に関わっている。

近藤の回想（前出『にど だもれ』）によれば、撮影所にいた彼のもとに、突然、二人がそろって現われた。文子を紹介されてすぐに打ち解け、はじめて会ったという気がしないほど、よもやま話に花を咲かせた。文子がここに記した九月十四日はその直後のことだろう、今度は近藤が牧野宅を訪ねて「快食」したのだった。まもなく夫妻は左京区北白川伊織町、京都帝国大学グラウンドの近く、麦畑に囲まれたところに居を構えた。三間《みま》位のささやかな、水道がなく、表に手押井戸のある住宅だった。表札には「中村榮」、並べてイタリア語で「ニード・ダモーレ」とあった。「愛の巣」である。表札の「中村榮」は文子の母の名であり（「えい」と訓《よ》んだ）、この男女両用の氏名を「かくれ家」用に使った。そこに近藤は、「愛し合ったものの、世を忍ぶ仮りのよそおいを感じた」。たしかに愛による巣ごもりだった。

二日とんで、九月十七日――

目に見えて深みゆくわがかくれ家の　秋を親しく迎ふるこゝろ
秋！　秋！と何故ともなしに呟きて　ふつと寂しく肩をすぼめぬ

「無邪気なシャボン玉」（＊　文子による小タイトル）
今日の夕方、食事の支度にちょいちょいオイル・ストーブのそばまで立って行っては又二畳の部屋に戻って、浴衣地の、ここへ引越す時、高島屋で買って来て仮縫のまま垂らして置いたカーテンを、本縫にかゝっていた。ちょうど、四子吉は、出町柳の郵便局から柳マーケットへ買物に出掛け、帰りに一浴びして帰るといって気軽に外出した留守の時間だった。一日から描き始めた絵が昨日出来上って、今日はもう、奥の四畳半の画室から二畳の食堂兼応接室兼談話室等々と利用している山の景色の見える小さな窓のある、明るい部屋の正面の壁の上の方に、絵が移され、縫い仕事をしている私の頭の上に掛かっていた。
私はカーテンの縁を縫いつける仕事を、今晩中には出来上らせる積りだった。（後略）

この描写は二人の生活の様相を第三者に理解させることを目的にしているかのようだが、自分たちを世間に認めさせたいという文子の切なる思いが、まず自分自身への確認を迫ってこのような表現をとらせたのだろう。不安動揺を振り払うところから始まった「先ず自分が認める」だったが、すでにその「思い」を自身の意思とさせているようだ。その意思が自分自身および四子吉との生活を、その生き方を客観視させる。その気構えが「無邪気なシャボン玉」なる題名まで付けさせて、ユーモアの余裕さえはらまれようとしている。「はかなき恋のかくれ家」生活二十日にして。日記はこの「無邪気なシャボン玉」以降がない。二人はここに示された男と女の意思を、生涯を貫いて実践した。

2　命を捉える一本の線——自然科学の眼

四子吉の友人に城戸迪寿がいた。川端絵画研究所以来の仲であり、関東大震災時にはたまたま城戸の故郷、常陸高萩に百瀬晋とともに滞在していた。その城戸の伯父に生物画の山田寿雄がいた。牧野富太郎の植物図鑑なども手懸けていた山田の本郷の自宅へ、四子吉は城戸に連れられ遊びに行っていた（中井猛之進・小泉源一共著『大日本樹木誌』〔一九二二年、成美堂書店〕の緒言で中井は挿図を担当した山田寿雄と寺内萬治郎について、「日本のＳｃｉｅｎｔｉｆｉｃ　ａｒｔｉｓｔの唯一人者」、「新進洋画家の鬼才」と、それぞれを紹介している）。

その山田に四子吉は京都の町で出会った。そのとき山田は小泉源一（京都大学助教授、植物分類学）が編纂に加わっていた教科書の挿絵を描いており、仕事を探していたに違いない四子吉を誘った。これが京都大学生物学科と関わるきっかけとなった。

四子吉は、「真に私を生物画家にしたのは、川村多実二先生です」と語っている。この言い方には真の学者を権威とすること、至芸の腕の持主にたいする敬意と同質の心性を感じさせる。このころ『動物学読本』を執筆中だった川村が、山田のもとで描いた四子吉の植物画を見たのだろう、「手伝わないか」といってきた。その動物がなじみのあるものだったので、四子吉は引き受けた。以降、ときどき川村の自宅を訪ね、「実物を正確に描いてきたもの」を見てもらった。すると川村が「鉛筆ですうっと一本細い線を入れて『こうしたほうが、もっと生き生きとするね』といって返してくれます。さすがに、動物で長年苦労しているだけあって、その細い線一本で実に生きてくるのです」*。

『動物学読本』は色刷も入れた図版中心の中学校用副読本、この仕事が約束の半年を過ぎても終らなかった（刊行は一九三二年、星野書店）。終らないどころか、川村は哺乳動物の解剖実習に立ち会うことを許可し、筋肉の組織と機能について手をとって指導した。

川村が京大へ赴任したのは医学部（京都医科大学）の一般生理実習担当講師としてだった。そしてその実習用の附属施設として大津臨湖実験所の設立に尽力した（大津臨湖実験所の川村のもとに三高生だった山本宣治が通い、東京大学を出てからもどってくることについては後述）。京大の総合大学化にともない理学部が新設され、川村はその動物学科初代教授となる。なるにあたって川村は動物生態学の講座を設けた。これが日本初の動物生態学講座だった。標本（死体）ではなく、生活する生きものの科学を意図した。命が機能している姿態の生理実習が生物研究の基本という考えの元に、大津臨湖実験所も理学部に移管させて、所長となった。

川村は生来の生物好きだったが、三高時代には浅井忠の聖護院《しょうごいん》洋画研究所に通った。川村教授の最初期の学生、上野益三《ますぞう》が「先生は生きものを研究し、それによって美の精髄に触れたいために、動物学を選んだのだと言われたのを聞いたことがあります」と伝える（「動物学者と絵画」『忘れられた博物学』八坂書房、一九八七年)。生物個体はそれぞれが自然の完全、完成態としての美だから、その生の謎を科学として研究したということだろうか。川村の還暦(定年退職)時には戦時中だったが、洋画個展の開催とともに多色刷りの『川村多實二洋画集』(川村教授還暦記念会、一九四三年)が弟子たちの手によって刊行贈呈された。また戦後、京都市立美術(芸術)大学学長も務めており(一九五七―六三年)、「鳥の方言」研究のための旅(バード・ウォッチング)の途上で倒れ、亡くなった。根っからの自然観察派、行動生物学者である。

そういう川村が「動物学的見地から、ほんのちょっとした細い線を入れるだけで、より科学的に、そしてより生き生きとすることができた」と四子吉はいう。「生き生き」なる情動性は芸術の領域だ。芸術性を成立、実現させる科学的な「細い線一本」だった。川村自身の言(『芸用解剖学』興文社、一九一三年)によれば、解剖学上の知見を知らぬ者が人体を写生すると――

小心翼々モデルに違わぬようにと苦心したにもかかわらず、種々の欠点が見えるに相違ない。これはモデルの体がこの画家の目には単に引続いた表面で、所々に骨と関節の隆起がなんとなく漠然と顕われているものとしか見えぬから、力を与えるべきはずの筋肉に特別の収縮をなさしめることもなく、また唯むやみに円みを付けるというに過ぎぬから、到底その優美な曲線を明確に描き表わすことはできない。すなわち生きた人間の肉体の活動を表わすことは全然なしえぬ。これに反し、骨格の知識を有していたならば、正確に図の輪郭を作って体の諸部分の均《きん》衡《こう》を保たしめること甚だ容易であり、また筋肉の位置と作用とをそらんじていたならば、筋肉に力を与え関節を表わすこともさほど困難なことではなかろう。
（『宮地伝三郎動物記4　本能と文化』筑摩書房、一九七三年から再引用）

骨、骨格、関節、腱、神経、血管、臓器、筋肉、皮膚などのあり様をきちんと知っていれば、その姿態の捉え方が違ってくる。動物学的見地すなわち生理的構造を知悉《ちしつ》したうえで生動感を与える「細い線一本」だった。

花鳥画的写生の写実性とは異質なリアリズムの精神が、ここに存在する。花鳥画はもっぱら視覚に拠る感性的写生であり、他方は知的把握を媒介させ、対象の機能性なども採用しようとする「構造的」写生だ。その「写実主義」や「自然主義」、また「印象派」にはつねに方法意識が付随する。意識化された方法「主義」にしたがって、描く対象の物性的状態や機能性がそのまま絵画表現の追究目的になり得る。これは芸術家本位、すなわち画家の主観にしたがってテーマが出現するという考え方に通じ、なによりも独創が貴重という主張の根拠となるだろう。そこで無意識をふくめて意識そのものが美的追求の対象にもなる——アブストラクトをふくめて、コンセプチュアル・アートは装飾美術ではない。この美術家の姿勢、在り方は美的感動の描写法として、既存の秀でた作品をお手本として模倣習得した手技による写生と基本から異なる。写生の仕方は対象の見方、視線に関わり、画家の美意識を規定する。

こうした実地体験によって四子吉は、「動物学あるいは植物学的な目を通して見ることがいかに必要か」を身に沁みて学ぶ。そして生活の資を得るために始めた仕事がなんと二年半になった。そのころには他の研究者や出版社からの注文や依頼も増えていた。そんな四子吉に大学の嘱託になったらと、しきりに勧めたのが駒井卓《たく》、吉川秀男、木原均《ひとし》だった。これが「京大の動物学教室に根を生やしてしまう」、そして生物画を一生の仕事とするにいたった経緯だった。

＊ 四子吉の言は、神山恵三『孤独なライフワーク』（インターヴュー集）文藝春秋、一九六七年による。

3 新生活二年目

「DIARIO di CUCINA da AGOSTO 1930」（一九三〇年八月からの料理日誌）と表題されたノートが残っている。一年前と違い、歌や詩はなく、全文が文子の手になるきれいな文字である。そしてその一頁目の冒頭に記されるのが「昭和五年／八月二十八日」、京都で新生活を始めて二年目初日の日付である。が、そこに「二年目に入る」といった言及はない。まっさらの紙に文字を刻むがごとく記す行為が、青いリンゴ（グリーン・アップル）の体した新鮮な歓びを再確認することだった。

以下に初日の全文を書き写すが、ひとこと当時の家事仕事について断っておきたい。電気といえば電灯をさし、家電製品といえばやっとラジオであり、都市部で上水道、ガスが普及したとはいえ、電話、電蓄（電力は電灯ソケットからとった。一般の蓄音機は手動ゼンマイ式）、ガス風呂は上流階級、洗濯機、掃除機、冷蔵庫、炊飯器はなく、主たる燃料は炭（木炭やタドン、練炭等の製品）に薪、煮焚きはへっついカマド、風呂は薪で多くは銭湯、洗濯はたらいに洗濯板、針仕事は春秋の衣替えにともなう洗い張りもあって必修技術だったから、家庭は家事専門に働く人を必要とし、それが「家内」と「女中」だった（以下、文章中の「四子さん」は四子吉が自分のサインにしていた象形標示〔一〇六頁の図とネーム参照〕。この徴標を二十代初期の『淑女画報』から晩年まで、雑誌のカットなどに使っている）。

昭和五年
八月二十八日
夕食　トマト・サンドウィッチ　エッグ・サンドウィッチ　ポテトー・スープ　グリーン・アップル

トマト・サンドウィッチ　トマト二個、パン四切れ（三分厚）、バター少量、塩少々。

トマトの皮を剝き、薄い輪切にして、塩を振りかけ、皿の周囲に並べて、汁が皿の中央に垂れるようにしておく。

パンの周囲の固い部分を切落し、四枚のうち二枚にだけバターを塗り、その上にトマトを並べ、バターのついていない方のパンを冠せ、二枚のサンドウィッチを作り、重ねて上から三等分に切り、六切のサンドウィッチが出来る。

簡単な調理法で、美しい野菜サンドウィッチになる。これに用いるトマトーは美しい赤い色のものがよい。黄色いゴールデン・ポンテローザ等は見劣りがするように思われる。

エッグ・サンドウィッチ　鶏卵二個、牛乳大匙三杯（水でもよい）、砂糖小匙一杯半（ミルクの代りに水を用いた時は、小匙二杯）、塩小匙四分の三、胡椒適宜。

卵を溶き、ミルク、砂糖、塩を加えて混ぜておき、フライパンを暖めてバター少量を溶かし、先の卵を流し込んで「ナタネ」を作る時のように混ぜ、ボロボロになりかけた時、胡椒を利かし、トマト・サンドウィッチの時と同様にしてパンに挟み、同じ形に切って出来上がる。
赤いトマト・サンドウィッチと黄色い卵サンドウィッチとを三切れ宛《あて》盛合せた白いエナメル皿の美しく見えたことと四子さんが「おいしそうね、綺麗だ……」と言ってくれたのとが嬉しかった。

ポテトー・スープ　　ポテトー一個（中）、水一カップ、ミルク一カップ、バター小匙一杯、塩と胡椒。

ポテトーの皮を剝いてゴロゴロに細かく切り、水を加えて柔らかになるまで煮、柔らかになったポテトーを一度湯から引上げて、マッシュの時のように潰し、もう一度もとの湯に移し、ミルクを加え、バターも入れ、ミルクが暖まる程度にあたため、塩胡椒する。

クラッカーかソーダ・ビスケットのようなものを添えて出せば風味が増すことだろうと思いながらのんでいた。「もう秋が来たようだ」と暖かいスープをのみながら感じていた。「これからほんとに涼しくなって、秋が深くなったら、そして冬へかけて、沢山おいしいあったかいスープを作ってあげよう……」と楽しみながら、暑い盛りのつい二三日前まですっかり忘れていた暖かいスープの味を、久々になつかしく思いつつのんでいた。

「グリーン・アップル」（＊　文子による小タイトル）

「葡萄と、ええ、そう百匁《もんめ》。イチヂク二つと、この小さい梨五つと、あ、そう、地梨なの一銭ね、それから、青いリンゴ一つと包んで下さいな」

「へえ、おおきに……梨二つおまけしときますワ」

「この間、十五銭借りて行ったでしょう、ありがとう、あれも一緒にお払いしますワ」

「へえ、おおきに、今日のがみんなで二十九銭、ナ、そうどすナ、それと十五銭……四十銭でよろしおすわ」

今年の春頃、よく蓮華草やキャベーヂ、豆等を、この姉さんから買ったのである。家から三四丁、カンと照りつける道を歩いて、叡山電鉄の茶山停留所で大抵は四五分電車を待ってから、二つ目の終点出町柳《でまちやなぎ》で降り、半丁程歩いて柳マーケットに辿りつき、かなり重くなる風呂敷包を提げて又大急ぎで帰って来ることを考えると、いつも暑さに負けて、初夏から夏の間中市場へ行った事がなかった。

朝のうちはよほど凌ぎよくなったのと、朝から夕暮れまでコツコツ仕事の絵を描いている四子さんに、何か新しいお魚でも買って来てあげたいと思付いたので、久しぶりに市場へ一昨日あたりだったか、来てみたのであった。

「あら、こんどは、こっちですか」

「へえ、こんどは果物どす、かわりましてん　買うとくれやす」

姉さんの売場が前とは変っているのである。

「今日は出町までコーヒを買いに来たの、ちょっと寄って見たんだけど、お金もっていないのよ、また来ますわ。果物だったら好きだからちょいちょい来ますわ」

「お金、いつでもかましまへん。買《こ》うとくれやす……暑おすなあ」と、愛嬌よく姉さんに勧められて買った時の借金を支払った。

青いリンゴ！　今年はじめて見た青いリンゴ。青いリンゴ！

去年の九月はよく青いリンゴを、一つ宛買った。買って来ては両手に支えて、四子さんがキャンバスに向っている間、ぢっと持って坐っていた。二週間のあいだ、青いリンゴと親しんだ。夕暮れになって絵が描けなくなると、青いリンゴは食後の果物として其頃唯一の刃物であった肥後守で剝いては二人で食べてしまうのであった。翌日になると又買って来て青いリンゴは私の掌の上にのった。


これが二十八日の全文であり、翌日は朝食の献立が、そのレシピとともに丹念に記される。このレシピの丹念さは日記の域を越えて懇切丁寧だ。あたかも料理教室の先生がお手本を示し、確かめているようであり、そのような志向があるかのようだ。献立を考え、調理し、食卓に並べることが新鮮な行為なのだろう、これまで食事をつくることなどなかったかのごとく。新しく日常を創ってゆくという意識が働いていることは確かだ。こうして心理的な安定、安心を確認している。

　市場での売手とのやりとり、交流もまたはつらつとして楽しそうだ。深窓の令嬢が庶民の群れのなかではじめて小銭を使っているがごとく新鮮だ。包丁のないことも新鮮（肥後守は文具用ナイフ）。町に馴染むとはそこで生活する人たちの生態にまじることであるようだ。その日常に生の歓びを表わしている。以下、こうした料理中心の記録がつづくのだが、三十日には、「堀川の星野書店から電報が来て、『スグキテクダサイ』の電文通りに、十一時過ぎ四子さんは出掛けて行った。二時には帰ると言って出掛けたけれど、過ぎても過ぎても私のおなかはへるばかりで四子さんは帰って来なかった。生のままで味を損ねても詰らないし、夕食の用意にしようと、フライはやめてボイルにすることにした。四時ころ私に電報が来て『オウツヘユク六ジカヘル』とあった」とある。

「生のままで」というのは昼前に養鶏場へ行って買ってきた骨付き脚肉のこと。星野書店は川村多実二『動物学読本』編集制作中の京都、堀川にあった教科書出版社。「オウツ」は大津臨湖実験所のことだろう。掲載する絵と文章に関して川村多実二の判断が必要なことでも起きたのだろう。一般家庭に電話はなく、都市部ならハガキは当日中に着いたが、急ぎには至急電報（ウナ電）を使った。京都生活一年にして、着実に地歩を築き固めつつある様子がうかがえる。

この後、このノートには文字が記されなくなってゆき、新聞の切抜きを貼るスクラップブックになってゆく。

4　京都大学動物学教室——科学者共同体というイデア

四子吉に動物学教室の嘱託になることを勧めたのは駒井卓、吉川秀男、木原均だった。駒井はコロンビア大学のモルガン研究室、通称「ハエ部屋」で学んだ遺伝学者、その主宰する京大遺伝学教室はショウジョウバエの突然変異研究によって注目を浴びていた。吉川はその若手俊秀の一人。木原は農学部の遺伝学教授、コムギ原種の探究によってすでに世界的に知られた京大若手ホープ、間もなく湯川秀樹が登場、二人が並び称された。

木原はまたフィールドワークを好む行動的学者というだけでなくスポーツマンであり、北海道大学時代はスキーの名手だった（欧州留学中に単身、世界〔国際〕スキー連盟の定期大会に参加、日本の加盟に道を付けた。戦後は日本スキー連盟の会長職を十年間、冬季オリンピックの日本選手団団長を二回、札幌大会では組織委員を務めた）。木原はまた描いた絵にサインを入れることを、「欧米ではみんなそうしている」と、四子吉に教え勧めた。

理学部動物学教室の嘱託になった四子吉は専用机を置いた一室へ日勤する。一九四二年には向日《むこう》町《まち》に広大な農学部附属木原生物研究所が設立され、四子吉はここの嘱託も兼ねることになる。

ここで動物学科（通常、「動物教室」と呼ぶ）の組織形態について簡単に紹介しておきたい。京都大学理学部の生物学は動物と植物の二科からなる。動物学科は第一、第二、第三の三教室制、その第一教室は（分類）遺伝学講座、第二教室は（生理）生態学講座、第三教室は発生（実験形態）学講座であり、それぞれを一人の教授が主宰した。当時の教授すなわち教室・講座主は第一教室（遺伝）が駒井卓《たく》、第二教室（生態）が川村多実二、そして第三教室（発生）が岡田要《よう》だった（これらの講座名は植物学科、農学部や医学部にもあるが、以下の叙述では動物学科の講座を指す）。

嘱託になった四子吉は授業用教材などを、映写機器などなかった当時、描いていたようだ。教師から論文などの挿図を頼まれ、また教科書の絵図を描いた。遺されている理科教科書が幾冊かある。挿図をたくさん載せるが画家名の記載は巻末などもふくめ一切ない。表紙に掲げられた編著者名を記録すると、川村多実二（巻頭に「T・K」署名の「自然の美――水の循環」と題した上高地のような色彩風景画を載せる）、小泉源一、藤井健次郎、吉田貞雄、中村新太郎、松山基範、谷津直秀、村地長孝、川村清一（多実二の兄、植物（菌類）学）、理化教育研究会である。

一九三二年に北隆館『日本昆虫図鑑』（著者代表、内田清之助）が出た。四年をかけて刊行、四千三百九十三図を掲載、これに四子吉は中村榮《えい》の名で水棲昆虫七十七図を描いている。本書はアマチュアの質の向上が昆虫学の発展に直結するという考えのもと、一般採集者による参照が可能な本格昆虫図鑑を目ざした。これの編集期間中に内田は、江崎悌三《えさきていぞう》とはかって一般参加による「蝶類同好会」を結成、機関誌を創刊している。

一九三四年、千野光茂・吉川秀男共著『猩々蝿《しょうじょうばえ》の遺伝と実験法』（木原均編『遺伝・育種学叢書第三集』養賢堂）は「教導」した駒井卓、木原均にならべて原図制作の中村榮に謝意を表わしている。これは専門家用の本であり、すべてショウジョウバエの図だが、カラー図版をふくめ、その線描に特有の格調があり、各図それぞれの違いも見ていて楽しい。ここには描かれた、変異ハエへの興味とは異なる種類のおもしろさがある。描いた対象（ハエ）を超えて、描き方自体が表わす独特の力、これが格調となっている。

同じ一九三四年出版、『原色図解　熱帯魚の飼育と鑑賞』（吉津良恭著、アルス）も中村榮の絵だ。多数の原色図版が含まれるのだが、点描による色彩描写は当時の機械印刷の限界だろう、点がつぶれてしまっており、せっかくの立体感が台なしだ。このショウジョウバエと熱帯魚の図はリンゴを捧げ持つ文子をデッサンしたネオ・クラシズムを超えて、すでに四子吉のリアリズムが確立したことを示している。

他方でこの時期、夫妻の後半生を多彩にしたという以上のものをもたらす、弟に当たる年齢層の学生が陸続と研究者生活に入った。彼らの学部卒業年を記すと、一九三一年に岩田久二雄《くにお》（農・農林生物）、三二年の本城市次郎（理・動物）、三三年の可児《かに》藤吉（農・農林生物）、三四年の朝山新一（理・動物）、三五年の森下正明と津田松苗《まつなえ》（農・農林生物）、森主一（理・動物）、三六年の内田俊郎と渋谷寿夫《かずお》（農・農林生物）らと、三一年に北海道大学から大学院（理・動物）に来た徳田御稔《みとし》である。そしてすでに研究者として位置を持っていた中村健児、山田保治、小野喜三郎、吉川秀男らがいて、彼らと教室で交わっただけでなく、「ニード・ダモレ」は家族をふくめた集いの場になった。

そこにまた琵琶湖臨湖実験所の講師として上野益三、宮地伝三郎、今西錦司《いまにしきんじ》がいた。この三人のフィールドワークへの取り組み方、その徹底ぶりが後輩たちに生態学研究の真髄と尊厳とを身をもって教えることになった（宮地の新婚旅行は湖底泥採集による生物探索を兼ね、諏訪湖、野尻湖だった）。後に示される彼らの学問的感受性と自負は、フィールドでの豊かな蓄積によって保障されているようだ。どんな珍しい現象や現物が出現しようと、それに反応、比較相対化できる体験および材料がフィールドにおける蓄積のなかにあった。だから新しいものにたいする興味も尽きない。みな自然にたいする五官の刺激、感覚的体験のもたらす驚異から離れないし離れられない。

研究の専門分化からすれば時間とエネルギーの浪費とみなされそうな興味の広さと若い感受性の成果の例を挙げておきたい。それは一九三二年出版の山田保治著『古代美術工芸品に応用せられしタマムシに関する研究』、小冊子とはいえ丁寧な図版、写真多数のハードカバー本だ。正倉院御物《ぎょぶつ》の「玉虫厨子《たまむしずし》」について、そこに使われたタマムシをマストタマムシ（学名クリソクロア・フリギディシシマ属）と同定したのみならず、現状四面の翅鞘《ししょう》枚数を二千五百六十三枚と数え、かつての姿を想定、全体では四千五百四十二匹（九千八十三枚）が使われたと計算している。さらに朝鮮、慶州の金冠塚《きんかんづか》古墳にまで足をのばし、その発掘品に使われたタマムシも同種と確認、報告している。彼らの多くがこの本を喜び迎えたのではないか（現在、知られる日本産タマムシは四亜科十六族三十属二百十九種とのこと。本書で喚起された興味は、最新機器による「玉虫厨子」の調査結果へ向かわせる）。

これらの学者のなかで今西錦司（一九〇二年生）の独自性は際立つ。その志は時代精神中に潜んでいるとみえるが、その志の持続と、企画への展開から実践行動による実績が型破りのスケールだ。そこに四子吉と対照させたくなるものがあるので、以下適宜、四子吉を離れて取り上げる。

5　世界を西洋から学ぶ日本——可能性の実現態

京大（農・農林生物）を一九二八年に出た今西錦司は三一年、ヒマラヤ（カブルー、七三三八メートル）を目指して山仲間を糾合《きゅうごう》、京都学士山岳会（ＡＡＣＫ）を創設した。

地球上に八千メートル級高山は十四座、うちヒマラヤに九座、いずれも未踏峰、最高峰エベレストにイギリス隊が初挑戦したのが二一年（登頂成功は五三年）。パイオニア登山すなわち初ルートを目ざす今西の視線は世界を向いていた。ネパールは鎖国状態で、インドを植民地とするイギリスとの交渉が必要だったから、ＡＡＣＫの会長には国外にも顔が広い木原均を頼んだ。スキーとは積雪期の山行きであり、冬山登山もスキーを必要とした。

だがＡＡＣＫの企図は「満州事変」に妨げられて頓挫《とんざ》、そのため今西らは白頭山《はくとうさん》（朝鮮）の冬期遠征、南カラフトの地図なし横断探検などをやっていた。その間の三三年、今西は川村多実二の勧めがあって琵琶湖臨湖実験所の無給講師になった。渓流昆虫の調査に始まった今西の研究は、すべての登山、探検をフィールドワークとさせた。

今西の指向はその後、蒙古草原に向かい、そこで目にする動物、植物すべてを観察対象にした。なかでも群れをつくる哺乳類であり、そのなかのウマに注目した。戦争も敗戦も彼の企図、指向性を変化、転向させることなく、むしろ願望として強固にしたように見える。占領期、国外遠征が不可能になると九州の野生ウマからサル、そして霊長類に向かい、海外渡航が可能になるや、かつて渇望したヒンズークシ・ヒマラヤを経て、さらにアフリカ大陸へと、その進路に限りがなかった。その展望も、追究してゆく道程であらたに見出し拡げていった。

今西による行動実践は時代と文化が持った生の表現形態として近代日本人の一典型だ。この「典型」は「範例的モデル」を指すのではなく、「可能性の実現態として」の意だ。その行動実践を支えた、人間をふくめた「生物に見られる社会現象の起源を問う」（『生物の世界』弘文堂、一九四一年）という学問思考の形成に根っこにおいて関わったと推測できる文章がある。

「人間が獣類の一種であって、猿と共同な先祖から降ったものとすれば、善とか悪とかいう考えも決して最初から存したわけではなく、他の思想と同様にだんだんの進化によって生じたものと見なさねばならぬが、これらの点を詳細に研究するには、まず世界各所の半開人や未開人がいかなることを善と名づけ、いかなることを悪と名づけているか、また実際いかなることをなしているかを取り調べ、なお人間以外の団体生活をする獣類、鳥類が平生なしておることを調査し、これを基として論ずることが必要である」。

これは丘浅次郎『進化論講話』、一九一四（大正三）年増補改版（開成館）から抜いた（講談社学術文庫、一九七六年）。これを少年の今西が読み、魅了されたと解する。今西を近代日本が生んだ一典型とした推測も、こうした考え方がすでに表明されていて、しかもベストセラーとなるような読者嗜好のあったことによる。その読者にはこの本を、初版でだが、読み感動し、クリスチャンから唯物論者となり、平民社に出入りするようになった大杉栄のような青年もいた。少年今西は自分の内に生まれたこの根を育てて、後年、「棲みわけ」なる今西生態学・進化論の核概念を構築し、提出したのではないか。

『進化論講話』は現生生物界を進化の結果として、人類の発生もその過程に位置づけ著わすことを通して歴史の見方、考え方について啓蒙した。その同じ現生生物界について動物の分類学として遺漏《いろう》なく著わそうとしたのが、川村多実二が四子吉に絵画を求めた、あの『動物学読本』といっていいだろう。動物界を脊椎、原索《げんさく》、節足、軟体、蠕形《ぜんけい》、棘皮《きょくひ》、腔腸《こうちょう》、海綿、原生《げんせい》の九門に分け、この九門を綱、目、科、属、種の階梯にカテゴリー化、すべてで六十数万種あるとする。

ともに西欧生物科学の最新の成果について、読者対象を専門研究者としないことによって可能になる自由さを活かし、それぞれが幼くして抱いた最初の興味、素朴な疑問や問題意識を基にして紹介、展開したから、上から目線風解説を超えた初々《ういうい》しい緊張感がみなぎる。その基調となるのがかつて日本の文化になかった人間観、人間論だった。西欧自然科学が捉えた「人間とはなにか」について、学者として蓄積したところをあまさず伝えようという熱意が、新種の格調として全編を統一した（この二著の間に専門家対象の谷津直秀『動物分類表』と飯島魁『動物学提要』があった）。

その新種の格調および熱意を支え保証するのが、科学的真理への確信と科学者共同体への信頼感だった。この確信と信頼感が西欧文明において成立したとき、それは日本が「文明開化」を標語に科学の吸収を始めたときに重なるが、科学はその歴史を基礎に新たな聖性を帯びるようになってい た。錬金術的神秘性と異なる新たな聖性は、ダイナマイトや細菌の発見が市民に向けて発揮した「効能」によってもたらされた。それを素朴に表わしたのが一八九五年創設、一九〇一年に第一回授与式を挙げたノーベル賞だ。

ノーベル賞の聖性に対応するのが、一八九六年に第一回大会をアテネで開催したオリンピックだ。こちらの聖性は肉体の野生すなわち身体が備えた運動性能の発揮に向けた市民の讃嘆に発し、その記録の更新が霊威を増幅させた。オリンピックが成立するためには、人類は同一種からなるという「知識」と、競技における審判員や記録をふくむルールを絶対——アテネ神？——とするという「合意」が必要だった。

効能＝性能、知識＝情報、合意からなる二つの聖性は近代民族国家の誕生および国民大衆の登場と深く関係する。金メダルは悪魔が覗き込むデザインや中身がチョコレートの土産品や、メダルを嚙む受賞者の姿が好意を集めて広まったり、いよいよ世界部族にとってのトーテムだ。この二種の聖性によって平和や明るい未来が荘厳されていた、同じ西欧各地において「世紀末芸術」が萌《も》えて、もだえていた。

『動物学読本』では著者の熱意が動物図版に照応し、みごとな精華を形成した。発行から九十年、ここに盛られ表現された内容は学問としては多くの訂正と添削が必要なのだろうが（例えば、「全六十万種」とあるが、現在、昆虫だけで百万種を越し、全種では百四十万近いとされる）、改訂の必要性を具体的に知るほどに、知識（情報）を超えた知なるものとか、知的なる営為の個人性を超えた業《わざ》であることに気付かされ粛然《しゅくぜん》とさせられる。そして、と言うよりも、だから図版とともにある動物の網羅的総花性は動物園的活力に溢れる。

四子吉はこの仕事を通じて、動物画についての方法をつかんだといっていい。それは動物の立体的力動性の捉え方、その彫塑的把握による生体の平面表現について、いわば師の「お墨付き」を得たということだ。この後に熱帯魚、ショウジョウバエの仕事がつづいた。

6　「ニード・ダモレ」の新築

近藤茂雄の回想によれば（前出『にど　だもれ』）、牧野夫妻の勧めがあって同じ伊織町に家を借りた。この家では八月十六日、お盆の夜に寝転んで「大文字」のかがり火を眺めた。そして一九三三（昭和八）年、夫妻の祝福をうけて妻を迎えた。

このころ文子に、目下、売出し中の山田五十鈴の指南役を、という依頼があった。十代でなにも知らない山田に日常の挙措、立居振舞い、習慣から一般教養など、文子に教育指導して欲しいという。金を積んできたが、「その器ではありません」と文子は断った。が、実は依頼してきた永田雅《まさ》一《いち》を嫌ったのだという。撮影所のセット造りなどを請負っていた千本組の下っ端だった時代の永田を、四子吉は知っていた。彼は権勢家、金持ち、有名人がいると、どこからか現われ出てきて揉み手で擦り寄っていくタイプの人間だった。

文子の「料理日誌」はその後、新聞のスクラップブックになっていったが、そこに貼られたのは家政上の実用記事、調理、漬物、買物や洗濯の秘訣、園芸、薬草の知識といった「主婦のメモ」欄の類である。文子はかつて、そういう記事を扱う婦人家庭部の記者だった。役割としてほとんど制度化した「家庭の主婦」業としての知恵を収集しながら、また、「What to eat」とタイトルされた英文を、お手本のごときれいな筆記体で書き写してもいる。訂正もなく——ということはそのまま理解したことの現われだろう——、こうした英語原書も読んでいた。その長い筆写の末尾に「(*Biology and Human Life*, pp. 138-151, Chapter VIII, Truenberg)」とある。『生物学と人間生活』なる英書の読書は文子の意識、感情、欲望のあり方を感じさせる。

一九三三(昭和八)年の切抜きに「あなたの赤ちゃんの成長ぶりは?」また「子供を丈夫にするには　栄養の知識」といった種類がまとまって貼られている。近藤はいっしょに洛中洛外を歩いたころ、「東福寺を訪ねたことがあった。管長の尾関本考《ほんこう》老師は、大阪船場の文子さんの実家とは関係が深く、文子さんをよく知っており、『お嬢』『お嬢』の愛称で呼んでいた」と記して、そこに「悲しい思い出」を付け加えている。それは「文子さんの難産」であり、これが「水泡に帰したこと」だ。「尾関本考老師によって『光水子』の戒名が授けられて、東福寺の庭の一隅に葬られた」と。

文子が語るところでは、子どもが死んで、「なにか代わりに宝にしておきたい」と思って、ちょうど百瀬晋からもらった英語によるイタリア語文典とイタリア語辞書の二冊があったのでイタリア語の勉強を始めたとのこと。当時、日本語のイタリア語学習書はなかった（富永恒雄との対談。『現代ギター』一九七二年十月号）。

文子にとってイタリア語は亡き子の代わりとなる「宝」だった。そこにはまた四子吉のイタリアオペラ好きがあった。そのレコードがたくさんあり、文子は詩が好きだったから、イタリア語で歌われている詩句の意味が知りたかった。だから、「発音の先生はレコードのオペラ歌手」だった。

それから間もなく、牧野夫妻は北白川平井町に新居を建て引っ越した。そこは理学部・農学部キャンパスの北側、すぐの裏手である。そして家屋より広くとった庭に四季それぞれの花が咲くよう植物が植えられた。

「ぼくらの小さな家」

四子吉が描いた淡彩スケッチが残されている。「La Nostra Casetta 1933. 8. 26」の文字は、「ぼくらの小さな家」が一九三三年八月二十六日に完成したことを示し記念するのだろう。

この新居「ニード・ダモレ」を二人

のプランに基づいて建てた大工が、中村伊三郎の「苦楽園」建築に関わり、その後も中村家に出入りしていた棟梁の立花待次郎だったとのこと。文子は棟梁に、ヴォーリズ（ウィリアム・メレル）の設計になる家屋を参考にするよう見学を慫慂《しょうよう》、造作中も細かな指示をしつこく出したとのこと（駒井卓邸はヴォーリズ設計。現在、ナショナルトラストに登録、公開中）。

7 滝川事件と「国体明徴」運動――「科学動員」の始まり

一九三三年の五月から七月にかけて京大で滝川事件が起きた。四子吉が熱帯魚やショウジョウバエを描いている年だ。

事件は時の文部大臣（鳩山一郎）が京大法学部教授、滝川幸辰《ゆきとき》の辞職を命じたことに発した。京大総長は大正デモクラシー期に獲得した「大学の自治と自由」を楯に命令を拒否、対して文相は監督官庁権限を根拠に滝川の休職を決定、すると京大法学部教員全員――教授から副手まで三十九名――が辞表を提出、学生もまた政府に抗議した。運動は他大学まで拡がったが、文相の「この措置は非常特別の場合である」発言により、教授の半数が辞表を撤回、大学は「秩序の回復が第一」と学生の抗議運動を禁止、警察が活動家学生を検挙。運動は夏季休暇の間に沈静化、秋学期に続くことはなかった。これが戦前最後の学生運動になった。

前年、文部省は左傾化学生対策として「国民精神文化研究所」を設置、「国民精神の原理および国体の闡明《せんめい》のための理論体系の樹立」をはかった。しかしそもそもから「国民精神」や「国体の原理」は、ことば（文節言語）を使った概念規定による「理論体系の樹立」に馴染まない。「禊《みそ》ぎ」によって感得した「万世一系」の「御稜威《みいつ》」に「国民精神」は宿るとされ、その「体得」が示す「行動」に「国体の原理」があるのだから。実際にも五年後、文部省によって「国体の本義」は法によって規定されるのではなく、「事実」のなかにあるとされた（二・二六事件は「国体」を定義（概念付けようと行動したから反乱軍とされたともいえる。定義されれば「法典＝のり」的実体として権利、義務とともに責任が明確になるだろうから。それが精神主義的定義であっても、例えば戦をふくむ災害によって「民のかまど」のにぎわいが消えて久しいときなど、供儀を奉げ、遷都と代替わりとなる「まつりごと＝政」が語られる。供犠はもっとも聖に近い存在がふさわしいだろう）。

したがって「国体の闡明」すなわち「国体の明徴《めいちょう》」は国家内に巣食う獅子身中の虫、バイ菌を焙りだし退治する「行動」による「純化」以外にできることはなかった。国民精神文化研究所に集った学者がやったのは自由主義的といわれる学者の過去の著作から「非日本的概念、夾雑物《きょうざつぶつ》」を探索、採集、摘発し、スキャンダル化することだった。

「憂国の志士＝国士」的指導者意識を貫流したのが「死ぬ覚悟」、すなわち「死んで責任をとる」精神だった。この「死ねばいいんだろう」精神を形成する内実は、進歩し優れる欧米列強という脅威に囲まれたなかで、それに伍すべき「大日本を確立」するという使命感だ。これは憬《あこが》れの対象を対峙する敵のごとく見なすのだから、陽があって存在する陰の位置に自分を見定めることになる。通俗に言えば、「名誉白人」として認めてもらいたいという強迫的複合意識（コンプレックス）状態を宿命と定めるのだから、内に深刻な葛藤をかかえる。

海を越えての出兵もすべて、日本確立のためのやむを得ざる「進出」であり、そこに積極的構想があったわけではない。列強の脅威が「そうさせた」のであり、つまりは被害恐怖想念がもたらした応変の措置としての侵攻と支配だった。

それが「皇国の生存権」から、大陸支配の合理化として「東亜新秩序」を鼓吹し、その泥沼化を追いかけるように欧州において戦争が勃発すると「大東亜共栄圏」を広宣するにいたったが、そのための強迫的複合意識に変化はない。真珠湾攻撃もアメリカが中心になって包囲網（ABCD）を布いたために、大日本帝国がとったやむを得ざる対応措置だった。「成り行き」がさせた臨機の行動だから、そこにあるべき明確な構想はない。目的を明確にできないところに本質がある。「手打ち」についての論議は、議題にあげること自体が「国体の本義」にそむく。戦争は「行け行け」であり、「転進」「玉砕」があっても「撤退」「捕虜」はあり得ず、行き着くところ、カタストロフィまで「聖戦」がつづく。その国民は「臣民」でなければならず、その条件として「至誠」があった。

滝川の著書や講演中に、犯罪の根源には社会悪があるとか、姦通罪の適用対象が女性のみなのは男性支配だといった言及があった。これが日本伝統の国家、郷土、家族観に反すると、「国民精神」闡明主義者が摘発、糾弾した。この攻撃の矛先は最高学府の教育研究内容にとどまらず、国家予算の使途に及ぶ。

この年一月、『貧乏物語』で一般にも人気のあったマルクス主義経済学者、元京大教授の河上肇《はじめ》が検挙されていた。同じ一月、ドイツではヒットラーが政権を握り、「非ゲルマン」的書物を焚書《ふんしょ》、その映像を流し、ナチズム運動を華々しく宣伝していた。これは国家（民族）の「非常時」を煽《あお》り、内部の「敵」を指定、追放隔離をはかる手段として日本に直接、波及した。「国民精神文化研究所」を設置した一九三二年、政府当局はまた、「満蒙支」および「南洋」における各種資源の調査を方針に定めた。これによって大学は「外地」における資源調査と、調査を遂行しながらの専門研究者の養成を国家的任務とすることになった。「対外進出」から、その経営統治を視野に入れた国家の「科学動員」政策である。滝川教授辞職指令に表わした教育界にたいする統制強化は、「科学動員」遂行への障害除去でもあった。

京都大学の最高審議機関は評議会、その農学部評議員に湯浅八郎教授（農林生物学科）がいた。事件渦中に持たれた評議会において（五月二十日）、全体の意向が「滝川教授の去就《きょしゅう》は法学部を越えて全学に関わる人事問題だから評議会で決したい」でまとまろうとした。その意味するところは、「すべてがまるく収まるから、評議会として滝川に辞職勧告しよう」だった。そのとき湯浅が敢然、「教授の地位が他学部の意向で左右されてもよいのか。——禍根を残す」と発言、評議会の流れを転じ、学部人事権（大学の自治）の尊重をあらためて確認し、法学部教授会への連帯を示すということがあった。湯浅は翌年、同志社総長就任のため退職する。

湯浅教授の農林生物学科（昆虫教室）に属したのが今西錦司、岩田久二雄、可児藤吉、津田松苗、森下正明、内田俊郎、渋谷寿夫らだった。湯浅教授が退職したあと、後任が決まらず教授不在の一年間があった。このとき無給副手だった森下ら教室員は卒業生をふくめて協議し、一致して今西を教授に迎えるよう要請した。しかしまったく無視された。無視されたとはいえ、教室員が教授人事について具申する例は珍しかっただろう。ここに滝川事件、直接の波及はないようだが、間接的影響——学部の専権事項に教室員の意思が反映されてもいいだろうというような——があってのことに違いない（後に可児は理学部動物学教室に移った。森下は理学部動物学科で博士号取得）。

滝川教授排斥の成功は国粋主義運動を勢いづかせ、二年後の美濃部達吉「天皇機関説」攻撃につながった（「天皇機関説」とは、天皇は法人である国家が統治権を行使するための機関であるとする学説であり、明治欽定憲法の解釈として大正期に公認されていた。美濃部は貴族院議員）。この摘発攻撃を国会が取り上げ、「国体明徴決議」として採択、政府が国家体制として「国体明徴」運動を率先推進することになった。今や「明徴」なった「国体」であり、そこへ疑義をとなえるには「非国民」扱いを覚悟しなければならなかった。

国体明徴決議後、湯浅八郎同志社総長は学外のみならず学内（配属将校、一部教師ら）からも攻撃非難されるようになった。非難攻撃は、「国体明徴」の精神が欠如する、キリスト教主義は国体に反する、赤色教授を追放せよ、と責めた。そこで湯浅は、「同志社綱領」を守るために「新教育綱領」を制定、そこに「敬神尊皇愛国愛人を基調とし」とか、「教育勅語を奉戴《ほうたい》し」とかの文言を入れた。その七月、「支那事変」が始まり、十一月に入って雑誌『世界文化』の主な編集同人が治安維持法違反容疑で検挙された。そのなかに同志社の若手教師陣が加わっていたため、十二月、湯浅は同志社存続のため辞職した。

『世界文化』は滝川事件を体験した若手研究者が編集同人となって創刊し、人民戦線運動に関する記事を論評ぬきで翻訳紹介、毎号、当局の検閲を受けていた。人民戦線はナチズム、ファシズムが勢力を増大させていたヨーロッパにおいて、これに反対、抵抗した国際運動だった。この運動を合法的に紹介していた『世界文化』だったから、逮捕理由について違反の具体的な指摘はなく、「全体の主旨がいけない」というものだった。

国体明徴運動は「支那事変」が起きるや、大和心による和を求める「国民精神総動員」運動に成長する。この官製精神運動は大陸侵攻の長期泥沼化にともない、「国家総動員法」として、目的を労働力や資金調達へと物質化し、肉体化させた。さらに国会での「聖戦貫徹決議」を経て「大政翼賛会」の結成へと進み、競合の無駄を省くために会社など各種組織を解散、統合させた。「国民精神」は全体主義を徹底化させ、国家の物質的目的のために「億兆一心」して、その全肉体力を奉仕させることになった。すでに治安維持法は「改正」され、思想犯は刑期終了後も保護監察所の監視下に居住しなければならなかった。軍・政・官（司法省があった）が主導、言論が追尾した日本の国家主義運動は滝川事件を一画期としている。

『世界文化』逮捕者のなかに理学部地球物理学科を出た武谷《たけたに》三男がいた。武谷は湯川秀樹が一九三五年に発表した中間子論を、その後、湯川を中心に議論し、補強、完成させたグループ（他に坂田昌一、小林稔）の一人だった。武谷は逮捕されて九カ月後、湯川が「もらい下げ人」（保証人）になって釈放となった。戦争末期にも武谷は、徴用勤労者に教えた技術論の合理性が「国体にそぐわぬ」と逮捕された。このとき思想検察官（第一回普通選挙実施の一九二八年、司法省が設置）から、「治安維持法は思想を取締る。考えただけで犯罪になる」と平然といわれた（『思想を織る』朝日新聞社、一九八五年）。

京大退職後の湯浅は昆虫学（生物学）を離れており、その信仰理念に基づく普遍的世界市民の育成に生きようとした。他方に、かつて京都で開かれた日本民芸展（一九二九年）を見て生活用具の美しさに感動したということがあった。以来、東寺などの朝市に出向いては売り手とのやりとりを楽しみながら「民芸品」を買い求め収集していた。それらは名もない人たちの生活や労働が積み重なって創り出した「具象作品」だ。日常品であることによって、作り使用してきた日本人民衆の生を、ここに湯浅当人へとつづいた祖先も入るわけだが、美感において享受し、共感、連帯を意識することができた。それはかつてを生きた一人一人を今に凝集、人間として抽象したところに生まれる連帯感だ。民芸品に馴染む湯浅は、信仰理念の普遍性と人間濁世の現実界とが、調和、融合した時間を「遊び楽しむ」ことができたのではなかったか。

湯浅は一九三八年、アジア（インド）で始めて開催された「世界宗教会議（プロテスタント諸派会同）」に参加、その足でかつて自活しながら生物学を学んだアメリカへと渡る。日米開戦後も日米交換船を拒み、日系人強制収容所（十一カ所、十二万余名、うち七割が二世）をめぐり、移民から成るアメリカ合衆国の国民として普遍的市民理念に生きることを訴えて、独り亡命に近い生活を送った。戦後の一九四六年十月帰国、翌年、同志社総長に復帰、また京都民芸協会を創設する。国際基督教大学（ＩＣＵ）設立とともに初代総長に就任、十年間務め、以後も没するまで理事長だった。その収集した民芸品中の八百点をＩＣＵ湯浅記念館が収蔵、展示する。

滝川事件の際、動物学教室で抗議運動をしていたのは朝山新一と小林恵之助だったと森主一が記している。森は自身について、「当然その渦中にあるべきはずのところ、はずかしいことには全く無関心であった」（『大学魚学の生態』ナカニシヤ出版、一九八九年）と反省、この痛恨が後述する戦後の「教室会議」へ、さらに「大学紛争」時には大学人としての主体的行動をとらせている。

滝川事件の夏、四子吉と文子は「ぼくらの小さな家（ニード・ダモレ）」を建てた。二人はこの間の大学情勢、社会状況をどのように見ていたか。動植物を熱い視線で冷徹に観察する四子吉は、こちらについては権力者による社会現象として覚めた眼でみつめていたのではないか。

第二章　自我・自由・美

1　講談挿絵——義侠心とヒューマニズム

牧野四子吉《よねきち》は一九〇〇（明治三十三・庚子《かのえね》）年九月九日、牧野紋吉、ハルエの四男として北海道函館に生まれた。その名は父母の郷里、秋田県本荘を流れる子吉川《こよしがわ》にちなんだという。父は宮大工の棟梁、次の請負仕事が東京だったから、生後間もなく浅草へ転居した。その後も頻繁に転居している。小学校の入学は芝区の南桜尋常小学校、三年後、本郷区駒本《こまもと》尋常小学校に転校、そこは現在の都立向ヶ丘高校の場所、後述する南天堂は近い。

四子吉の遺品に「繪畫帳」と表書きされた六冊がある。B6版（半紙半折）型、画用紙のような厚い紙質（雁皮紙？）の和綴じだが、袋綴じではなく、一枚の紙の裏表を使用した冊子である。墨のにじみがないのは明ばんを塗った書画用どうさ紙であり、それを綴じたうえで描いていることが綴じ目の余白から分かる。この冊子は絵画の模写のために用意された。

その毎頁、絵のはじに「題名」と日付が記入されて、始まりは「明治四十四年十一月十二日」、最終頁が「大正二年十一月十七日」のまる二年にわたっている。新聞連載小説の挿絵、その模写だ。署名はないが、長年月にわたり、まとめて保存していたことからみて、そして書き文字の幼さからいって十一歳から十三歳の四子吉が描いたとみて間違いない。

その題名だが『浅香三四郎』に始まり、続いて『石川寅次郎』、そして『木下藤吉郎・出世太閤記』の三話である。浅香三四郎、石川寅次郎ともに『加賀騒動』の主要登場人物だ。休載も「一回休み」と忠実に記録している。これをその年月日の新聞紙にあたってみると、『やまと新聞』の連載

『やまと新聞』明治45年５月25日付，『石川寅次郎』第118回（伊藤静雨画）

講談速記だった。毎日、新聞を待ちかねて模写したことをうかがわせる。

その模写だが元絵に忠実に、細部もおろそかにせず丹念に拡大して描いている。紙を重ねてなぞったのではない。使用したのは墨であり、筆である。模写、描写するその線は細く、しかもためらいがない。この熱心さは子どもが遊びに熱中するときのものだ。のびのびとして恐れと無縁、忠実に模写することが喜悦だった。白いなにもない紙に浮き出し、出現してゆく画像を創り出す喜びである。それは夢中の少年にとって物語の創造に匹敵しただろう。毎日、楽しみにして、描くのにど

れぐらいの時間をかけたか。この喜びを、日を追って心身に刷り込ませていったと確信させる。

駒本小学校を卒業した四子吉は私立郁文館中学に入った。当時の義務教育は尋常小学校六年まで、多くはその後、二年制の高等小学校を出て世間に出た。一九二〇年代後半、いっしょに舞台美術展を開いた岡村蚊象《ぶんぞう》、長く建築界で活躍する山口文象の初期の名前だが、その例を一般とすると四子吉はこの時点で職人の道を外れた。岡村（山口）は四子吉より二年後の浅草生まれ、祖父が新潟出身の宮大工、父が清水組（後の清水建設）の中心棟梁だった。尋常小学校を出た岡村は府立一中（現・日比谷高校）の入学試験を通った。が、棟梁の父は職人に学問は不要と大工養成学校へ行かせた、と自身について語っている。

「絵画帳」から．講談挿絵の模写図

駒本小学校から郁文館中学は近い。そこは夏目漱石『我輩は猫である』に戯画的に描写された「落雲館中学」だが、それから六、七年たって、果たしてどのような中学校だったか。四子吉はどのような中学生生活を送ったか、二年で退学している。退学理由について当人は数学、物理が大嫌い、学校へ行くのがいやで二年の終わりごろやめたと語っている。描くことを熱中させた才質が、中学生になるとともに数学、理科の授業を抑圧と感じさせた、とはあり得ることだ。しかしまた、気にくわなければそのまま態度に表わし、喧嘩もいとわなかった可能性も、「悪童の名」から想像される。

翌年、好きだった絵を描いていればいいということで川端絵画研究所に入所した。そこは高等小学校終了程度の学力を要するとうたうが絵師養成画塾の気配濃厚であり、歩いて行ける距離にあった。四子吉、十五歳である。

2 川端絵画研究所――「日本画」と「芸術」の出現

川端絵画研究所の前身、川端画学校は川端玉章《ぎょくしょう》が一九〇九（明治四十二）年、小石川富坂の自宅に隣接した東京市の土地を取得し、設立した五年制画学校である（現・中央大学工学部辺）。天保生まれの玉章は、東京美術学校開校に合わせて円山四条派の教諭（教授）として雇われ（四十六歳）、二十二年間務めて退職した。画学校設立はその間のことであり、すでに帝室技芸員（正七位）、文部省展覧会（文展）審査員だったから、画家（絵師）として最高位への出世だった（円山派は円山応挙に発する。四条派は与謝蕪村に学んで後、応挙に師事した呉春から興るが、顧客的支援層が与えた名称であり、絵師たちに別派というほどの意識はなく、京都画壇の主流として明治維新を迎えた）。

玉章も生まれは京都、父は蒔絵師《まきえし》、十一歳（嘉永五年）で円山派の師に入門した。二十五歳時の慶応年代、三井家お抱えのような職にいたのだろう、その家人にしたがって江戸へ来た。すぐに明治維新の動乱に会い、諸職芸道芸人と同じく生活は窮迫、注文を求めてなんでも描く時期がつづいた。

明治維新後の専門教育はお雇い外国人教師からの西洋の知識の吸収がもっぱらだった。西洋美術は描写、造型の精確性（本物らしさ）が文明進歩の証しとして感受されたから、美術教育も製図や図学（幾何図、容器画、透視図、投影法など）が重視され、対象を正確に表わす技術として兵学校でも科目となった。欧化主義が盛りの、その明治五年、玉章は洋画家の高橋由一に入門している（後に玉章は、のぞき眼鏡を買ってきて、そのなかに自分で描いた油絵を仕組み、近所の子らに一銭で見せたと語っている）。当時、由一は南校（後の東大）の絵画教師（専門画学兼理学校正掛）だったが、一年しないで辞職、洋画塾「天絵社」を開いた。南校の求めたのが製図的技術だったからだろう。工部省工学寮に属する工部美術学校がイタリア人教師を雇って開校したときも、その所属が示すように目的は建築装飾や製図の技術だった。が、教師と生徒は、設立した政府とは違い、美術を目ざし——「美術」という言葉、すなわち概念はなかったが——、間もなく廃校となった。

その頃にはまた、日本伝統の美術工芸品が欧州における博覧会で好評を得るということがあった。これはそのまま有望確実な輸出品目となることを意味した。一方の洋画は、掲げて飾るような場所が日本家屋になく、その「本物そっくり」の画面によって異国景物の見世物や店の看板絵として人気を保っていた。そして職人は輸出用に「本物そっくり」生物で飾った工芸品を作り始めた。

明治十年第一回内国勧業博覧会が開催されると、玉章は出品し、褒状をもらう。人望もあり、三井の支援があって、このころから私塾を開いていたようで、塾は繁栄した。その初期の弟子に平福百穂《ひらふくひゃくすい》、結城素明《ゆうきそめい》、藤島武二らがおり、家塾は美術学校教授時代も継続した。

明治十一年、政治、哲学などの教師として来日したフェノロサが日本美術を宣揚した。彼は、西洋美術は十五世紀に盛期を迎え、以降、衰退したといい、東洋美術を採り入れることによって再生できると論じ、奈良ほかの古寺古仏などの実物調査を実施するにいたった。フェノロサに親しく接し、その論を聴き、また欧米にも渡り、独自に学び考えた岡倉天心（維新時、五歳）は、美術は国体の精華であり、その衰退は民族の滅亡につながると、美術行政全般――工芸古物名品の保存、その一般への教育啓蒙、創作家と教師の養成、輸出産品の製作、博物館の設立等――について論じるとともに運動した。そして明治二十年、東京美術学校の設立へと導いた。

洋学の吸収を課題とした国立学校中、唯一の例外が東京美術学校であり、日本の伝統工芸美術のみを追究対象にした。そこには日本の民族伝統を担った新たな美術作品を創造することによって、精神性と先進性を誇る西洋文明に反省を迫るという、自負ならびに展望があった。同時に設立された東京音楽学校は伊沢修二校長のもと西洋音楽を教えた。その伊沢も「ナショナルミュージックを興すこと」を抱負として語っていた。校長二人の日本美術と日本音楽の創造方法の違いは目ざす精神内容、感動の質の違いを表わすだろう（伊沢は美術学校についても一貫して西洋美術教育を主張した）。

開校八年目、東京美術学校は西洋画科を新設、開校以来、時代と画法によって三教室に分かれていた絵画科を一括して「日本画科」とした（ほとんど便宜的な「日本画科」の呼称だったが、これが「日本画」なる単語の初出、すなわち名称の始まりのようだ）。三教室の指導者は第一が古代から鎌倉期で巨《こ》勢《せ》小石《しょうせき》教授、第二が室町から江戸前期（雪舟から狩野派）で橋本雅邦《がほう》教授、第三が江戸中期以後（円山派）で川端玉章教授だった。校長、天心の構想としては、日本伝来の三教室と並べて第四「支那

（中国）画」、第五「泰西（西洋）画」の五教室制だったが、その構想は通らず、意図は違えられ、そこへさらに私事のスキャンダル化が追い打ちをかけ、天心は美術学校を辞職した（明治三十一年）。絵画科の教諭として一番の待遇を受けて来たのが雅邦と玉章だった（奏任官五等、年俸五百円に始まる。天心は奏任官四等中級俸）。教頭格だった雅邦は天心に連袂《れんぺい》辞職して去った（雅邦は維新時、三十二歳）。当初、玉章も連袂辞職の意思を示したが、三井高保の諫めがあって残った。去った天心は辞職した教師らにおされ、同年中に私立の美術学校として日本美術院を設立した。それから十年を経ての川端画学校の設立だった。

画学校設立の目的に日本画の伝承として、とくに円山派の継承がうたわれても、そこには玉章を担いだ組織としての勢力の維持から隆盛の意図があっただろう。このころには歌舞音曲、花、茶、能狂言など伝承技芸は家元制（流派）の元に、武芸は軍隊警察や学校体育のなかで再生するという、日露戦争後の時代状況があって川端画学校の設立となり、玉章塾の高弟が教師を務めた。

玉章はしかし、設立四年後の一九一三（大正二）年、七十一歳で没した。没するとともに学校の存続が問題になり、時代に即応すべく新たに洋画科を設け、名称も絵画研究所とモダン風にして継続することになった。

新たに加わった教師に日本画科の結城素明、洋画科の藤島武二がいた。素明は玉章の弟子であり、東京美術学校の教授でもあった（名称変更以前に参加）。藤島武二は十代で画家を志して上京、玉章の元に弟子入りしたが、その後、洋画に転じ郷土、薩摩の先輩、黒田清輝に師事した。東京美術学校に洋画科が設置されると、その主導者となった黒田清輝から招かれ、助教授となった。その後、当時としては遅い四十歳で西洋留学、パリでアカデミック絵画、イタリアでルネッサンス絵画を学び、五年後に帰国、洋画壇重鎮の一人となった。玉章の弟子たちから相談を受けた藤島は、かつての師の恩顧に応えるべく、洋画科を設けることで教師を引き受けた。この二人、結城、藤島が川端絵画研究所のいわば看板教師となった。

どのような勉強をしたのだろうか。日本画は筆の穂に水をふくませ、先端部に墨（絵具）をつけて描く。円山派は太く大きめの筆による「付け立て描法」を特徴とした。これは先端部に色（墨）を付けた穂の全体を寝かせたまま、太い腹にふくませた水の加減によって一筆のうちに濃淡の効果を出す技術とのこと（円山派は「写生派」として知られるが、輪郭をふくむその写生はこのような技によって発揮された。玉章は「付け立て」が得意で、絵を頼まれると「画題」を求め、その場で一気に何枚も描いてみせることが評判だった）。

これを画学校開校時の課業内容から推し測ると、基本として筆による縦線、横線、曲線を引き描くことから始まったようだ。それができて花、鳥、虫、野菜、果実、動物、魚介、風景というふうに定められた題材の手本を「臨画《りんが》」する。ここで穂先とふくませる水の調合具合、腹と先端部の使い方による彩色の仕方を、対象の「形取り」といっしょに学んだというから、これが流派の「骨《こっ》法《ぽう》」である「付け立て描法」の習得だろう。それから現物の植物、動物の「写生」に入る。人物写生、風景写生を経て、過去の偉大なる先達が達成した逸品の「模写」が許される。修得した技をもっての全体の構成把握である。そしていよいよ「作画（新按）」に向かった。

洋画科は期間制（内容別・コース制ではなく）であり、講習料を支払った期間（二週間から十カ月まで四類）は研究所で指導を受けることができた。藤島武二は土曜日に来て描かれた絵を批評し、ときに手を入れた。中学三年級以上の学力を要するとしたところからも、東京美術学校志望者のための予備校に見える。多くの画家の経歴に川端画学校が記されるが、洋画科に卒業はないようだ。日本画科のほうは授業科目に変動があったが五年制はそのまま、卒業すると玉章グループの結社「天真社」の正社員になった。いわば免許皆伝である。

「絵画研究所」の名称は五年後、財団法人化とともに元の「画学校」にもどった。したがって四子吉は研究所三年目の入校だが、卒業は画学校。それから二十余年、校舎を戦災で焼失し、そのまま再建はならなかった。今に残る在籍者名簿（四子吉同期は未見）を見ると、学生は全国から集まっており、中学卒業が多かった。四子吉にとっては年上、近くても三歳ほど上だ。東京育ちでそれなりにませており負けん気の四子吉だったから、田舎出の同期生たちの気安い相談相手となっていっしょに行動したようだ。

3　画学生として――絵・歌・劇場・社会

四子吉は幼少から父の仕事振りを身近に見ていた。職人の処世習俗に、棟梁である父の応対振りとともに接し馴染んでいた。これは父母が保持したいわゆる東北人的な朴訥《ぼくとつ》さや粘りと重なり合って、とくに人との接し方に関し、その性情に刻み込まれるところがあったに違いない。加えるに彼らが楽しんでいた講談を四子吉は熱心に聞き、読んだ。物語の筋、主人公の言動は子どもの四子吉の感情の作用因として、感受性、道義観のうちに滲み込んだはずだ。例えば、弱い者いじめに対する怒り、不当な力に対する抵抗、権力の醜さと名誉の相対性、義を貫く痛快さ等々、講談が鼓吹する感情、なかでも義侠心には梁山泊《りょうざんぱく》にみなぎるようなアナーキーな「美学」がある。

川端時代は心身ともに伸び盛りの十五歳から二十歳という自己形成期である。時代はちょうど「大正デモクラシー」盛期、その背景にあった社会、労働問題の発生、そこへ世界大戦が勃発、日本もアジア太平洋域で参戦し、世界との共時感をもたらした。直《じか》に入ってくる欧米の新思潮は、文化の激動渦中に身をさらしている実感とともに、四子吉に画家という仕事について考えさせた。

いつごろからか四子吉は『明星』派に感動し、自作短歌をひそかにノートに記していた。そしてまた白樺派が主唱し鼓吹した「聖なる芸術」に仕える使徒としての芸術家像に共鳴した。そこでは絶対の美は真であり、究極において善でなければならなかった。

四子吉は研究所入所の翌年、川端に在籍したまま、谷中にあった再興日本美術院の研究所に入所した。が、一年にして退所、個人的に中村岳陵《がくりょう》に弟子入りした。日本美術院は東京美術学校をおわれた岡倉天心に師事した若い日本画家が、天心を核に設立し研鑽し、今や大家となって、天心の逝去を期に再興したばかりだった。

岳陵は四子吉と十歳しか違わない若さだが、すでに大和絵（土佐派）を学び、東京美術学校で狩野派および結城素明にも学んでいる。他方で、この年代の青年らしく雑誌『白樺』を愛読し、したがってまた『白樺』が熱烈に共感を示して紹介に努めたフランスの後期印象派に感銘を受けていた。また、正岡子規の写生論、「自然に帰れ」をモットーにしていた。そして二十六歳時の『薄暮』をもって、再興日本美術院の同人に推挙された。それから間もない四子吉の弟子入りだった。

岳陵にとって流派は依拠すべき技術や組織ではなく、自己の表現のための手段となっている。これは日本画画家にとって時代の新傾向というより、すでに東京美術学校の日本画教育がそうだった。洋画界では明治末から若い仲間同士、権威者抜きに組織をつくり、発表会をもつことが始まっていた。京都では流派を超えた絵師の交流があり、明治末には若い画家が自分たちで発表会を開いていた。


この時期、四子吉は真実を求めてあちこち「他の世界」をのぞき、「遍歴」したというのだが、その内容、実態がよく分からない。学校の月謝を半年以上溜め、材料費も「遊び」に使うようになったというが、中途半端に留まらない、真剣、精いっぱいの遊びだった。

一つに、浅草オペラがある。熱狂的ファンを称する「ペラゴロ」（オペラとジゴロ、ゴロツキの合成語）が登場した。二十代の四子吉が親しく付き合ったなかにオペラ好きは多い。詩人のサトウハチロー、三宜亭の田戸正春、『音楽舞踊十五講』（聚英閣、一九二五年）を著わした五十里《いそり》幸太郎、ヴェネツィアで、留学中の陣内秀信に松井須磨子の正調「カチューシャの唄（復活）」や「ゴンドラの唄」を教えた別府貫一郎、百瀬晋は行ったこともないミラノ・スカラ座の内部について案内できるオペラ通だ。四子吉のオペラ好きも、聴くだけでなく、自分で歌った。結婚後だが、多量のレコード（SP盤）を余裕があるわけでもない家計で購入し、その売却が戦後、家を建てる資金になったほどだ。

演芸、芝居にも凝った。「ちょいと出ました三角野郎が～」の八木節、井上正夫一座、この時代に知り合ったヴァイオリニストの森乙《おつと》（NHK交響楽団。俳優、根上淳の父）に童話劇場時代の四子

四子吉画『若衆布晒舞図』（屏風絵部分）

吉は演奏を頼んでいる。芝居の幕内仕事として「創作劇場」に参加した。その第三回公演（一九二〇年六月、市村座）として、伊藤（柳原）白蓮《びゃくれん》作『指鬘外道《しまんげどう》』、生田《いくた》長江《ちょうこう》作『長沢兼子』を上演、しかし『長沢兼子』が実際にあった伯爵令嬢とお抱え運転手の駆け落ち事件を題材にしていたため、二日目に上演禁止を命じられ、創作劇場は解散した（このころ大杉栄が影で動き、生田長江らが中心になって「著作家組合」を百五十名で結成している）。

文芸講演会にも行った。そこでは文芸思想として、人間平等の社会や世界平和が語られていた。それを聴いて自身の絵の世界が省みられ、社会における画家の仕事について考えた。四子吉は後年の随筆「道草」のなかで、「画学校を終える頃、私の中に生じたある変化が、画家への志望を捨てさせて他の世界に踏み込ませた」と記している。この「画家の志望を捨てさせた」大きな理由が画家の生態だった。文展（文部省展覧会）入選が職業画家への登龍門だった。だから画学生は審査員のところへお遣い物をもって出かけた。大家に「面通《めんとお》し」をし、下見をしてもらい、他方で新聞雑誌記者に働きかけた。既成権威に阿諛追従《あゆついしょう》する画学生を四子吉は許せなかった。それを迎えることでボスとして納まる大家の姿もまた四子吉を嫌悪させた。

「道草」は、「それからいろいろな仕事に手を染めたけれど、熱情を傾けきれるものに出会えないまま、次から次へと仕事を変えることになった。だが、すくなくともその時その時を真剣に精いっぱいに生きたつもりの私は、結果的に道草を喰うことでしかなかったその期間中の行動に、少しの悔いも残さなかった」と振り返っている。四子吉は川端に五年間在籍、二十歳で卒業した。五年間、日本画を結城素明、洋画を藤島武二にみっちり仕込まれ、楽しい学生生活だったと語っている。

語ってはいるのだが、肝心の絵について、どのような絵を描いていたのかがよく分からない。残っている若いころの作品は制作年不明の絵（枕屏風?）と絵を横に置いた記念写真（?）と後述の『兼代像』（八五頁参照）ぐらいだ。屏風絵は初期歌舞伎のような踊る若衆姿（前頁）——英一蝶《はなぶさいっちょう》『布晒舞図《ぬのさらしまいず》』を思わせる——であり、記念写真は着物姿の座った女性の斜め後ろ姿——舞姿を斜め後ろから描いた竹内栖鳳《せいほう》『アレ夕立に』の影響があるか?——、ともに後年には見られない華やかさがある。

4　「蒼空邦画会」入会——奔走する伝統

四子吉自筆の略歴下書きが残っており、その「所属団体」の一番目に「大正九（一九二〇）年第一作家同盟（ＤＳＤ）蒼空《そうくう》邦画会会員」とある。

蒼空邦画会は一九二〇年十二月、高木長葉《ちょうよう》、山内神斧《やまのうちしんぷ》、矢部季《すえ》、三宅一朗の四人によって結成された。四人は関西育ちで四子吉より十歳ほど年長、東京美術学校日本画科に学んだ者もいる。

第一回展を五カ月後の翌年四月、公募展として東京の白木屋で開いた。公募展は日本画を描く集団として、なによりも画家個人の表現を尊重し、師弟、流派、画壇（閥）を否定するという主張を意味しただろう。第二回展を一年後の二二年四月にやはり公募展として開き、その六月、蒼空邦画会をふくむ五団体、三十四名によって「第一作家同盟（ＤＳＤ）」を結成した。他の四団体は青樹社、高原会、行樹社、赤人社、この団体のうちには洋画家の同人がいたから、ＤＳＤに洋画と日本画の別はない（五十殿利治他『大正期新興美術資料集成』国書刊行会、二〇〇六年）。

ＤＳＤの「宣言」には、「時代の進行を阻害する現画壇の一切に挑戦」し、「真実と勇気と高潔等に依つて現在に於ける時代的使命の遂行を期す」といった文言がある。こうした宣言をもって、その名も「第一作家同盟」を結成したところに時代の新傾向が露わに出ている。同年十月、「第一作家同盟展」を東京と京都で開き、二十五人を越す画家が参加した。が、この京都展をもって同盟は分解した。わずかに半年間の存在だったところも時代を映すだろう。前衛意識のもとに同盟したのだが、いざ作品を持ち寄ると、「前衛的」の意図するところが個々ばらばらだった。しかし、その十二月、赤人社を吸収合併した「革新蒼空邦画会」を十七人で結成している。この十七人中に牧野四子吉の名を確認できる（出品作、参加年月ともに不明）。

蒼空邦画会の公募展に入選、革新蒼空邦画会に参加した画家には「国画創作協会」展入選者が複数いる。国画創作協会は一九一八年、京都において竹内栖鳳《せいほう》を顧問に結成された日本画結社である。その名称が表現しているように絵画を芸術創作と考え、普遍的な美を求めた。だから西欧絵画についても「文明開化」的意識を離れて、絵画そのものとしての表現の自立を探究、模索するための対象として見た。そこで例えば、描く対象として一般世間の光景、庶民の家、働く老若男女、疲弊や悲惨の姿および顔貌などが登場、また画家の内なる主観を重視し、描く対象は自己表現のためのモチーフとしてデフォルメもされた。したがって傾向は各人各様多様多彩、それがまた新鮮な魅力となり、その展覧会は東京においても大評判大成功、結成同人は花形画家となった。

蒼空邦画会には国画創作協会の美術絶対的指向性が、関西系人脈ということもふくめ濃厚だったと推測される。革新蒼空邦画会は震災後の一九二五年に白木屋で第三回展を開いて（最後か？）、そこに奥村土牛《とぎゅう》、小松均《ひとし》らの名前があるが、四子吉の参加については不明。

国画創作協会は「自分の表現」を求めるところで一致、結社を創ったのだから、画家として一人立ちするとともに同人組織はむしろ桎梏《しっこく》となったようで、程経て解散する（中途にできた洋画部のほうは「国画会」として現在にまで存続）。

蒼空邦画会結成同人の矢部季、高木長葉は資生堂意匠部、山内神斧は主婦之友社の美術関係で活躍するところからすると、その意識に反封建の自我尊重が、その美に機能性や商業美術に通じる都会性がうかがえて、全体としてモダニズム指向が濃厚にあったと推察できる。

四子吉と戦後の交流が確認できる第一作家同盟同人に別府貫一郎と船崎光次郎（光治郎）がいる。別府とは川端画学校以来の友人、どちらかの誘いがあって公募に応じたか。別府は通算五十年をイタリアで過ごし、もっぱら風景画を描いたが、その最初の渡欧が一九二九年、目白台の牧野宅にはそのイタリア風景が飾られており、四子吉夫妻のイタリア旅行時にはヴェネツィアを案内した。赤人社に属した船崎とは、戦後、ラジオ番組の「訪ね人（復員・帰国者情報）」で住所を聞いた四子吉が郵便を出して交流が復活した。四子吉には転機のきっかけを孕んだ二七年の樺太旅行があったが、船崎は樺太で十年間、教師をしていた。その間の著書に『図説　樺太の高山植物』がある（一九四一年、樺太庁発行。未見、版画集か）。

5　『銀の笛』創刊——文部省唱歌と童謡

四子吉は二十歳から二十一歳のころ、『少年世界』『淑女画報』（ともに博文館）、『日本少年』（実業之日本社）にカットや挿絵を描いている。そして一九二二年、月刊雑誌『銀の笛』の創刊に参加した。こうした雑誌創刊の背景にあったのが、大家族制に代わる家庭であり、総じて教育や文化への関心の高まりだった。

一九一八（大正七）年、『赤い鳥』が鈴木三重吉と北原白秋によって創刊された。童謡雑誌をうたい、詩、童話、童話劇を載せ、挿絵がまた斬新で、翌年、詩に楽譜（「歌をわすれたカナリア」）を付けると評判がいよいよ高まった。そして子どもの投稿を募り——作文は「自由綴方」と呼んだ——、従来、稚拙とされた作品を素直な感受性の闊達な表現として高く評価した。

そこには大人がつくった、教訓的で不自然な文部省唱歌は、わらべ歌が育ててきた日本の子どもの心を消したという批判があった。そしてやさしいことばで童心を育て、母の子守歌が魂となっているわらべ歌を再生し、日本人の感情を解き放つという主張があった。

童謡、童話、童画雑誌はブームとなり、『金の船』『童話』『コドモノクニ』『金の鳥』等の創刊が競うがごとくつづいた（「童画」という語は『コドモノクニ』から）。同時期、民間（私立学校）で「自由画」教育が始まっている。自由画教育の主唱者、山本鼎は農民美術運動の推進者でもあった。

それらに初出された童謡に『靴が鳴る』『叱られて』『夕日（ぎんぎん　ぎらぎら〜）』『夕焼小焼』『花嫁人形』『兎のダンス』『からたちの花』『待ちぼうけ』『砂山』『七つの子』『青い目の人形』『赤い靴』『十五夜お月さん』『お山の大将』『證城寺の狸囃子』『赤とんぼ』等々がある。雑誌社はまた子どもが童謡を歌う催しを各地で開いた。

それは雑誌発行を中心とする童謡運動といっていい。童謡運動には純真無垢への憧憬があった。純真な子どもが社会の荒波にもまれて、汚れた大人になる。それでもどこかに純真な童心を潜ませているのが人間だ。童謡、童話、童画が与える感動は無垢の心を甦らせる。甦らせる力を持つのが芸術作品なのだと考えた。

これが子どもの感情世界に向けて発信され、それを享受した多くは広がる都市の新しい給料生活者家庭だった。四子吉・文子は京都生活を始めた直後、文子の創作詩「夕暮れて」を『叱られて』のメロディーで歌っている。

百年後の現在、多くの町で夕方になると文部省唱歌『故郷（うさぎ追いし）』や童謡『七つの子』や『夕焼小焼』のメロディーを聞くことができる。また、さまざまな年齢、立場、考え方の人が会同する場で合唱されるのが、その『故郷』だ。この唱歌は共同の感情に快くひたらせることのできる無難な合唱歌として、ほとんど「国民歌」の役割を果たし担っているようだ。

『故郷』は尋常小学校六年生で習う文部省唱歌として一九一四年に発表された。これは一九一〇―一四年（明治末から大正初期）にかけて発行された国定教科書の『尋常小学唱歌』に掲載された。『尋常小学唱歌』は六学年用分冊、各二十曲（基本）の計百二十曲、ここには『われは海の子』『春が来た』『日の丸の旗（白地に赤く）』『桃太郎（もーもたろさん）』『紅葉（秋の夕日に照る山紅葉）』『春の小川』『朧月夜（菜の花畠に）』など戦後の教科書にも採用された懐かしい歌が並んでいる。これらの「唱歌」と、これを批判、否定しようとした『赤い鳥』に始まる童謡運動は時期的に連続する。そしてともに現在、そのなかの一部にしろ、とにかく享受されている。

愛唱歌は好み、心情、感情生活の一面を素直に現わす。日本人の感情方面の反応メカニズムは、生活様式の激変振りに比べ変化していないのかもしれない。

文部省唱歌は「進んだ西洋」を音楽において導入しようとして創始されて、それから三十年経って発行された『尋常小学唱歌』だった。その百二十曲すべてが日本人作詩・作曲家の手になる作品だった。この三十年の経緯に童謡を加えた「歌声シーン」は博物誌風精神誌にとって興味深い。

文部省が初等音楽教育のために『小学唱歌集』（三編九十一曲）を編纂発行したのは明治十四―十七年にかけてのことだった。これが文部省唱歌の創始であり、そのなかで今も歌われているのが『蝶々（ちょうちょう　ちょうちょう　菜の葉にとまれ　菜の葉に飽いたら　桜にとまれ）』だ。この歌を小学校教材として初めて使用したのが伊沢修二、『小学唱歌集』発行の七年前の明治七年、愛知県岡崎（三河）の師範学校校長としてだった。伊沢はこの『胡蝶《てふてふ》』（当時の題）を「唱歌遊戯（嬉戯）」と称し、みずから振り付けた身体動作といっしょに教えた。

子どもたちが手をつなぎ輪となって「ちょうちょう」を歌いながらまわるのだが、そのなかに前向きと後ろ向きで手（右手と右手）をつないだ二人が入っており、これが戯れ飛ぶ蝶であり、いっしょに歌いながら輪と逆方向にまわりつつ、どこかに「とまる」。と、今度はその子らが蝶となるというふうな遊戯つき唱歌だった（そのパフォーマンスとしての斬新さは現代人の想像を超えるだろう。幕末、幼少の修二は高遠藩が新設した、フランス軍楽隊仕込みの鼓笛隊員に選ばれ、ハシで膳を叩いて練習に喜び励んだという）。

この試みには明確な教育的意図があった。集団で歌い遊戯する楽しさを通して生育期にふさわしい適度な運動をさせること、喉や肺など発声呼吸器官を鍛えながら同時に、秩序行動に馴染む身体づくりをするというのである。そこにさらに効能として、地動説を教えるときに役立つと、伊沢はいう。これが「開化の精神」なのだろう（伊沢は間もなく、元首を太陽、臣民を手足の細胞と見なす「国家有機体説」を唱えるようになる）。

当時、弱冠二十二歳、文部省九等出仕の伊沢は、すでに英書でフレーベルの教育論を読んでいた。国民教育が目的とするところは諸能力の開発であり、その調和のとれた発達である。そのためには知、徳、体に統一のとれた教育が必要だ。これを伊沢は「四民平等」をうたった新日本の教育課題としたが、とくに初等教育においては徳育が重視されると説いた。

徳育が目ざすところを、伊沢はためらうことなく「愛国心」とした。人徳教育は愛国心教育だというのである。これを表現したのが『胡蝶』後半部に付け足した歌詞だ。それは現在の「桜の花の花から花へ　とまれよ遊べ　遊べよ　とまれ」ではなく、「桜の花の　栄ゆる御代に　止まれや遊べ遊べや止まれ」だった。その解説に伊沢はいう。蝶々は「聖恩に浴し泰平を楽しむ人民」であり、歌唱遊戯は「童幼の心にも国恩に報ぜんとする意気を興起せしむるにある」と。

伊沢は国民化教育を徹底するには日本語の統一が必要であるとして、「正語」の制定を主張した。そして唱歌教育は方言の矯正に役立つと説いた。やがて「音楽取調掛」になると『胡蝶』を『蝶々』と、歌詞はほとんどそのまま題字のみ変えて『小学唱歌集』に載せた。以来、学校唱歌として歌われつづけたが、戦後二年目（新憲法施行の四七年）に後半の歌詞が現在の形に変えられた。

そもそも『胡蝶』は三河地方の「わらべ歌」だった（十八世紀後期の江戸、浅草のわらべ歌として「蝶ちょう止まれ、菜の葉に止まれ、菜の葉がいやなら手に止まれ」が記録されている〔行智『童謡古謡』、新日本古典文学大系六二、岩波書店、一九九七年〕）。それを教師の一人に採取させるとともに後半部の歌詞を付け加えさせたのだが、その明治七年における曲調はわらべ歌のままであり、歌唱遊戯もそれにしたがった。その曲調がどのようなものだったのか、残念なことに伝わらない。間もなく、伊沢は「小学師範学科取調」のためアメリカへ留学するのだが、そこで音楽教材として示された『ザ・ボート・ソング』が『胡蝶』の歌詞に合うことに気付き、ここに『蝶々』が誕生した。

『ザ・ボート・ソング』の原曲については欧米民謡として各地に同じ旋律があるとのことだが、ここで興味をそそられるのは『胡蝶』の歌詞が西洋に伝わる民謡の旋律に合うことに気付いた伊沢の「耳のよさ」だろう。そして帰国後、伊沢が責任者として編集した文部省『小学唱歌集』に『蝶々』を採用したという経過だった。

この時代、詩といえば和歌、俳句、漢詩だったから、『小学唱歌集』掲載の歌詞も歌人や国文学者の手になる五七調文語体だった。それに付けられた曲、旋律の多くは『蝶々』のごとく西洋民謡もしくは讃美歌だった。伊沢の留学目的のうちにすでに五七調に合う曲調を調べるというような指向性が抱かれていたのかもしれない。

その『小学唱歌集』で今に残る曲（メロディー）にはスコットランド民謡による『蛍の光』、讃美歌調の『我が師の恩』、今では「むすんでひらいて」に変えられた『見渡せば』という題による『古今集』収載歌がある。つまりは『蝶々』のわらべ歌由来というのは例外であり、そのわらべ歌部分が今でも幼年児によって歌われつづけている。

五七調に合ったのが五音音階旋律だった。伊沢はドレミファソラシドを、「ヒフミヨイツムナ」と翻案し、ファシを除いた五音音階を「ヨナ抜き」と称して音楽教育に用いた。五音音階はペンタトニックと言い、世界中に各種存在する。日本語は母音をともなう単音による音節（シラブル）で構成されて、音節は一語の長短に関係なく均等（等価）であり、上下（高低）アクセントによる抑揚が支配する。五音音階の調べは日本語が持つ語感を活かした心情表現に効果的ということだろうか、今もなおさかんに使われている。民族性が特有の体質的生理をいうのであれば、その機微に触れるのだろう。

『小学唱歌集』以降の三十年間は検定教科書時代であり、文部省唱歌はない。が、この間にも各種の唱歌が、例えば歌うことによって名所旧跡物産など地理的知識を覚えさせるという『鉄道唱歌』のように、多種の主題で作られている。一九〇〇年には言文一致体をとった『幼年唱歌』が発行されている。そこには昔噺を素材にした『浦島太郎』『金太郎』『花咲爺』『兎と亀』などが載る。この頃になるとすべてが日本人の作曲家、作詞家の創作だ。

『小学唱歌集』の発行後間もなく、伊沢が初代校長に就いた東京音楽学校の設立があった（設立四年にして伊沢は校長を辞職、以後、音楽行政に携わることはなかった）。新しい唱歌の作曲者はその卒業生たちだ（ただし作曲科の新設は昭和七〔一九三二〕年）。二十世紀を迎える頃には音楽の美的（芸術的）価値を論じることも始まっていた。そして一九一〇年代の文部省唱歌百二十曲となる。

童謡の作曲者も同じ東京音楽学校の卒業生だ。『尋常小学唱歌』は国定教科書に関わるようなクラスつまりは教師級による作曲だ（文部省の編纂発表だからだろう、作詞者、作曲者の名前はなく、多くは没後に故人の業績として知られるようになった）。童謡は卒業して間もない三十歳前後である。

唱歌は、東京音楽学校が受容を目ざした西洋音楽を用いて、讃美歌風旋律である。ただ、日本人作曲者として詩が描写する事象景観を思い浮かべて、その詩型による律および調べとともにある抒情性に共感、共振する感受性を活かして旋律を付けている。

童謡は、「わらべうた」や、この時代に流行る民謡（八木節など）のリズム感を採り入れている。その上で気付くのは、唱歌が合唱に適するのにたいし、童謡は独唱向きにできている。そもそも唱歌が集団指向だったのにたいし、童謡は個人の情感解放を目ざしたのだから、曲にもそれが反映しただろう。

唱歌は文語五七調を基本にする。童謡はやさしさを目ざし、口語体だから詩の意味内容の理解を容易にする。が、その口語体はしゃべりことばや「わらべ歌」体ではなかった。伊沢が期した「正しい母語」として制定し、全国一律に徹底させた「近代日本の標準語」体だった。この標準語を『尋常小学唱歌』のほうも低学年用では使っている。「でんでん虫虫」「ぽっぽっぽっ鳩ぽっぽ」『一寸法師』等であり、また『幼年唱歌』に発表された昔噺を材にした唱歌も採用している。

北原白秋は唱歌批判においてわらべ歌を称揚したが（そして全国に散在した門弟を動員、日本のわらべ歌の収集を畢生の仕事としたが）、童謡の歌詞にわらべ歌要素は少ない。『大寒小寒』『烏の勘三郎』『赤い鳥小鳥』『ずいずいずっころばし』『豆狸』『坊やはよい子だ』ぐらいだ。標準語は農山漁村はむろんのこと、町の多くの子どもにとっても生活とは遠かった。

童謡は障子や襖に畳ではなく、扉やガラス窓に椅子、テーブル、洋服がふさわしい。その分、ハイカラな西洋憧憬的夢想性と物語性があった。これに比し、今に歌い継がれる『尋常小学唱歌』は――というのは同じ作詞・作曲家による徳目称揚や忠臣讃歌等の国策唱歌が多くあった――、自然と四季のうつろいを描写した。その詞句が表わしたのは生活場面ではない、いつかどこかで出会ったことがある自然であり、四季の情景だった。それは日本の詩歌の伝統につながるだろう。

農村の次男坊以下が都会へ出てきて、働き形成したのが新しい社会だった。先祖からつづいてきた生活場面から距離をおいた通り過ぎる目、いわば車窓から眺めた場所であり、時間だ。その視線に新しさがある。

唱歌という分野はこの一九一〇年代の文部省唱歌において完成したと、この「童謡と唱歌」の項について多くの教示と示唆を与えてくれた阪田寛夫はいう（『童謡の天体』〔新潮社、一九九六年〕ほか）。五七調にのった詩句は、そこに感情移入が可能な一般的景観を取り込み並べることによって、実はどこにもない日本なる風土性一般を描き出した。そして伝統律の抒情喚起性に適合することで「思い」を昂進させる旋律を、洋楽を手段として日本人作曲家が付けた。付けることができたところに、百年を生きつづける芸術的要因、民族の歌となる普遍性があった。

唱歌に表現された時点ですでに「なつかしい」景色、「思い出」となっている。その歌声は「あっていい」日本の風景、風土一般から、さらには「あるべき」本来のそれ、帰ってゆく故地、「原日本」を心情のうちに呼び起こした。

唱歌と童謡の両方に欠けるのが子どもにとって大切な、ことば遊びをふくめた「意味不明」な要素、奇想のおもしろさ、とっぴ、ナンセンスだ。また遊戯歌がもたらす交流だ。手まり、お手玉、おはじき、綾とり、縄飛びなど、そこには律動感、生きた身体による社会性がある。身体性、律動感による共同性は労働とともにある民謡にも満ちている。現在、ソーラン節や阿波踊りが全国展開し、子どもの歌では身体性が席捲し、詩（ことば全般）がメロディーとともに自立性を喪失、身体律動のための補助効果になったようだ。童謡もまた、その時点で「完成」したのだろうか。

この一九一〇年代にはまた、音盤（レコード）の発明普及によって「流行歌」が誕生した。その最初と称される『復活』の劇中歌『カチューシャの唄』は植民地（満州、台湾）にまで運ばれ歌われた。替歌にふさわしい「ヨナヌキ旋法（節）」は軍歌、寮歌、「演歌」節、労働歌となって広く合唱された。勇壮な歌詞の労働歌も、悲壮感による同志的感情をもたらしたのだろう。浅草オペラの爆発的ブームがあり、そこで聞いた歌や曲を、例えば宮澤賢治は岩手の風土性濃い作品中にうまく活かすことができた。関西では宝塚少女歌劇が都市と近郊に住む少女少年の熱い関心、興味を集めていた。こうした新傾向をふくんで混沌と見える全体が音楽の一九一〇年代といっていいだろう。

その混沌的状況にもう一つ、あの文部省唱歌も国策唱歌に関する一挿話を付け加えたい。『尋常小学唱歌』の「五年生用唱歌集（一九一三年発行）」に『水師営の会見』がある。これは日露戦争における乃木大将を称えた唱歌だが、そのなかに「昨日の敵は今日の友」の詞があった。この詩句が唱歌のレベル、範囲を越えてはやったという。翌年に始まった第一次世界大戦で日本は「漁夫の利」的勝利を得、ドイツ軍捕虜を収容した。その徳島の収容所における人道的扱いは住民との親密な交流によって知られるが、その背景に「昨日の敵は今日の友」の詞句をはやらせるような「世間の空気」があったのだ。そもそもこの唱歌は、日露戦争を材にとりながら戦闘ではなく、戦争継続中の部分停戦条約を結ぶ情景をうたっていた。徳島のドイツ軍捕虜はオーケストラ（軍楽隊？）を結成しており、一八年の六月一日、ベートーヴェンの『第九』を演奏した。これがともかくも、その日本における初の全曲演奏という。

その演奏会に日本人聴衆はいなかったというから、その反応も不明、地方の少々珍しい小さなエピソード（事件）だ。だが、一〇年代の音楽シーンを思い浮かべるとき、このエピソードの「小ささ」が逆に全体としての混沌について、その小部分もおろそかにできないことを示唆してくる。現代日本の音楽状況のかなりの範囲が、この期に素朴な「祖形」として出現しているのではないか。素朴だから未知ななにものかを、この混沌がふくむのではないか。

「西洋音楽」のほうでは前世期末から辺境、異端的、民族的、さらには未開「文明」域の音楽に関心を示し、取り込むことを始めていた。再生を期すかのごとく。

童謡雑誌の隆盛興隆期が四子吉の画学校の卒業に重なった。そのころ四子吉は可愛がっていた妹を亡くしてもいる。子どもの無垢を憧憬すること、「真善美」に対するごとくだった四子吉は、一九二二年三月一日を発行日とする月刊『銀の笛』（銀の笛社発行）の創刊、編集に参加する。

が、翌年九月一日に起きた関東大震災により『銀の笛』は廃刊となった。マイナーだったらしく児童文学史などにその誌名を見ないだけでなく、実物を見ることも難しい。ただ、震災翌年、一九二四年三月発行の伊沢春彦案・牧野四子吉絵『（実用新案特許）キリヌキ　オトギエホン』第四号が遺っている。その発行所はオトギ社だが住所は銀の笛社と同じ（下谷区谷中清水町）、発行人も同じ伊沢修一である（伊沢修一、伊沢春彦については不明、したがって伊沢修二と無関係なのかも不明。伊沢修二は貴族院議員となり、一九一七年六十五歳で没）。月刊をうたった『キリヌキ　オトギエホン』の印刷所、龍文堂の住所が大阪だから震災後、四子吉がしばらく大阪にいたというのはこれのためだったのだろう。果たして五号は出たのかどうか。四子吉は後述のように六月には東京にいて「市民座」試演会の舞台装置とか、詩集『二人』の装丁をし、初冬には居酒屋「ごろにや」の看板を描いている。

『キリヌキ　オトギエホン』表紙

6　自我と表現——竹久夢二と

一九二三年九月一日正午、大震災が湘南から東京を襲った。四子吉は百瀬とともに画学校時代の友人、城戸迪寿の故郷、常陸高萩に避暑をかねて滞在し、イタリア語の勉強をしていた。やっとのことで東京にもどった四子吉について、一つの話が伝わる。

竹久夢二に絵と文章による震災ルポルタージュ、「東京災難画信」がある。『都新聞』（『東京新聞』の前身）の九月十四日から十月四日まで二十一回の連載だが、この歩行による取材に四子吉が同行したというのである。しかもそれが「用心棒」役だった、と語ったのが古河《ふるかわ》三樹松《みきまつ》（三樹）である。

三樹松は遊廓、見世物、相撲の歴史に詳しく、古書界では知られた人物だが（『彷書月刊』一二九号が特集）、「前史」がある。十七歳離れた兄が大逆事件死刑囚の古河力作であり、その兄を見たのが十歳、父親に伴われて上京したときの一度だけ、その姿も死刑判決後（裁判は非公開）、監獄の裏門近くの庭から屋根付き廊下の腰板の上にのぞいた編笠姿を、「あれが兄さんだ」と教えられてだった。十代半ばになって故郷の福井から上京、堺利彦が社主の売文社の給仕となった。ここで百瀬と知り合った。

四子吉と親しく交わったのが震災後の浅草だ。彼らは仲間とともに「浅草倶楽部」を結成、月刊『浅草』を三号まで発行した。その執筆者に小生夢坊《こいけむぼう》、沢田正二郎、曽我廼屋五九郎《そがのやごくろう》、沢村訥子《とっし》、高田保、悟道軒円玉《ごどうけんえんぎょく》といった名を見ることができる。四子吉は中田恭二の名で「楽屋スケッチ（河

藤島武二『芳蕙』

竹久夢二「晴雨のモデルをするお葉」『出帆』66号

合武雄ほか)」を載せている――この筆名は夭折の版画家、田中恭吉を思い出させる。

その後、三樹松は平凡社の編集者となって戦中を過ごし――百瀬晋『アルプスの少年案内者』精華房、一九四二年を口述筆記している――退職後、四谷で書店のち古本屋を営んだ。その三樹松の言によると、四子吉の部屋の押し入れにあった夢二作品――巻かれた油絵もあった――を売って、彼らの小遣い銭にかえた。その夢二とともに焦土を歩いた四子吉は「(夢二には)とてもかなわない」と言ったとのこと。夢二は四子吉には正視できない対象を躊躇なく、また周囲の眼にもひるむことなく、正面から冷静、冷徹に描いていたからだ。だから用心棒を必要とし、その任務を務めた四子吉だった。が、独りの絵描きとして、その表現欲、自己主張、我の強さにおいてかな

四子吉「大震災図」

牧野四子吉『兼代像』

わないと痛感させられた。夢二作品の抒情は、「世に出る」という執念に裏打ちされた強烈な自我が生み出した。

そんな四子吉だが、ケンカには習熟していた。体は大きくなかったが身軽、ケンカ場面となると仲間を遠ざからせておいて、両手に下駄を持ち先制攻撃、はだしですばやく退散したとは三樹松の言である（三樹松は兄の力作と同じように背が低かった）。

四子吉遺品のなかの夢二作品に、手描き彩色や版画コマ絵の連作綴りなどがある。『少年世界』『淑女画報』『日本少年』などの仕事も夢二の紹介だったという。そして四子吉の作品に『兼代像』がある。「兼代」は夢二名付ける「お葉」の本名だ（戸籍では「カ子ヨ」。四子吉と「子」と「よ」が重なり合い、さらに田舎が同じ、現在の秋田県由利本荘市だった。兼代にとって「懐かしい」故郷ではなかったが）。実は『兼代像』は二枚あった。これを見た夢二が所望したので一枚を提供したとのこと（現在、所在不明）。藤島武二、結城素明も兼代をモデルにしているが――藤島の『芳蕙《ほうけい》』も兼代がモデル――、四子吉は画学生時代の末期、教室でデッサン、のちに一部彩色した（兼代を「縛り絵」のモデルにした伊藤晴雨、かつての静雨は、小学生の四子吉が模写した講談挿絵の描き手だった。兼代は画家を触発するモデルだ）。

四子吉にも震災の版画風デッサンが四枚残っている。が、どれも写実風ではない。その「叫び」や「祈り」の誇張された象徴性はウィリアム・ブレイクの影響を思わせる。また萩原朔太郎、最初の詩集『月に吠える』の挿画者、田中恭吉を思わせもする（『月刊・浅草』で使用した筆名の「中田恭二」との類似もある。『月に吠える』の印刷者、岡千代彦と百瀬は初期平民社で知った仲のはず。詩集刊行時、田中はすでに亡い。また宮澤賢治が描いた「蜘蛛」「三つの赤いボール」も田中恭二を思わせる）。四子吉は高萩から東京への途次、震災後の戒厳令によって入京禁止令が出されており、七日まで埼玉で足止めされていた。「大震災図」に添えられた数字は日付だろうから、その間のいたたまれなさが描かせたのだろう。

7　南天堂と四子吉――大正アヴァンギャルド

一九二〇年代中期、「大正アヴァンギャルド」と総称されるエネルギーが、本郷区白山上にあった南天堂に渦巻いた。一階書店、二階カフェ・レストランの南天堂を白山上に構えたのは松岡虎王《とらおう》麿《まろ》、一九二〇年頃のことだ。書店員の制服はルパシカ、本の配達はサイドカー付きオートバイ、レストランの料理長は外国航路のコック長を引き抜いた。メニューは英・仏・日語印刷といったふうで、洋風すなわち高級指向である。松岡にこういう店を思いつかせたのは千駄木生まれの幼馴染で、今はパリへ絵の勉強に行っている内海正性《まさなり》の便りだった（パリで付き合った日本人画家仲間に林倭衛《しずえ》がいる）。十年後には、この内海が中心になって南天堂人脈と浅草人脈とを糾合、カジノ・フォーリーを旗揚げする。この糾合に四子吉は関わっていたが、旗揚げ時には東京にいなかった。

南天堂に関する多くを寺島珠雄著『南天堂——松岡虎王麿の大正・昭和』（皓星社、一九九九年）に拠るのだが、寺島がこれを著わすまでに詳細にわたり、何度か親しく尋ねた相手が四子吉だった。四子吉は虎王麿の弟の虎三郎と駒本小学校の同級生であり、それから半世紀後の虎三郎の葬儀にも参列している。虎王麿の父が始めた古書店（丸山新町）のことを寺島に伝えたのも四子吉である。その場所は当時の駒本小学校と裏表に近く、四子吉は十歳くらいからこの辺りに住んだから、その店に出入りし、家族とも交わっていたのだろう。二十代の四子吉は南天堂書店の紙袋、カバー、書店票、レストランのメニューなどをデザインしている。

新しく南天堂を始めた虎王麿は間もなく出版を始め、さらに印刷会社の経営にも参加するが、それらにも四子吉は関係している。南天堂出版部による「近代名著文庫」シリーズには幸田露伴、坪内逍遥、トルストイ、ドストエフスキー、正宗白鳥、徳田秋声、正岡子規、田山花袋などとともに大杉栄『生の闘争』が入り、またドイツ表現派戯曲、ゲオルク・カイザー『朝から夜中まで』渡平民訳、牧野四子吉装丁の広告を出している（広告だけで未出版か）。この戯曲『朝から夜中まで』（北村喜八訳）が震災後の焼跡にできた築地小劇場で公演されたとき、舞台装置について演出者の土方《ひじかた》与志《よし》へ手紙を出し、志願したのが村山知義《ともよし》だった。舞台上に組み立てられた非写実、大道具転換不要の構成主義派装置は演劇界を越えて美術、文化界にセンセーショナルな衝撃を与え、アヴァンギャルド芸術が蔵する秘めた力を社会に知らしめた。

南天堂は内藤鋠策《しんさく》の「抒情詩社」が近かったから、その欧風レストランでは震災前から詩人による出版記念会が開かれていた。そして震災による被害を受けなかったから、その欧風モダン指向は焼跡から立ち昇る、若く荒々しい熱情を受け容れることになった。震災翌年の四月には詩誌『赤と黒』の若い詩人たちが壁面を使って展覧会を開くと、その展示品を警察が没収してゆくなどということが起きるようになっていた。そういう事件がまた前衛的な作家、詩人、画家、演劇人などを集めることになった。

無名の詩人として南天堂に出入りしていた林芙美子《ふみこ》は『放浪記』（改造社〈新鋭文学叢書〉、一九三〇年）によって一躍、流行作家になった（今でも続演される『放浪記』を東宝重役として劇化した菊田一夫は抒情詩社の印刷工だった）。『放浪記』の素材は社会の底辺に生まれて以来の実体験だったが、それを自然主義文学が用いた写実的叙述ではなく、説明的部分をはぎ取った、筋としては飛躍する特異、斬新な文章をもって表現した。そのため貧しく惨めな境遇を告発する社会物や、その逆の、苦労を克服する勉励道徳講話にもならず、都会で独り暮らす若い女性すなわち「モガ（モダン・ガール）」指向の生命感と切実感をみなぎらせることになった。まさしく体当たり的リズムとテンポが捉え、発見し顕在化させた震災後の焦慮する新感覚だった。

この物語の主要な場として震災から十カ月後の南天堂がある。そこに四子吉と親しい人物群が実名で登場する。主人公――芙美子に相等する――は友谷静栄とはかって詩集『二人』を出した。できたばかりの『二人』を南天堂へ持参する。そこにいた辻潤《つじじゅん》が詩集を誉め、主人公を激励する。『二人』の表紙を描いたのが四子吉、友谷は当時、岡本潤と同棲しており、その岡本はすでに同人詩誌『赤と黒』を発行していた。一方、主人公は田辺若男《わかお》と別れたばかり、その田辺が主宰した「市民座」が試演会を持ったのが二カ月ほど前、その舞台装置を担当したのが四子吉、制作事務が五十里《いそり》幸太郎である。田辺は戦後、自伝『俳優――舞台生活五十年』（春秋社、一九六〇年）を出版、その装丁を四子吉がしている。

岡本が親の遺産を使い尽くそうと飲屋「ごろにや」を開店するのが、この南天堂場面の五カ月後、そこでは五十里が料理を担当、看板絵を四子吉が描いている。

辻潤が、教え子の伊藤野枝との関係を学校に非難されて退職したのは、この場面の十二年前のことだった。その後、二人は結婚、辻が野枝を女流文芸誌『青鞜』に紹介すると、野枝はそこで知った大杉栄のもとへ去った。二人の子とともに残された辻はマックス・スチルナー著『自我経』（『唯一者とその所有』の初訳タイトル）を翻訳出版、一九二〇年代は文筆、翻訳稼業に盛んだった。

震災後の未だ戒厳令下にあった九月十六日、――この場面の十カ月前で、四子吉が夢二と被災現場を歩いていたときにあたるが、伊藤野枝（二十八歳）は大杉（三十八歳）と大杉の甥の橘宗一《たちばなむねかず》（六歳）とともに自宅前から戒厳軍に連行され、その日のうちに扼殺《やくさつ》され、古井戸に投棄された。

辻潤は一九三〇年代半ば頃から尺八を吹きながら放浪をつづけて、太平洋戦争末期の一九四四年十一月、知人が営む貸部屋（住人が疎開中）で餓死することになる。
この一九二〇年代、労働者、小作人、婦人、未解放部落など社会を対象にした民衆運動が激しさを増し、また各種の新しい芸術主張および運動が昂揚をみせていた。その一方、震災前年から「おれは川原の枯れすすき」（野口雨情作詩・中山晋平作曲『船頭小唄』）が流行、そのやるせなさが人々の気分をとらえていた。

8　百瀬晋と四子吉――アナキスト群像

四子吉には、百瀬晋と南天堂は切り離せない。四子吉自身による「百瀬晋さんについて」という文章がある（『虚無思想研究』第五号、『虚無思想研究』編集委員会、一九八四年八月）。

現在でも「南天堂時代」という云い方が残されているようにその頃の南天堂はまことに別世界を形造っているかのような感を呈していたものだった。割合広い室にはいつも多くの人達が卓を占めていた。大杉の労働運動社の人達をはじめ社会運動時代からの旧知の誰彼、宮嶋資夫《すけお》、辻潤、岡本潤、萩原恭次郎、小野十三郎《とおざぶろう》、高橋新吉等の前衛詩人の連中、それに菊地寛の文藝春秋社の面々と数えあげればきりがない位、多士済々という状況だった。当然遅くまでこれ等の人達と歓談することになるわけだが、それ等の人達の間で百瀬さんという人は特殊な信望と尊敬を得ていたと思われた。喧嘩早く粗暴とさえ評された宮嶋資夫さんでさえも、百瀬さんにはいつも一目おいた形で相対するのが常だった。宮嶋さんに限らず、古い同志の殆んどが同じ態度で接するのを見てきたが、それが何に由来するのかとなると正確には説明し難いが百瀬さんと対すると、一種の冒し難い、それでいて和やかな雰囲気が身体全体から滲み出てくるのだ。南天堂から帰るのはいつも夜遅かった。それから夜中へかけて百瀬さんはイタリア語文法の研究に没頭する。その合間を縫うようにして私もイタリア語の手ほどきを受けたものだった。百瀬さんのイタリア語文法への打ち込み方は異様といえる程だった。私の知る限り百瀬さんはその生涯をイタリア語文法の研究に挺身したようだが、それにはイタリアオペラの愛好家だった事もその原因に数えられよう。（後略）

四子吉が百瀬と会ったのは画学生時代に少し年上の旧友、五十里か田戸に紹介されたとのこと。五十里と田戸は不忍池近辺で遊び育った幼馴染みであり、すでに大杉と荒畑寒村が開いていた「平民講演会」に顔を出していた。平民講演会は当初、「サンジカリズム研究会」といい、二人が出していた雑誌『近代思想』では扱えないような内容を主題とする講演と座談の会だった。この雑誌および会の背景について略述すると――

一九一〇年春、「大逆事件」の検挙が始まって以来、社会主義者および無政府主義者（当時、両者は同義）は沈黙を余儀なくされた。「赤旗事件」（一九〇八年）の懲役囚だったことにより大逆事件を免れた堺利彦は、同志たちの生活手段獲得のため「売文社」を設立した。これを今風にいえば広告・翻訳・出版プロダクションであり、ここに身を寄せた大逆事件「生き残り」組に大杉、寒村、百瀬らがいた。その「大逆」判決と、直後の処刑から二年、沈黙を破るべく大杉と寒村の二人が創刊したのが『近代思想』だった。

弾圧を免れるべく文芸思想誌をうたった『近代思想』だが、その意図に社会主義・無政府主義についても論じ広めることがあった。おりしも工場労働者による労働運動の勃興があったから、サンジカリズム（組合主義）について啓蒙、広報すべく研究会を持つことにした。月二回、大杉か寒村がヨーロッパにおける労働運動の実状とその理論について語り、座談会を開いた。参加者は毎回二、三十人で「臨官」の警官がいて記録をとっていた（二人には常に監視の警官がついており、離れなかった）。サンジカリズム研究会での議論、討論は自分たちの労働現場を身近な話題として取り上げた。その流れがおもむくところは日本の労働者を対象に日本の労働運動を扱おうという当初の志の実行であり、雑誌『近代思想』を廃刊し、月刊『平民新聞』を発刊した。研究会も多数向けに「平民講演会」と改称した。この月刊『平民新聞』の紙面レイアウトを担当したのが百瀬である。

このころ堺利彦もまた『へちまの花』を創刊している（一九一四年一月）。その内容はタイトルが示すように直に時局を扱うのではなく、売文社の広報・情報誌として内外のトピックを署名入り随想として載せ、同志たちの消息を知らせた。これは堺にとって本来の言論活動再開の準備だった。その「印刷人」が百瀬であり、編集発行人の堺とともに発行の法的責任を負う立場だった。

月刊『平民新聞』は六号まで出すが、四号をのぞいて発売禁止、そこで『近代思想』を復刊した。この第二次『近代思想』の「発行人」「印刷人」「編集係」に百瀬、宮嶋資夫らの名をみることができる。百瀬は他にも例えば、近代思想社から宮嶋資夫の処女作『坑夫』を刊行（装丁も百瀬）している。売文社の仕事として受け持っていた「飲料商法」の社主に出資を頼み、公刊したが、直ちに発禁処分、あらかじめ秘匿しておいた本がひそかに出回った。『坑夫』は真の労働者文学の誕生であり、プロレタリア文学の先駆的名作と評される。この評は、この「規定」に納まらないものを『坑夫』が持っていることも表わす。

労働者と労働運動、そして世界平和を、アナキズム（社会主義をふくむ）の立場から取り上げて論じた第二次『近代思想』だが、僅か四号で廃刊になった。その理由の第一は「発禁」続きによる資金不足、つまりは弾圧にあった。が、決定的だったのはその対策すなわち今後の方針をめぐり大杉と寒村が対立し、同志といえない関係になったことだ。寒村は大杉の雑誌経営をふくめた金銭の扱いの放漫を批判した。それは大杉の私生活の「だらしなさ」であり、「フリーラブ（自由恋愛）」批判につながった。愛を、人間として至高の信義とする寒村には、情の裏切りとしてフリーラブなど許せなかった。

既婚者の大杉はこの頃、資金援助者でもあった神近市子と恋愛しながら、辻潤夫人の伊藤野枝とも恋愛を始めていた。そしてこの十カ月後、この「四角関係」から大杉が神近に刺傷されるというスキャンダル、「日蔭茶屋事件」を起こし、多数の同志が大杉から離れていくことになる。

大杉と離れた寒村は、この後、社会主義者としての自覚を強めてゆくが、数年後に熾烈になる「アナボル（アナキズムと「ボルシェビキ」＝社会主義）対立」の芽がすでに、恋愛の自由と夫婦の倫理という古くて新しい問題の形で表われていた。

『近代思想』の廃刊を決定した「臨時同人会」は、田戸正春が所有する不忍池畔の観月亭で開かれた（一九一六年一月）。ここで大杉、寒村の別離は決定的となった――以後、集会などで名を連ねたり同席することもあったが。十代半ばで運動に関わった百瀬は、同志として寒村や大杉と同居、居候もして運動してきた。この決裂で何を感じ考えたか、百瀬は以降、運動の表に出ることはなくなった（望月桂が主宰する展覧会やアナキスト系雑誌のレイアウト等に協力している）。四子吉が百瀬に会ったのは『近代思想』廃刊後で、川端在学中のこと、つまり十代末期のどこかだった。

『近代思想』が廃刊すると、その継承を志して五十里と田戸が雑誌『世界人――コスモポリタン』を発行した（創刊時は『平明』）。編集と印刷の責任者がそれぞれ五十里と田戸で、発行所が五十里宅である。執筆者も『近代思想』を継承、一九一六年中に四号まで発行して終わった。ここには大逆事件を経てきた世代と、大正期に出てきた若者との交流、交差がある。

若者にとって「世界人」という呼びかけと自覚、すなわち日本人であるより前に一人の人間であるという人間普遍性の考え方は人生観上の覚醒《かくせい》だったに違いない。この若者二人はまた、上野、根津、千駄木、白山の地縁から松岡虎王磨ともいつごろからか親しかった。そして年下の四子吉を、先輩の百瀬に引き合わせることになった。

南天堂とアナキストとは虎王磨の父の時代から関係があった。その父のやっていた本屋の二階に住んでいた渡辺政太郎《まさたろう》夫妻が、その狭い部屋で無政府主義の研究会を開いていた。大杉と寒村が別れた後の平民講演会もここに合した。アナキズムは大正期に勃興した労働運動中の一大勢力だが、これを担った労働者活動家の多くがこの研究会から出ている。

渡辺政太郎が病死すると、研究会は渡辺の号にちなみ「北風会」と称するようになり、北風会の参会者のなかから大杉を中心に労働運動社が結成された。その本拠が駒込片町だった。そこは南天堂から歩いてゆける場所であり、そこに大杉、伊藤野枝、和田久太郎、村木源次郎、近藤憲二らが住んだ。アナキストと南天堂との関係にはこうした経緯があったが、松岡父子がアナキストだったわけではない。

震災一周年目の九月一日――『放浪記』が描いた南天堂の場面から一カ月半後――、労働運動社の和田久太郎と村木源次郎が戒厳司令長官だった福田大将を本郷で襲撃した。大杉ら三人虐殺の復讐だったが、未遂に終わり、見張り役を務めたギロチン社の古田大次郎とともに逮捕された。古田の遺著『死の懺悔』（春秋社、一九二六年）が童貞だった古田の純情と反社会的残虐性（資金強奪の失敗による銀行員殺害）とのギャップによってベストセラーとなるが、四年後、田戸正春は古田の真意を伝えたいという意図のもとに、その増補改正版『死刑囚の思ひ出』（大森書店〔組合書店版は、戦後の再刊〕、一九三〇年）を刊行した――二冊とも「安寧を乱す」として発禁となっているが、世に出ているから、そういう手段があったのだろう。

大杉の復讐未遂から三カ月、十二月始めに「ごろにや」開店。翌一月末、重態となった村木が仮釈放され、労働運動社で死んだ。村木は百瀬とともに、十代で赤旗事件懲役囚となり大逆事件を免れた人物。その四日前には労働運動社の後藤謙太郎が獄中自殺した。後藤は師団司令部のある軍事都市で反軍ビラ撒きを連続敢行し、捕まっていた。百瀬は村木、後藤のみならず、彼らみなと交流があったが、その直接行動には関係していない。彼らは百瀬の「一種の冒し難い、それでいて和やかな雰囲気が身体全体から滲み出てくる」人間性から声をかけなかったのだろう。四子吉は百瀬に会うや、その人固有の「思想性」に打たれて兄事するようになった。だから彼らアナキストたちとも付き合いがあった。

9　夜の目覚め――一枚の絵から

「ごろにや」を閉鎖した直後の一九二五年三月、普通選挙法（男性のみの）が成立した。その狙いは上意下達の受動性を積極参加型に変えることであって、これは国家指導者層が大衆の時代が来たことを認めたことを意味する。この意図を端的に示し、明かすのが普選と同時に成立させた治安維持法だ。治安維持法が違反の対象としたのが大衆による「国体の変革」と「私有財産制度の否認」だった。

大震災の直後、大衆の不安動揺に乗って朝鮮人暴動なるデマが広がるや、すぐさま隣組的組織が自警団を組織、武器を手に朝鮮人狩りを開始した。その二カ月後、政府は勅書として「国民精神の作興《さっこう》」を大衆に向けて発した。「国民精神」は「皇国の民としての自覚」であり、「作興」は「奮い立たせること」だ。「国民精神研究所」の設置はこの詔勅から九年後であり、国体明徴運動へとつながっていった。

この詔勅の五年前、北陸の漁師町の女たちが起こした「米騒動」はたちまちのうちに全国に拡張、そのまさに燎原之火《りょうげんのひ》のごとき記憶は生々しく新しい。さらには史上初の戒厳令を出したのが、こともあろうに――大勝利をうたった日露戦争も、その講和条約反対をきっかけに起きた都市貧民に

「上野観月亭にて・大正十四年夏」（雑魚寝）スケッチ

よる焼討ち暴動鎮圧のためだった。「大衆暴動」の破壊力が「大逆事件」フレームアップの要因になったわけだが、焼討ちから十余年、工場労働者、小作人等の組織化が進んでおり、大衆に潜在する力の不気味さが指導者層をいよいよ脅かしていた。

その夏、四子吉が描いた人物群スケッチに「上野観月亭にて・大正十四年夏」がある。後年このスケッチを、入院中の笹井末三郎（千本組）を見舞いに行くという宮山栄之助の前に慰問の品として取り出した。一九六五（昭和四十）年のことだ。描いてから四十年間、四子吉は手元において誰にも見せていなかった。その絵に若き笹井や宮山が描かれているわけではなかったが、宮山は直ちに感情移入した。その様を、四子吉を追悼した宮山の文章が伝える。かつて彼らが共有したとする時間を初老となって振り返る、その振り返り方に「時代と人間」の一面が露出する（以下、『にど だもれ』から）。
回想は「一見、なんとも大らか、豊饒な、そしていかに放縦無頼な青春であったことか」と始まる。そのころ彼らは毎日のように白山上の南天堂から浅草辺で会っており、観月亭はその間の上野・不忍池畔にあった。

そんな或る夜、三宜亭が麻雀の常連で満杯となり、宮嶋資夫、辻潤など麻雀嫌いの闖入者《ちんにゅうしゃ》たちは、別室で麻雀の毒舌を肴に飲み疲れ、酔い疲れて夜半に至って三宜亭から流れだし、池の端の観月亭へころがりこんで、平素閑寂な観月亭が満杯、ひとしきり騒いだ酔虎たちが、常日頃百瀬晋には一目も二目も措いていたので、間もなくおとなしくなり、大鼾で眠入ってしまった。しかしなんとしても眠れない牧野四子吉が、つれづれのあまり、有りあわせの紙片に禿筆《とくひつ》を呵《か》してものしたのが、この軽妙洒脱なスケッチである。いかにもその一人一人の姿態をよく摑んでいる。友人は容易にその名を言い当てるであろう。

画面の上から宮嶋資夫、百瀬晋、川口慶介、小野賢太郎、卜部哲次郎、岡本潤、辻潤の七人である。この絵を描いた牧野自身を別として、画中、生残っているものは一人もいない。（その牧野も去年の春、逝ったが）いちばん早く死んだのはダダイスト辻潤、つぎは神様のアナキスト川口慶介、妻と六人の児女を残して天龍寺僧堂に入った作家の宮嶋資夫、それから明治時代赤旗事件の生残りで、イタリア語とイタリア・オペラの隠れた研究者百瀬晋、それから、アナーキーな前衛詩人、晩年は板橋の富士見病院で寝たきりを続けて死んだ岡本潤、哲学青年アビダルのウラテツこと卜部哲次郎は南宗寺で得度したが生死不明――それぞれが稀有な軌跡を描いて消えた。

画中の一人であるかのごとく宮山は語り、それは病室でこれを見た笹井にしても同様だっただろう。そんな気分を甦らせ、浸らせたまさしく寸描による現場スケッチだった。

観月亭の所有者、田戸正春は上野公園内の席亭、三宜亭の経営者でもあった。三宜亭は現在の東京文化会館と日本芸術院の間にあった。上野公園が、「今のような騒々しさは全くない、鉄道線路に沿った路は樹々の繁った崖ぎわの細く急な坂みちで、崖の上は寛永寺由縁の江戸時代の墓場で古い卵塔婆がそのまま残っていて、この一画の縁にかこまれた至極静かな環境に建てられた数寄屋造りの、風雅な貸席（もとは割烹とか）で、句会、歌会、書画の会など、時々守田勘弥一座の総稽古などにも使われ、大小、十指に余る古雅な部屋が鍵の手に立っていた」。

観月亭のほうは、「上野の森と不忍池を借景し、弁天堂と観月橋を庭先におさめ、絶好の景勝を擅《ほしいまま》にした雅趣ゆたか」な亭だった。が、地主は東京市、震災後の復興計画と区画整理により、池の西岸一帯は「掘りかえされ、埋めたてられて、荒寥《こうりょう》とした赤土の原野となって、そのむざんな荒土の堆積の中にたった一軒、観月亭は辛うじて地に縋《すが》りついていた」。それも市から立退きを迫られ、持ち主の田戸は百瀬に住んでもらって「はかない抵抗を続けていた」。「一人住いには広すぎたので、上野桜ケ丘の三宜亭で徒食する者どものうちの誰かが、殆ど常にはギャンブル好きの洋画家小野賢太郎か、印刷工連合の暴れ者宮越信一郎が、時には労働運動社の川口慶介など、稀に五十里幸太郎、牧野四子吉などがこの観月亭に泊った」。そこは『近代思想』が廃刊を決めた場所であり、それから十年たっていた。

百瀬晋は「百瀬老人」と呼ばれていた。「まだ四十になるかならずの壮年――それを百瀬老人と呼んだのは、それだけこちらが若かったのだが」と、宮山栄之助は無政府主義や虚無思想に馴染んだ者たちの姿を記すが、その主義や思想が彼らにこのような無頼な姿態をとらせたというだけではじゅうぶんではないだろう。過激行為の無効性、無駄を思い知らされるがごとくして知り、しかし時勢があらぬ方へ、為す所なく進められてゆくという状況への苛立ちが無頼をさらに昂進させた。この絵が写すのはそのような、どうしようもないやるせなさが「静物」化している姿態といっていい。

ここには眠らなければならない生き物としての人間が描かれている。生命活動体に必然の事態が静物として捉えられている。一人眠れぬまま隣に横たわる群像をふっと描き出しているうちに、描いている対象が描いている四子吉自身の姿に重なってゆく。その眼は冷静になってゆく。自意識を超えたところ、内部の深奥に養っていた画家の眼の覚醒《かくせい》である。裡《うち》なる眼が観させた群像の生態が自身の運命を露出させる。

四子吉は紙と筆をいつも持ち歩いていたのだろう。そして独り覚めて描き、四十年間誰にも見せることなくしまっておいたスケッチだ。この眼は四子吉の「人間臭い仕事」の時代を終わらせることになるはずだ。

宮山はつづけている。「我々南天堂仲間は牧野の恋愛を、全く知らなかった。彼が卒然として消えても、しばらくは気がつかなかった。それはその頃、我々の間には、まるで地すべりのように、大きな変化が次々に群がり起ったからでもあった。南天堂崩壊から、上野三宜亭の倒産で、田戸一家が白山御殿町へ移転、百瀬晋が寺島玉の井娼家へ隠棲、作家宮嶋資夫の天龍寺入堂、五十里幸太郎がフランス帰りの内海正性を援けて浅草公園にカジノ・フォーリーの旗上げ――こんな事柄のどれが先で、どれが後か、今では綿密な後づけが私には出来ない。牧野が消えてしまったのは、この様な時だったのである」。

ここに寸描された人物たちそれぞれの煩悶は彼らの風俗姿態と同じようにはるかに遠い。はるかに遠いことを宮山も知っている。知りつつ、というよりは知っているから、その青春を熱く激しい自由への願望に託した「豊饒の生」と断言したい。たしかに存在したのだが、いつかどこかに吸収され消えてしまった豊饒だ。これを語り共感できるのは生き残った者だけなのだ。その「特権」が発する鎮魂に近いはなむけのことばに痛みが、感傷をともないながら滲みだすのは必然だ。

四子吉の筆はその「豊饒」が要求した代償としての酷薄さを遥かに影像に捉えていた。このスケッチを宮山に見せた後、その姿態を見た者たちの反応から、四子吉は「上野観月亭にて・大正十四年夏」と解説的タイトルとともに人物名を書き加えた。

「牧野が消えてしまったのは、この様な時」という、その「このような時」についての叙述をもう少し付け加えたい。

10　真正直で一本気――侠気の行方

この時代の交友について、後年、四子吉は「お互いに真正直で一本気だった」と振り返っている。これは亡くなったサトウハチローを偲んだ文章に出てくるのだが（発表誌不明）、そこにハチローが詩人として世に出ることになった第一詩集『爪色の雨――抒情詩集』（金星堂、一九二六年）の出版記念会のエピソードを記している。

その夜、四子吉は男を伴って行った。「その男は私の親しい京都の友人の身内のAという男で、丁度私の家に身を寄せていたので伴った」。これが「思いがけないハプニングを起すきっかけになった。その夜の司会というよりも進行を受け持ったのが、通称『フクちゃん』と呼ばれていた三田派の文士、宮坂普九さん。これはハチローと親密な間柄だったが、自ら与太者を自負する風のある男で、私の同伴者がそれと知るや、異様な迄の興味をもったらしく、やはりその会に同席していた浅草の○○一家の身内というのと仁義をやって貰おうということになった。関東と関西の博徒の仁義というのが始まった。今でこそテレビなどで博徒の仁義のシーンなど見せられることは珍しくないけれど、当時、堅気の人達の生活とは凡そ無縁なこのしきたりは来会者全部の興味をさらった形だった。その場に列席していた宇野浩二氏なども目を凝らして、その状景をみつめていたのを今でもまざまざと思い起す。今でこそ大和尚で浮世から縁遠い存在であるかのような今東光氏も、当時は若手の文士で活躍していたものだったが、この仁義のいきさつを確か何かの新聞にエッセイの形で発表したのだが、その文意が気に喰わんといってAが今氏の自宅に抗議に行くなどの一幕もあった」というものだ。

『爪色の雨』の発行日は一九二六年五月十五日、したがってこのエピソードは観月亭雑魚寝スケッチのおよそ一年後、月刊『浅草』を出していたころだ。文中の「親しい京都の友人」は千本組の笹井末三郎、その身内の「A」は饗庭《あえば》寅蔵《とらぞう》こと「般若《はんにゃ》の寅《とら》」、この名の由来である背中全面に彫った般若図を四子吉はスケッチしている。

千本組は日活が大将軍（京都の地名）から太秦《うずまさ》に移ったとき、格安で土地を造成、建物を造った。その親分が末三郎の兄の静一だった。以降、千本組は日活京都の撮影用セット造りや自動車関係を一手に扱っていた。末三郎はまた詩を書いており、関西のアナキスト連中とも親しく、例えば特高から目を付けられていたアナキストの近藤茂雄（神戸光）を日活へ紹介したのが末三郎だった。

宮坂普九は川端康成などの新感覚派に近く、今東光などによる、このころを描いた実録風小説にしばしば登場する。また浅草、厩橋《うまやばし》生まれの石川淳の『普賢《ふげん》』（一九三六年雑誌連載）は十年近く後の宮坂らをモデルの芯にしていくつかの要素に分解し、それぞれを異様にデフォルメして描いた。そのデカダンな姿が、現下の日本で呻吟する寒山拾得《かんざんじっとく》（普賢菩薩）の生だというのだろう。それは「雑魚寝スケッチ」が描いた像たちの十年後の姿を連想させる。

文学史的には石川は『普賢』などをもって「戦後無頼派」と呼ばれるが、そこに宮坂とか飯田豊二（『爪色の雨』編集者・作家・演出家）の名はなく、戦後の焼跡に再登場することはなかった。四子吉に京都へ行く決断、断行がなかったら、その十年後の姿はこの小説『普賢』が創造した世界の界限で、やはり「菩薩行」に呻吟していた可能性が大だ。

サトウハチローがペラゴロとなったのは十代半ば、浅草を根城にあちこち盛り場へ出没する不良少年だった。無頼、無鉄砲そのものだから政治的アナキストではまったくない。憧れるのは「泥棒詩人ヴィヨン」、東京市内（当時）の留置場で体験しないのは鳥居坂署と日本堤署の二カ所だけだなどと豪語していた。

四子吉の周囲の詩人はみな鬱屈しているが、ハチローの不良性というのは破滅型というには明朗だ。濃く激しい母恋いがあるが、そこに湿っぽさがなく開放的であり、白秋や夢二の抒情性とは違う。「真正直で一本気」はハチローを語って、四子吉自身を解説しているようだ。口舌の徒は権威主義であり、偽善者の匂いがする。四子吉が親しく交わった別府貫一郎、近藤義雄、岡本潤、古河三樹松、ハチローなど、みな卑怯が嫌い、直情派、体が小さくてもケンカっぱやい――三樹松は小さすぎたが。「真正直で一本気」の印象が残るかぎり、四子吉の心の内においてつきあいがつづいた。

11 『金の船』の編集――不気味さとマンネリ化

二十代も後半の四子吉は『金の船』編集部にいた。これは『銀の笛』の経験とともに自らの志が強くあってのことだっただろう。

『金の船』は画期となった『赤い鳥』創刊の翌一九一九年、横山寿篤のキンノツノ社を発行所、斉藤佐次郎を編集人（資金主）として出発した。野口雨情《うじょう》（童話・詩）と岡本帰一（絵）が中心になり、本居長世《もとおりながよ》（音楽）などが協力し、山本鼎《かなえ》による児童の自由画募集もあって、部数をのばした。横山、斉藤も童話などを載せているところは同志、同人による運動誌的意識があったことを表わすだろう。

ところが二年半たった二二年六月号で突然、誌名が『金の星』と変わる。誌名は変わったが雨情や岡本ほか主な執筆者に変化はない。ただし発行所が「金の星社」として独立した。一方のキンノツノ社版『金の船』は六、七月号を休刊、八月号を続刊として発行した。つまりは横山寿篤と斉藤佐次郎がケンカ別れしたのだろう。これまで『金の船』を推進してきた主な協力者は斉藤を支持して、従来の中身を引き継ぎ、『金の星』として再出発した。発行者だった横山は『金の船』の名称を継続、新たな編集を目ざしたということになる。両誌ともに震災にもめげることなく発行をつづけた。

ただし児童文学史は、「『金の船』が『金の星』となって続く」として近年、復刻版を同じ扱いで出した。つまりはこちらの評価が、『赤い鳥』とともに高い。一方、分裂後の『金の船』は第二期として別扱いであり、復刻版はない——だから参照が難しい。

四子吉が参加する『金の船』は第二期であり、それも編集・発行人が荻田卯一（資文堂）に代わった一九二六（大正十五）年十二月号からだ。発行元がキンノツノ社（越山堂内）から資文堂に代わったが、印刷の京華社に変化はない。この京華社の経営陣に、二五年中には南天堂を手放していた松岡虎王麿が入っている。また、二五年十月号からサトウハチローが童謡選者になっている。横山寿篤はすでに二三年末に「病気のため退社」したが、その後も横山銀吉のペンネームで童話、童謡

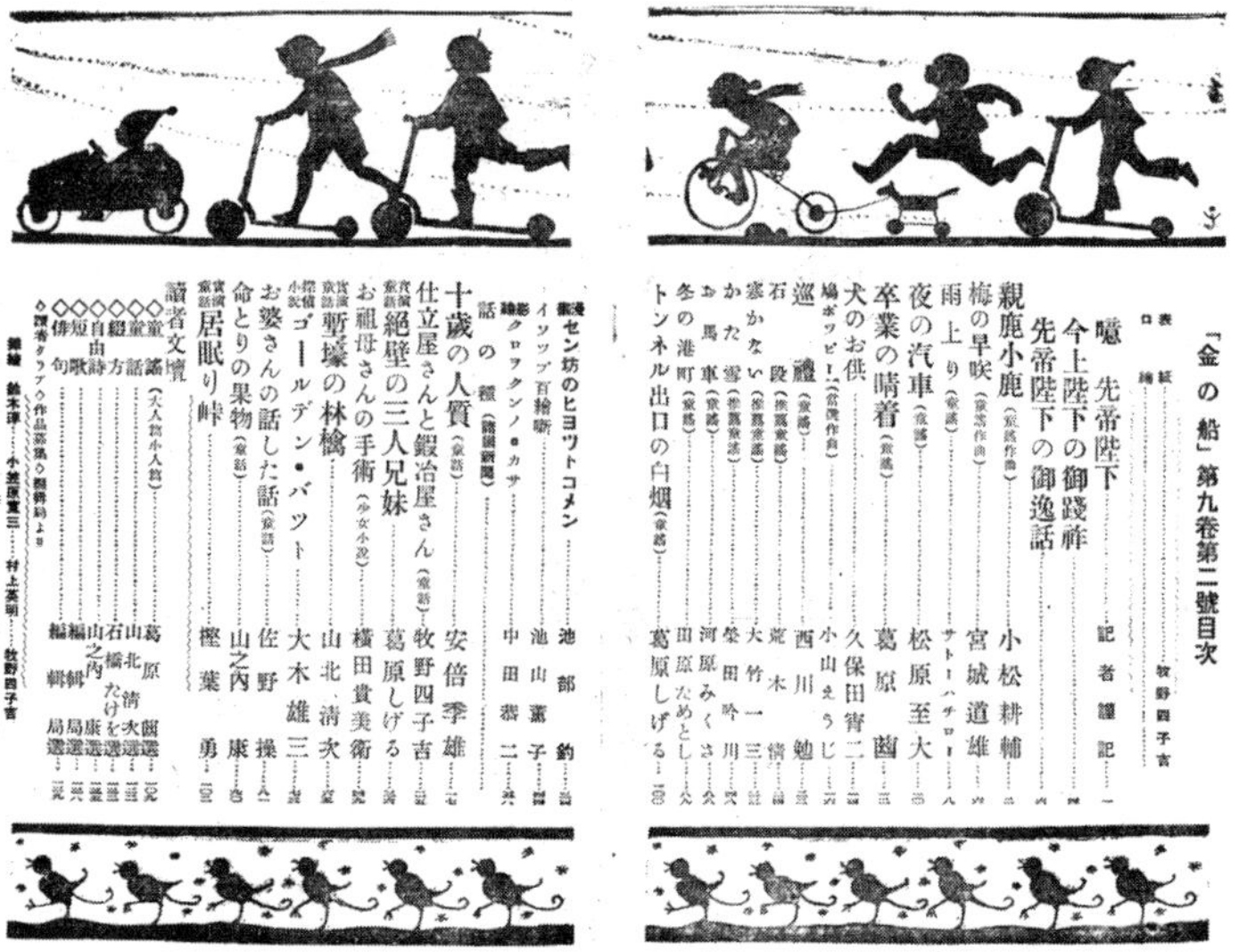

『金の船』1927年２月号目次（カットは四子吉。上欄右下に「子」の象形サイン）

を載せている。

編集発行人が変わった一九二六（大正十五）年十二月号に挿絵画家として牧野四子吉の名を確認できる。翌、昭和二年（元年は年末の六日間のみ）二月号（二月初旬の発売だろう）では、四子吉は『金の船』枢要の担い手だ。表紙絵、カット、池山薫子作『イソップ百絵噺』の挿絵（池山は松岡虎王麿夫人だが離婚後か）、そして童話『仕立屋さんと鍛冶屋さん』の創作と挿絵、さらに影絵『クロフクンノ・カサ』を中田恭二の名（月刊『浅草』でも使ったペンネーム）で創作している。

『赤い鳥』に始まった童話・童謡・童画雑誌ブームもまた大震災をはさんで、大日本雄弁会講談社に始まる大量印刷大量発行の洪水に呑み込まれ、四子吉が参加したころには退潮著しく、けっきょく

『金の船』は一九二八年二月号をもって終刊、『金の星』も翌二九年七月号まで持ちこたえて終わった（『赤い鳥』は二九年四月休刊。三一年再刊するも、三三年に白秋が三重吉と絶交、三重吉の没した三六年終刊）。一年ちょっと奮闘し、終刊の場に立ち会った四子吉が、後年、このあたりの事情と状況について語っているところを要約すると——

大正末の童話、童謡の最盛期、その挿絵を描いていた自分は童話作家になろうとも考えた。童話劇にも手を出した。そこへ関東大震災が襲いかかった。これを機に童話ブームが下降、衰退する。そこに拍車をかけたのが講談社の少年、幼年雑誌の出現だった。それは全国を対象にした大宣伝、大広告方式による大量印刷、大量出版だった。その中身が「興味本位のダイナミックな筋の運び方だったので、実際の少年、少女の気持をぐっとつかんでしまった」。自分たちには「芸術的雰囲気をもり込んできた」という自負があったから、「あれは〈文化の敵だ〉と思い込んでいた」。しかし省みれば、「私たちは、自分たちのマンネリ化は棚にあげてしまっていた」というものだ。

ここで大量出版が成功した「ダイナミックな筋の運び」と対比し、反省しているのが、もり込んできたとする「芸術的雰囲気」の「マンネリ化」であり、彼らの理解、感得する「文化」だった。それはあの『赤い鳥』に始まった、童話、劇、童画をふくめた童謡運動が鼓吹した「芸術的」や「文化」を指すといっていいだろう。それらが与える夢、憬《あこが》れ、感傷などが飽きられたという反省だ。大震災後、社会は激しく変動し、子どもを取り巻く環境、直面している現実、日常生活における喜怒哀楽の様相が変わった。そして、だから抱かれる夢、憬れが変わっていた。そこに気付くことなく旧来の「ハイカラ」性を、これこそ「芸術」であり「文化」だと繰り返していた。この反省には状況の転換に対応した表現への模索、問題意識がある。その表現はどのようなもので、どのようであり得たのか、これは児童雑誌にとどまらず、出版文化喫緊《きっきん》の課題だった。

みずから『サッちゃん』などを作詩した阪田寛夫は、子どもが喜ぶ歌には「おかしみ、くりかえし、なつかしさ」があり、それは三次元世界を超えるだけでなく、フシギさや不気味さをもふくむと付け足す。たしかにわらべ歌（遊戯歌）の『とおりゃんせ』や『かごめ』は不気味に怖く、子守唄には残酷があり、『花いちもんめ』などは子どもの酷薄さを率直、露骨に表わす。

そもそも「童謡」は古代中国にあって、子どもが歌った政治的事件の前兆、予言の歌であり、それが日本に伝来し、『日本書紀』には皇位継承争乱に際して歌われた童謡《わざうた》が記載されているという。そこで阪田は近代童謡運動の開始となったとされる『赤い鳥』に、この由来を「こじつけて考えたくなった」として語る。創刊の一九一八（大正七）年は、「第一次世界大戦で漁夫の利を得た日本の好景気が、一転して大不況の奈落に向かって、その先の長い戦争に向かって、落ち始めた年でしょう。前年のロシア革命とシベリア出兵、相場師の買い占めに始まる米騒動に、十五万人が死ぬことになったスペイン風邪まで加わって、あれ（童謡運動）は行く先が見えなくなり、世をあげて不安の時代に入ったことの反映、もしくは予兆ではなかったか」と（前出『童謡の天体』）。

12　人形劇・舞台美術――立ち騒ぐ神経

童話雑誌がつぶれたので、四子吉は仲間がやっていた「童話劇場」を手伝いだした。マリオネット（操り人形）を中心に、児童、生徒を対象に公演、巡業した。主宰者は横山銀吉、これはキンノツノ社の横山寿篤のペンネームだ（横山夫人はベストセラー少女小説『嵐の小夜曲（セレナーデ）』を書いた横山美智子）。

第二回公演「マリオネットと音楽と童話の会」、一九二八年六月十日（日）赤坂三會堂のチラシが残っている。童謡の斉唱と独唱などとともに「表情遊劇」なる演目がある。

この公演に先んじて、高島屋を会場に童話劇場主催「マリオネット童話劇　模型舞台展覧会」を催した。その模型舞台のタイトルは『ジャックと豆の木』『おにんぎやう』『あかづきん』『だまされた虎』『青い鳥』『どんどろどろ山』『魔法の指環』『はだかの王様』『ピーターパン』『シンデレラ物語』『やっと後悔したシユワルツ』、同時に登場する人形のコスチュームも展示している（五月二十日—二七日）。すべてが四子吉のデザインだ。

またその前月には「舞台装置社」主催、「第一回実用模型舞台展覧会」を開催している（主婦之友社、四月一九日—二三日）。出品者は多彩で、牧野四子吉、市川津義男、橋本錦永《きんえい》、戸田達夫、細井知隆、浜田辰雄、村越三千盛、高沢路亭《ろてい》、深瀬嘉臣、信田不洋、本木勇、矢橋丈吉、岡村蚊象《ぶんぞう》、吉田謙吉、柳川槐人である。

戸田達夫はライオン歯磨の広告部員から、前述した前衛芸術運動の「マヴォ」に参加、その後、オリオン広告社に拠って仲間たちに仕事を世話した。戦中には、辻まこと（辻潤・伊藤野枝の子）や竹久不二彦（夢二の子）などもオリオン広告社で仕事をした。矢橋丈吉は矢橋公麿の名で「マヴォ」に参加、絵だけでなく詩も書いた。

岡村蚊象は、東京帝国大学出身者による「分離派建築会」（〝伝統分離。時代は時代の表現を求める〟を掲げて〝世紀末ウィーン〟に興った建築・芸術運動に共鳴）に唯一人、製図工出身で参加。震災後三カ月にして前衛的建築家集団「創宇《そうう》社《しゃ》建築会」を結成、展示会を開催し、劇場模型を出品。渡欧するとバウハウスを創立したヴァルター・グロピウスの下で働き、坂倉準三とル・コルビュジエを訪ねたりして、帰国後は築地小劇場の改築を前川国男とともに担うなど、戦後も建築界で活躍した山口文象《ぶんぞう》である（新宿区文化財指定で公開されている林芙美子邸は山口設計。また、先には清水組棟梁の父の指示によって大工養成所へ入ったことをもって、四子吉の私立中学入学と比較した）。

吉田謙吉は築地小劇場の創立時から美術・装置家として参加、また美術学校時代の師、今《こん》和《わ》次《じ》郎《ろう》とともに「考現学」を発案実践、震災後の世相を克明に記録して、後年には舞台美術家協会会長を務めた。この「実用模型舞台展」に四子吉は宮嶋資夫作『機械室』と「或るステージ・セット」の二点を出品している。

また、この展覧会の内容案内には、「解放座」の第三回公演（六月三、四日。時事講堂）の宣伝が載っている。その演目の一つに飯田豊二の脚色・演出によるヘレン・スチルネル作『少佐殿の乗馬』がある。飯田はアナキストで小説も書いたが、金星堂の編集者としてサトウハチロー『爪色の雨』や新感覚派の文芸雑誌『文芸時代』に関わり、今東光、川端康成、横光利一などの文学書を出した。

一九二八年、舞台美術を主題に集まった人物の指向性は幅広かった。その指向性を括るに適当なことばがない。ことばで括れないところに、全体としてアヴァンギャルドなエネルギーが渦巻いていた。そしてその渦巻くエネルギーを高島屋とか主婦之友社が受け容れるという、そのような時代だった。それが行く先の見えない不安の時代に突入したことを表わしていた。
肝心の童話劇場は赤字つづき、みんな手を引いて、残った四子吉がつづけた。が、状態が良くなるわけでもなく、つづけるほどに赤字が増え、ついに解散した。

13　天然の美――命の姿形

『金の船』で獅子奮迅中の、また後述する『金のおべべ』を春に出した、その一九二七年の夏、四子吉はカラフトへ旅行した。このとき受けた衝撃について半世紀後、「道草」と題して書いている。

当時日本の領土だった樺太（現在のサハリン）へ友人と二人でそれこそ気紛れの旅に出た。この旅は、それまでの数年間を人間臭い仕事だけに明け暮れしてきた私に、言いようのない感激を味わわせてくれた。本土のどの地域でも見たことのない雄大な景観と、原野を埋め尽して咲き誇る花の美しさに息を呑んだ。自然の中に息づく植物や動物に強く惹かれるようになったのは、まさにその時からだった。

京都での生物画への誘いに際して、躊躇することなくその話に応じたのにも、それが大きく作用していたのは疑いないと思っている。

ともあれ、私にすれば、それまでに幾度か経験してきた他の仕事の場合と同じに、これもまた道草の一つかもしれない、と思っていたのに、そうではなかった。意識下にかくされていた生物への魅力が、私の中に変化を起こさせたのだ。

五十年の時間経過がカラフト旅行後もしばらくつづけた実践行為について、「人間臭い仕事」という振り返り方をさせている。南天堂や浅草での仲間たちとの交遊、そして童話雑誌、人形劇、商業美術は「人間臭い仕事」だった。「雄大な景観」と「花の美しさ」に息を呑み、自然と生命の美しさに惹かれたが、川村多実二《たみじ》教授の誘いによって動物を描くようになるまで、この美意識は「意識下にかくされていた」。描くことによって覚醒《かくせい》してゆく美意識だった。このかくされた美意識はすでに、あの上野観月亭の雑魚寝スケッチに予感されていた。それは「人間臭い仕事」の集積がもたらした予感であり、これがあってカラフトにおける美的震撼があった。そして駆け落ちの実行が描くべき対象をもたらし、画家としての目的を発見させ、明確に意識させることになった。これは四子吉にとって絵とはなにかの問題だ。

四子吉は前近代の職人絵師ではあり得なかった。しかしまた壁に額縁をもって飾られる一枚絵を描く画家にはならなかった。一枚絵を描くことはあっても、それをもって画家本来の仕事という指向性はなかった。

四子吉における自己へのこだわりは竹久夢二のごとき我執、自我の強さとは異なった。また自己や社会や絵画そのものを追求対象とした、というよりそれらの不安定がもたらす混沌をエネルギー源としたアヴァンギャルド芸術運動にも馴染まなかった。自然に囲まれたとき、その美にひれ伏すところに自己があった。自然は抑え込む対象ではなく、ほとんど自然への帰依として描く行為があった。帰依による新たな自然の発見として美の創造があり、そこに自己の存在を確認した。これは自己の存在について追求対象とするほどの問題意識（不安に通じるような）を感じていなかったことを表わすのかもしれない。自己をふくむ人間をも、自然に対するのと同様の理解および表現の対象目的としたところにヨーロッパの近代芸術が発生したのだが。

懊悩《おうのう》は執着する自己にあったが、その核心は強い自己にあったのではなく、その逆、執着しなければ消滅すると感じられるような自己の脆弱性《ぜいじゃくせい》にあった。確固とした存在でないために懊悩していた。だから四子吉は自己の美感に依拠した。美において、美によって自己が存在した。自然の美を描くこと、すなわち「生物・生命の魅力」を捉えること、そのときそこに自己がやっと存在した。美感以外になにもない自己であることを「人間臭い仕事」の積み重ねが教えた。自然として存在する自己を、美感の錬磨によって確認しつづけること、その生涯を四子吉は貫くことになる。

14　生活の発見

大正文化はまた大量消費者の登場を背景に「商業美術」を認知した（「商業美術」ということばを作ったのはライオン歯磨にいた浜田増治、先の戸田達夫の先輩、上司。ライオン歯磨は雑誌『近代思想』の主要広告主でもあり、コピーライターに詩人の大手拓次もいた）。

マツダランプ（東京電機株式会社）と楠本商店のためのデザイン作品が四子吉の遺品にある。東京電機株式会社、一九二七年四月発行の『金のおべべ』は、表紙に併記して「野口雨情先生選　牧野

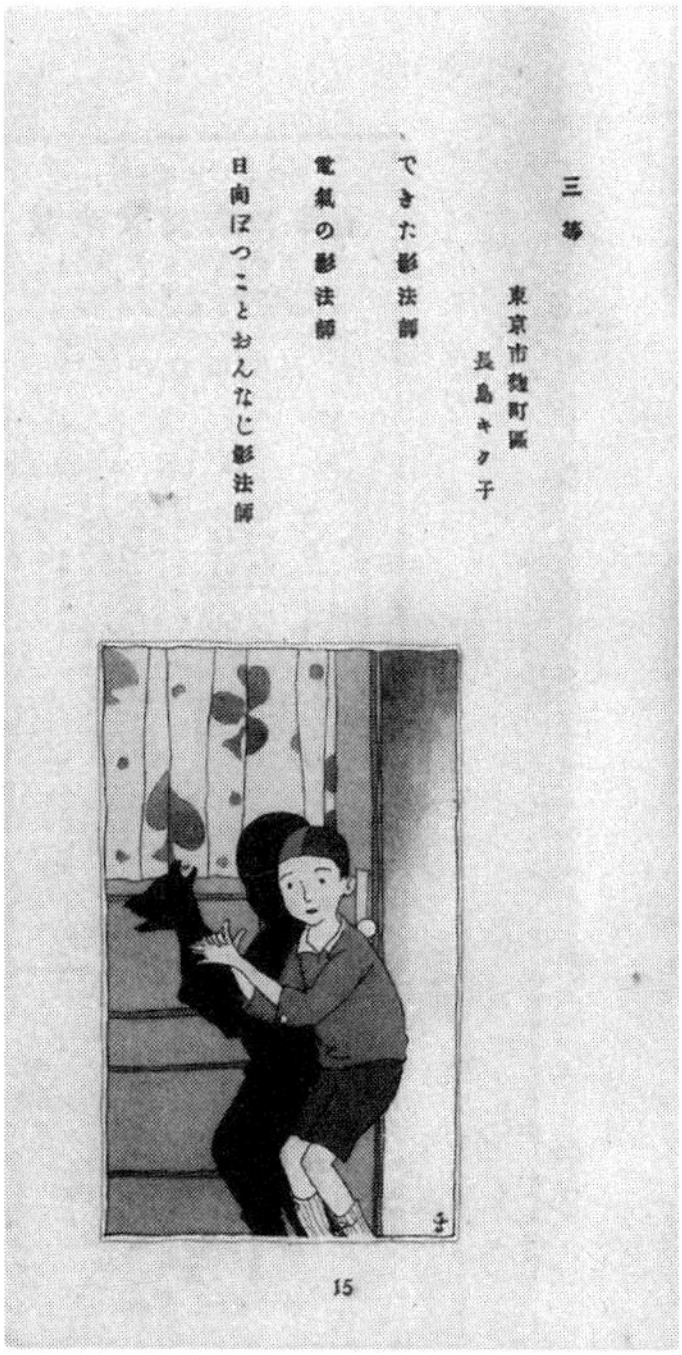
三等
東京市麹町区
長島キク子
できた影法師
電気の影法師
日向ぼっことおんなじ影法師
15

『金のおべべ』掲載図

四子吉先生画」「新マツダランプ当選童謡集」とある。これはマツダランプが新式電球の発売にあたり、この電球が家庭生活にもたらした変化や効果をうたった詩を、子どもを対象に募集、その当選作に絵を付けた多色刷冊子だった（本文十六頁の新書版型。一等が東京市巣鴨町の高山詮子、「マツダランプの新マツダ　小さいかはいいお月様　おへやのお花をあかくした　わたしのおべべを金にした」）。

表紙をふくめ十七枚の絵は、技術的にも詩とのかかわりにおいても大変ていねいに描かれており、詩以上に詩情を湛えているといっていい。

目黒を住所とする楠本商店が製造販売する化粧品類の容器、ラベル、箱、それらの文字、包装紙から、さらに宣伝広告用挟み込みチラシのデザイン、装飾カットのすべてを四子吉がやっている。すべてが抽象文様だ。その与える効果は『金のおべべ』の具象的な絵と同質の都会風、モダンな抒情性である。そこに過度な思い入れや屈折はない。美術における四子吉の抒情性を構成するのは清新、冷静な夢想性だ。これはジャポニスムによる装飾性を改めて吸収した日本の浪漫主義とは異なっている。異なってはいるが、大正童画が指向し開拓したモダニズムの外ではないだろう。四子吉のモダニズムの基底には川端時代に学んだ技とともに、さらに講談挿絵の闊達な模倣が活きている。それが童画、物語挿絵に現われており、カットや商業美術の抽象表現にも活きている。それは後の京都時代の挿絵（アグネ出版部『金属』掲載の「大空」）やロウケツ染にも展開し、戦時下、大阪の出版社（精華房）が出した少年向け物語の挿絵、『ハモニカ部隊』（伊馬鵜平。一九四三年）や『アルプスの少年案内者』（百瀬晋口述・古河三樹松筆記。物語はイタリア民族統一国家樹立闘争を背景にした短編連作。一九四二年）にも現われている。このモダニズム指向が四子吉のなかを流れて、父のことばや父母の故郷が四子吉を苛立たせてしまう原因となったとはじゅうぶんに考えられる。このモダニズムを敗戦後の絵には見ない。

以下は四子吉が商業美術をやるようになった機縁の推測だが、それはそのまま文子との交流のきっかけを探ることになる。

大正中期以降、東京において宣伝広告に新機軸を拓き、その領域を拡げ、革新させたのが資生堂だった。「資生堂の銀座」をうたい文句に店舗をモダンな装いにするのみならず、パーラーといった各種の新店舗を開設、街路をふくめた町空間を「演出」した。その意匠部に一九一九（大正八）年頃から在籍したのが矢部季《すえ》である。矢部は二五年、『資生堂図案集』（資生堂意匠部刊）を編集、資生堂を去る。矢部と交代のごとく意匠部長として入ったのが高木長葉だった。他方、矢部は生地《せいち》の大阪に帰ってクラブ化粧品本舗に入る。クラブ化粧品本舗は中山太陽堂の経営であり、ここはまた出版社のプラトン社を経営、ここで出していた月刊誌『女性』はモダン日本のファッション界をリードした（大阪は日本一の人口）。

矢部季と高木長葉は蒼空邦画会の結成メンバーである。結成時、矢部はすでに資生堂意匠部にいた。四子吉も蒼空邦画会にいたから、商業美術を手掛けることになったのはこの関係から、という推測がなりたつ。もう一つの推測は南天堂主夫人だった池山薫子《かおるこ》からのつながりだ。池山は歌人（抒情詩社）だから河井酔茗《すいめい》とは相識《そうしき》であり、後述するが、（中村）文子は少女期から与謝野晶子や酔茗と交わりがあり、いつの頃からか、池山と文子は知人だった。池山は『金の船』やら童話劇場でおおわらわの四子吉を見て、その生活をおもんばかり、新聞出版業界にいる文子を紹介した。そこで文子が化粧品やらの仕事を、四子吉に斡旋したという縁だ。

四子吉遺品の昭和四（一九二九）年度携帯事務手帳に関口文子の住所（田園調布一五三）が記載されている。関口文子は紫弦社《しげんしゃ》に属した歌人であり、夫の転勤で東京へ来た。紫弦社は与謝野晶子に師事した大阪中心の女性歌人グループ。四子吉の手帳にその住所があるのはどうしたわけか。旧姓「中村」の文子の紹介によるか。そして同じ手帳の白紙頁に次の歌が記されている。

どくだみの花の白きを　ひとすじに　さみしむほどの　夕暮となる

そしてまた四子吉の遺品に年月日の記されない古い大学ノート、ときに思いを綴り、ときに歌を叙すが、白紙頁の多く残されたノートがある。そこに記された歌――

もの言わず　二人が向ける　てゑぶるの　フリジアの花の白きがかなし

どくだみとフリージァ、その花の白さは無垢であり清楚、孤高の寂しさをともなっている。凛《りん》とした白い姿は浄化への憧憬、切望を象徴する。歌に昇華された白が湛える神々しさは一人の女人によって呼び醒まされた。カラフトで覚醒した群れ咲く花々の美、生命の美がこの白に新鮮に甦っている。

それからどんな時間を経たか、この二人、四子吉と文子は「駆け落ち」を決行した。それから半月後、文子は記す。

ああ、あの頃の思い出はビロードの布のようだ。苦しみぬいた六月。悩みぬいた六月。それでいて忘れることの出来ない思い出の六月。人妻が恋に走った六月。

新たに始める生活は二人にとってどこまでも新しい生でなければならなかった。これまでは生活ではなかったのだ。生活するとはどういうことかの発見、それは自我・自由・美を生活実践としてゆく意思の相互確認に始まった。二人が置かれた環境のなかで、そこに新鮮な毎日を確かめてゆくこと、その位置取りはエコロジカル・ロマンスの発現だ。

第三章 「愛の巣箱」のエコロジー

1 中村文子

文子の旧姓は中村、父は中村伊三郎、その長女として一九〇四（明治三十七）年に大阪船場《せんば》で生まれた。中村伊三郎の名は今では、邸宅域として知られる「苦楽園」の開発者として出てくるぐらいだが、船場でメリヤス製造業を営む若き実業家だった。父譲りの土地で伊三郎はメリヤス会社を創業、「宮内庁御用達」にまで成長させて、妻（榮《えい》）をメリヤス販売業（卸）の家から迎えている。関西における伊三郎の交流は実業界にとどまらなかったようだ。『大阪朝日新聞』の記者で後には文相なども務めた下村海南との関係から、その息の正夫と文子は交流があり、東京転居後の牧野夫妻は下村正夫演出の新劇を必ずのように見にいっていた。また船場の自宅で孫文《そんぶん》と幼い文子をふくむ家族らがいっしょに撮った記念写真なども残っており、文子の妹家族と宮崎曄子《あきこ》（柳原白蓮。宮崎滔天の息、龍雄の妻）との交流は戦後も白蓮が亡くなるまでつづいた。

伊三郎は、小林一三と義兄弟の契《ちぎ》りを結んでいたとのこと。小林は阪急電車の前身、箕面《みのお》有馬電気軌道会社の沿線を新興住宅地として開発分譲、さらに終点の宝塚温泉に家族用遊覧場を設営、この新機軸が大成功し、若くして実業界に認められて、後に商工大臣にもなった。伊三郎も事業として六甲山脈の中腹を開発、洋風ホテルとラジウム鉱泉浴場を建設、周辺に数寄屋風離れ屋を点在させた。その全体を、三条実美《さねとみ》から受け継いだという瓢《ひさご》の名「苦楽」に因《ちな》んで「苦楽園」と名付けた。

文子の文章に次の一節がある。「清水谷高女に通い始めたころ、メリヤス製造貿易業をやっていた父が銀行の巻き添えで倒産してから、大阪―神戸間の西の宮の北方の六甲山脈の中腹を拓いて六甲苦楽園というのを経営した」（「国境の山」『イタリアの山を行く』アディン書房、一九八四年）。高等女学校入学は一九一六年ごろだ（一九一四年に小林一三も関わった「北浜銀行事件」が起きている）。

苦楽園には高名な人物が多数、客として逗留しており、記念写真も残されている。そのうちで今、記録を参照できる人として与謝野鉄幹・晶子がいる。夫妻は苦楽園を一九一七年と二〇年に訪れ、計六十日間休養している。ここで詠んだ晶子の歌、いくつもあるなかから一首、

武庫山のみどりの中にわれ立ちて　打出の磯の白波を愛づ

このころ新詩社（『明星』発行所）に属する大阪の女流歌人が、晶子を師に「紫弦社」を結成している。この紫弦社の周辺に文子もいた。文子が詠んで、晶子に褒められた歌が――

武庫山の野分かなしく吹き荒れて　伏したるままにコスモスの咲く

文子が詩を好んだ淵源がこの辺りにあるのだろう。後に河井酔茗（与謝野晶子と同じく堺の出）に師事するのも、このころから面識があったからだろう。またアルス（出版社）に関わるのも北原白秋との関係が考えられる。

引用をもう一つ、こちらは文子の生育環境についてもっと深く印象づけるものがある。文子は誕生とともに天満宮の氏子だった。その天神祭りの日のことだ。

父は根っからの大阪商人ときているから、天神祭りはひょっとするとこの人間にとっては、日本全体が休日のお正月よりももっと大きなもっと親しみ深い休日と思っていたのかもしれない。この一日遊ばない者は不届き至極と考えていたらしいことが、当時の父の言動によく現われていた。一度なぞ、船渡御《ふなとぎょ》は夕刻前からでよいからと、朝のうち読みかけの本を一冊持って、そのころは静かな大阪郊外の箕面の渓谷へわたしは散歩に出掛けたものだ。（中略）ちょうどこれから舟に乗ってと思われる時間に帰宅してみると、小舟を例年のように雇ってあった父は、わたしが箕面までも出掛けたというのですこぶる不機嫌であった。だがまた都合のよいことに、祭りの、それも年一度の天神祭りというのにという建前で、いつまでもくどくど叱るというようなことはなく、すぐに機嫌を取り直してくれたが、一時はどうなることかと思うほど怒った父を〝天神祭り〟とともに、こっちはいつまでも忘れられずにいる。それはさておいて、夜食のご馳走も母が重箱に用意してきているので十分なのであるが、先ほどいった「ばばじる」の舟の売る（「やがて夕暮れの、そして夜の闇にかくれ、そのあと祭りの名残りを惜しんで流したままでいる船がちらほらしているところへ、『ばばじる』などと書いたのぼりを立てた食べものを売る小舟がきっとやってきた」、その）白味噌に皮くじらの浮いている暖かいしるが一つあれば一層ご馳走が引き立つというので、その舟と擦れ違いざまにしる椀を受け取るのである。夜遅くまで舟遊びしてご馳走を食べて、〝天神祭り〟の日は徹底的に遊ぶのが、昔の大阪商人の大きな楽しみなのであった。〝天神祭り〟の夜の淀川は、舟渡御のとき両岸に満ちていた人気がうそのようになくなって、芸者連がひいている三味線の音をのせた船が遠ざかり、空に月が雲間をぬけたりはいったりしているというような風景で次第に夜がふけていくのである。この最高に暑い真夏の頂点の夜のほんの一瞬の冷たさというようなものが川に浮かんだ舟の上に感じられて、この夜からは、どことなく立秋へ近づくのがわれわれに感じられたものだった。

（『イタリアへの郷愁』理論社、一九七六年）

この懐旧は、実はヴェネツィア滞在中、その船祭り（レガータ）を別府貫一郎、陣内秀信とともに見たとき呼び起されたものだ。女学生ぐらいの文子の姿が、父を「この人間にとっては」と記すような、微妙な間柄をともなって彷彿されてくる。

伊三郎は文子が神戸女学院英文科を卒業（中退？）するころ、四十代で没した。そのとき三軒の「家」を持ち、それぞれに夫人と子どもがいた。こういうことも関係があったのだろうか、その事業も廃業となった。したがって小林一三に比べるべくもなく、伊三郎の名は消えた。

書くことを苦にしなかった文子だったが、経歴に関わることがらについてはほとんど触れていない。

卒業後、四子吉と生活を始めるまでのことがよく分からない。「桃谷順天館　中村文子」とだけ印刷された名刺が遺品中にあるが、大阪で社員だったのか。アルスの編集者にもなったが、アルスは北原白秋の弟が白秋の本で始めた出版社である。日本女子大学の寮に住んだことがあるともいう（創立者の成瀬仁蔵はクリスチャンとして関西で活動していた）。東京時事新報の家庭部記者として勤めたのは、伊三郎が大阪朝日新聞と深い繋がりがあったからか。この間について語らないのは、旧夫についてて触れるのを避けるということがあったのだろう。

孫文（中央）をかこんで、その右隣が文子

文子は「船場《せんば》の嬢《とう》さん」として育ち、幼児から茶道、舞踊などもたしなんだ。その天真爛漫に、父譲りかと思わせる旺盛な行動力を備えていた。どんな権威、権力にたいしても怖《お》じけたり、甘えたりするような性情とは無縁、金満豪奢の誘惑には「免疫」があった。派手な生活にたいして羨望ももたず、むしろその虚飾を嫌った。窮乏ほかいかなる境遇にも体当たりでぶつかってゆくような独立心および好奇心に溢れる陽気な迫力を育てていた。

そういう人物のところには人が集まってくる。暗い時代ではいよいよ集まってくる。なにより、誰にたいしても先入観なく、その人個人として対面した。そこに二人の間に恋愛が始まる機縁もあったのだろう。が、これだけでは二人が駆け落ちするまでにいたった理由、とくに文子が四子吉に魅かれた理由の説明には足りない。以下は推量になる。

文子は自己の自由な意思のもとに生きたいという欲求を切実にさせていた。これを正当なる願望として、四子吉が理解した。理解はことばにとどまらず、その推進に協力する生き方を自己の生とすることを誓った。この誓いを実践する蛮勇を具える男である、と文子が認めた。蛮勇に導かれた文子の駆け落ちであり、後につづく永い日常は二人の意思と誓いの証明としてあった。これがエコロジカル・ロマンスの充実を形成した。

2 ロウケツ染と婚姻届——京都工芸染織の近代

一九三五（昭和十）年の「京都市美術展覧会」に、四子吉はロウケツ染の『龍虎図屏風』を出品している。同展図録（八月五日発行）が遺されており、その写真を見ると、左面（向かって）の胴長に見える虎が、その下方にある頭を画面右上に捻じ上げ、右面の昇り龍は上から左下に胴体をよじり、互いに口を開きにらみ合っている。伝統の図柄であり、たいへん様式的に装飾化されている。にもかかわらず、その迫力が生々しい。

解剖をふくむ動物生体に関する研鑽が様式的装飾表現に活きたとみえる。とともに画家の気持ちの充実振りを感じさせる。その力、気持ちの充実振りは、描出の仕方と全体の構図、構成がもたらすのだが、そこにさらに何ものかに向かって挑みかからんとする念力が作家内面に渦巻くことをうかがわせる。その署名は『日本昆虫図鑑』『猩々蠅《しょうじょうばえ》の遺伝と実験法』『原色図解　熱帯魚の飼育と鑑賞』と同じく「中村榮《えい》」。

しかし、なぜロウケツ染を始めたのだろう。生活の資を得るためとは思えない。むしろ心身の安定がこうした工芸を試みさせたのではないか。一種の余裕であり、そこには自身のリアリズムを摑んだという美術創作上の「安心」があったと感じる。日々、動物学教室に通ってショウジョウバエなどに集中しているのだから、大学の外ではかつて学んだ日本画をふくめた仕事を装飾性絵画として思い出すことがあったのではないか。

『蠟纈《ろうけつ》染龍虎図屛風』（京都市美展図録から）

生物画という本気の対象を獲得した今になって、雑誌のカットや化粧品など、かつて気を入れてやった意匠の仕事について、あらためて自分が摑んだリアリズムを応用してみたいという気持ちが起きたのではなかったか。それもいわば業余《ぎょうよ》の楽しい試み作業として。

自分がたしかに獲得したリアリズムは様式風装飾紋様とどう切り結ぶか。対象が工芸品だけに、その広く深い伝統に向かって思いきった冒険、実験もできるというものだ。その挑戦が楽しい。そのように感じさせる染絵である。

しかしなぜそれがロウケツ染だったのか。種々あたってみると、ロウケツ染と四子吉をつなぐルートが二本見つかった。

京都における明治維新は「大政奉還」による東京遷都だった。これが焼物、織物、染織、漆工など工芸品を主とした「地場産業」に危機感をもたらした。それが地元有志をして京都府画学校を設立させた。明治十三（一八八〇）年のことであり、これが伝統工芸を対象にした日本最初の官立美術学校だった（明治九年設立の工部美術学校はイタリア人教師による西洋美術専門学校。六年後廃校となり、それから四年経った明治二十年、日本美術専門の東京美術学校が西洋音楽専門の東京音楽学校と同時に設立されたことについては先述）。

日本に近代産業など皆無の当時、ウィーン万国博覧会（明治六年）に出品、好評を得た工芸品は国家がもっとも期待した輸出品目だった。絵画も勧業博覧会や物産会に輸出用工芸品として出展されており、「絵心」は各種工芸の基本だった。

明治も日清戦争を経て二十世紀に入ると、高等教育の普及が要請され、各地に歯・医科、農林、商業など各種高等専門学校が計画され、京都に国立初の高等工芸学校が設立された（一九〇二年。現・京都工芸繊維大学）。その図案科教授として招聘されたのが浅井忠《ちゅう》（黙語《もくご》）だった。在仏中にパリ万博を視察し、アール・ヌーヴォーにも親炙《しんしゃ》した浅井はパリおよびヨーロッパ最新傾向のデザインを教えた。ことばで指導、啓蒙するのみならず自ら造ることで実地教育、それも学生のみならず意欲ある若い工芸職人による研究会を組織（「遊陶園」「京漆園」）、工芸デザイナー的資質を養成し、その作品を売る店も造り、宣伝販売にも関わった。

ロウケツ染（蜜蠟防染《みつろうぼうせん》）は日本においては平安時代に消滅（寒冷年がつづいたか?）、糊染《のりぞめ》（糊防染）だけになっていた。そのロウケツ染を京都高等工芸学校の初代色染科教授、鶴巻鶴一が明治末（一九一二）年に復活させた。これを京都創業の大丸と高島屋が商品化し、京都では大正年代を通じて一般化させた。だから四子吉と文子は商品となったロウケツ染を親しく見ていただろう。これが想定されるルートの一本。

もう一本は東京時代に始まる。四子吉の知人のなかにロウケツ染の専門家がいる。それは蒼空邦画会の同人で資生堂意匠部にいた矢部季《すえ》である。この資生堂意匠部の客員、洋画家の川島理一郎がパリの婦人層の間ではやっていたロウケツ染を移入した。震災の五カ月後には、「川島理一郎蠟染《ろうぞめ》更紗《さらさ》展」を開いている。これを四子吉も見たのではないか。

矢部は大阪へ帰った後、染織意匠関連で活躍した。一九二六年に（京都で?）組織された「織染芸術研究連盟」に矢部は関わり、翌年、京都の帯地会社若松商店（若松清一）が創刊した『エレガント』にも寄稿している。いつのころからか矢部連兆《れんちょう》の名を使うようになり、戦後はロウケツ染の専門家として技法書を何冊も出している。

もう一人が「マヴォ」の牧寿雄《ひさお》だ。織染芸術研究連盟は牧と若松が中心のようで、村山知義や吉田謙吉も参加した。連盟結成と同じ一九二六年、牧は神戸で出たアナキスト系雑誌『ラ・ミノリテ』の同人に名を連ね、笹井末三郎（千本組）などとともに寄稿している。これを企画、編集発行したのが近藤茂雄（神戸光）で、四子吉も近藤に頼まれ、珍しくも東京レポートを寄稿している。

牧は一九二七年に二冊のデザイン集、著者として『新希臘《ギリシア》派模様』を内田美術書肆から、編者として『ＭａＶｏ染色図案集』を京都のマリヤ画房から出版した。四子吉が京都で生活を始めたのは二九年九月だから、牧との直の接触を示すものはないが、近藤を介して会ったとは考えられる（牧については生没年も不明。『日本アナキズム運動人名事典』ぱる出版、二〇〇四年）。

そしてロウケツ染と京都市展を結ぶところに川村多実二がいる。川村が三高の学生時代に通ったのが浅井忠の聖護院洋画研究所だった。浅井忠の渡仏は東京美術学校の洋画科教授としてだった（ただし出身は廃校となった工部美術学校であり、東京美術学校洋画科を主導した黒田清輝・久米桂一郎らのいわゆる「紫派」「外光派」の第一教室ではなく、第二教室の教授。浅井は「脂派《やには》」と呼ばれ、第二教室は物置小屋を片付けた部屋。浅井が留学すると間もなく、第二教室は廃止となった。その「黙語」の号が気になるところだ）。浅井のもとに西洋画を学びたいという若者が集まって来たので、自宅に私塾、聖護院洋画研究所を開所した。これが三年後には関西美術院となった（岡倉天心らの「日本美術院」が念頭にあったか。関西美術院は洋画教育機関であり、出身者に足立源一郎、津田清楓、安井曾太郎、梅原龍三郎などがいる）。院長浅井は創設直後に没し、あとを継いだ中心に鹿子木《かのこぎ》孟郎《たけしろう》がいた（出身が津山、今西錦司の岳父）。

京都は工芸界のみならず、人的交流は密だ。高校生だった川村が浅井の図案の仕事について無関心であったとは考えられない。没して三十年、ほとんど伝説化していたと思われる浅井に直接指導された川村である。一九三五年の「京都市展」は発足第一回であり、川村は前年度まで京大理学部長の要職にあって、後年には京都府画学校を創立母体とする京都市立美術大学の学長を依頼され、務めてもいる（一九五七―六三年）。発会した市美術展にも協力を求められただろう。川村自身の出品があったかどうか詳《つまび》らかにしないが、四子吉にたいして出展を親しく勧めるということがあったと推測できる。

『母子像』（部分）

推測がもう一つある。あの装飾意匠に露わに表出された挑む念力のことだ。この時期、文子の離婚交渉が進んでいた。自筆メモによると、一九三五（昭和十）年十一月三十日、文子の離婚成立。一年近く経った三六年十月七日、四子吉と文子は婚姻届提出。翌三七年四月十五日受付入籍。提出から受理に六カ月を要している。駆け落ちから六年、姦通罪ではたとえ離婚が成立しても、旧夫の認可なしには結婚ができなかったというから、旧夫が姦通罪で訴えることはなかったのだろう。ここへたどりつくまでに要した心労は現在では計りがたい。

文子・四子吉は法律上でも〝晴れて〟夫婦、自作に

「牧野四子吉」と署名を入れられる。「(昭和)十二年四月牧野四子吉」と署名の入った母子像が遺されている。赤子を抱く母の像だが、その西洋画風の姿は『聖母子像』のごとくだ。しかし母の表情は悲嘆の極《きょく》、抱かれた赤児は眠っているのではなく、「永遠の相」のようだ。そう、幼児キリストのピエタ(哀悼する聖母)像、その日本版といったふうで、それを日本画によって描いたと見える。日付からすると、この絵と入籍は関係するのではないか。あの生まれるや呼吸を止めてしまった愛児を、記念ならぬ祈念してのタブローではないか。一九七九年、絵や資料をしまっておいた庭の物置小屋が失火全焼したというが、この絵が現にあるということは身近に置いていた。

ロウケツ染はその後もつづけている。四子吉の遺品に「第一回染織繡芸術協会展覧会」の立派な図録(芸艸堂刊)がある。染色・機織・刺繡関連職を統合した協会が一九四一年七月、京都で結成された、その記念の展覧会である(翼賛体制運動による組織統合政策の波及だろう)。ここに四子吉は『双馬図壁掛』『のれん(草花図)』を出品した。図録にそのモノクロ写真が、牧野四子吉の名で載っている。

双馬図は唐天竺渡りのアラビア風図案。草花図は十一種が図鑑風忠実さで描写されており、だから草花を特定でき、そこに小さくカタツムリやチョウといった生き物が添えられて、その中央を流水模様が上から下へ蛇行し、全体の構成としては遠近法に無縁の装飾文様である。いずれも現物を見たくなる立派な出来栄えだ。以降、四子吉にロウケツ染作品はないようだ。

この「第一回染織繡芸術協会展覧会」と、『龍虎図屛風』を出展した「京都市美術展覧会」の間に六年が経っている。それは「天皇機関説」排撃・「国体明徴」決議から、「体制翼賛会」を全分野で網羅し、組織するにいたった期間だ。染織繍芸術協会展の四カ月後、日本は真珠湾奇襲を敢行、大東亜戦争へ突入した。翌一九四二年、「京都府芸術作家組合」が主催して「陸海軍献納作品展」を開いているが、四子吉は出品しなかったようだ。

京都市展は四子吉に、京の歴史が養い育てた深く豊かな伝統の重みを、その時代状況への働きかけ方とともに体感させたのではないか。呑み込むものは呑み込んでゆく消化吸収の対応力であり、それは「天皇東幸」に対処し、再起してゆく才覚だった。

戦時下を四子吉と文子は京都の帝国大学と伝統工芸界、日本最高の近代的知性の府と千二百年の美および処世の知恵を伝統とする町衆共同体、この二つの生態と交わることで過ごした。

3　カルテクの招聘を断る

ショウジョウバエをさかんに描いていたころの自分を振り返った四子吉の文章が、一九七〇年代も後半のノートに残っている（発表誌未確認）。これは、「日本理科美術協会」において著作権について語ることがあって、そのための草稿として記されたように思えるのだが、そのなかにモルガン研究所から招かれたときのことがある。

私の描く図が意外に好評で、時には国外（特にアメリカ）からの依頼のこともあった。当時遺伝学教室は駒井卓先生を軸にして俊才の揃っていた教室だった。千野光茂、吉川秀男、藤井就一、大島長造さんその他の人々が犇《ひし》めいていた。私の仕事は遺伝の材料に使用されるドロソフィラ（ショウジョウバエ）を描くことだったが、その数に至るとおよそ数えることが不可能と思われる数になっていた。時には研究者の見落している重要な点を私が発見することなどもあったからであろうか、私の描くドロソフィラの図には莫大な信用が寄せられていた。そんなある時駒井博士からモルガン研究所（アメリカの遺伝学の権威的な存在だった）がドロソフィラを描くのに是非来て欲しいから、その様に計らってくれるようにとの要請があったが、引受けてくれるかとの話があった。折角の話ではあったけれども私はそれを断わった。理由として「私は英語を話すのが極めて不得手なので唖のようにして働くのはいやだ」という点を強調した。

「モルガン研究所からの招聘《しょうへい》の条件が、日本とは雲泥の差だから、一年位仕事をしてからヨーロッパでもゆっくり一回りして帰ってきたらよかろう」等々、口を極めて勧めてくれたのだが、遂に頭を縦には振らなかった。このアメリカ行を拒否するのには、以上とは全く異なった理由があったのだけれども、敢て、それは語らなかったし、又語ろうとも思わない。要するに一口でいえば、私はアメリカ嫌いなのだといえようか。

戦後になってからも三浦半島にある東大三崎臨海実験所の富山一郎所長を介して、カリフォルニア大学臨海研究所から魚の図が気にいったから、と招聘依頼が届いた。「この時も勿論即座にお断りした」と文章はつづくのだが、まったく思い悩んだ様子がない。狷介不羈《けんかいふき》とも見えるこの一徹さは、現在の日本社会において制度のごとく規範化している「もの分かりのよさ」を振り返らせるところがある。

ここで飛躍して、〝あり得なかった〟文子と四子吉の像をあえて仮定し想像してみたい。つまりは異なる状況下における二人の姿、その「可能性」を探る試みである。この仮定による試みはトマス・ハント・モルガン（モーガン）に関する解説から始まる。この解説はまた、後出する多田久雄の研究に関する前説でもある。

モルガン――遺伝学および分子生物学

生物は細胞によってできている（ヒトは生殖細胞など二百種、総計六十兆個の細胞によって構成される）。細胞は細胞質と核からできており、核には染色体が相同の対になって存在する。染色体はヒモ状で、二十世紀始めの顕微鏡では、その上にビーズ様の粒子が並んでいた。

一九一〇年、コロンビア大学にいたモルガンは、赤眼が通常のショウジョウバエのなかに白眼の変異態オスを見つけた。通常、変異態は自然界では死んでしまうのだが、実験室では生かし観察、実験に使うことができる。この白眼オスを祖に交配を重ねた。そして五十年近く前に発表されていたメンデルの法則を確証した。

それは先ず、子の形質はチチ、ハハどちらかを継承すること、継承にあたり中間の形質――例えば、赤眼と白眼による中間のピンク眼――になることはなく、世代を隔てての発現があること（優性、劣性）だった。そして色素（赤白）の遺伝因子が性を定める染色体上にあることから、染色体上のビーズ粒子に遺伝因子が想定できることを明示した。

ここからさらにモルガンは生殖細胞が形成される過程でビーズ様粒子が移動すること、しかも対の染色体間で複数ビーズ（断片）の組換え（交叉）が起き、新たな一組となり、そのハハとチチの新一組が寄りあって対の染色体になることを見つけた。この作用によって遺伝因子の組み合せが多様化し、産まれる子に様々な形質が現われると発表した（組換えによる形質発現は五官も同じだから、「本能」の現われ方や性格も親に似ることになる。これは人を普遍的「実体」とすることに無理があり、基本的人権の根拠が生物的自然であることを示すだろう）。そしてその組換え頻度がビーズ様粒子の位置および距離に従うことを見出し、それを図示し、染色体地図と名付け集積を始めた（A・H・スターテバント）。

また、遺伝子が物質であるかぎり、人工的に変異が可能と考え、ついにX線照射によって変異率を百五十パーセント上げた（H・J・マラー）。これが遺伝因子について、物理と化学をもって追究する展望を開いた。

ショウジョウバエは牛乳瓶を使って簡単に飼えて餌代も安く、そして繁殖が活発、すなわち世代交代が早い（十日から二週間で新世代。十八年間で一万五千世代できたという）。モルガンは実験資料として求められれば送ったから、ショウジョウバエは遺伝研究の代表的実験材料になり、コロンビア大学のモルガン研究室は、世界中から生物学者が飛んできてはブンブン活発な議論が交わされる「ハエ部屋（The Fly Room）」と呼ばれるようになった。一九一〇—二〇年代にかけてのモルガン研究室におけるこうした成果および活動が、生物学の専門分野として遺伝学を確立させることになった。

モルガンは一九三三年、遺伝学者として初のノーベル賞（アメリカ人として初の生理医学賞）を受賞した。

受賞五年前の一九二八年、六十二歳のモルガンは私立カリフォルニア工科大学（カルテク）から、新設する生物学部の部長就任を請われた。カルテクとモルガンは生物現象を総体として研究するために、生物学、生（物）化学、物理学の分科制を越えた生物科学合同研究機関を創設することで一致した。モルガンは二十四年間いたコロンビア大学を離れ、ハエ部屋の主な研究者もいっしょにカルテクへ移ってきた。

カルテクをアインシュタインが訪れたときのエピソードがある。アインシュタインはモルガンに、「生物学者が工科大学で何をしようというんですか？」と訊き、「物理学と化学を生物学に採り入れている」という返事を聞くと、「初恋は重要な生物学的現象です。それを化学や物理学のことばで説明しようなんて！」と答えたという（現在では「求愛行動する遺伝子」が特定されているという）。アインシュタインらしいジョークだとしても、それほど斬新な発想だったが、それを実現してしまう科学の実効性への素朴な信頼感、資金力など、総じて楽天的未来観が当時のアメリカを形成していた。

遺伝因子の存在が明らかになってくると、ヨーロッパでは物理学者が生命現象に興味をもつようになった。その最初の一人が若きマックス・デルブリュックだった。デルブリュックは、コペンハーゲンのニールス・ボーアのところで学んだ後、ベルリンのカイザー・ウィルヘルム化学研究所でマイトナー（およびハーン）の助手を務めていた。そこでウランを材料に、間もなく「核分裂」と称されることになる化学実験をやっていた。しかし化学より物理を追究したい彼は生命活動における遺伝子の働きを、物質中の原子のごとき運動と考え、一九三七年、カルテクに来た（四子吉がカルテクに招かれたのは三〇年代半ばのはず）。

カルテクに来て、彼はバクテリオファージ（ファージ）を知った。ファージは大腸菌に感染、繁殖するウイルスの一種。バクテリア（細菌）は単細胞であり、しかもファージはＤＮＡ（デオキシリボ核酸）とタンパク質からのみできていた。当時、タンパク質の構造も不明であり、核酸の性質も不明、ＤＮＡは繊維状の高（巨大）分子としか分かっていなかった。

ファージのライフサイクルは一日で感染し、数日で数百から千の粒子を繁殖させるから実験結果をすぐに判定でき、扱うのは試験管やペトリ（培養）皿だから実験が室内でできた。物理学者が取り扱う実験材料として違和感が少なかった。

遺伝子の機能とはつまるところ複製だ。ファージの感染作用とは遺伝による複製現象だから、その感染は遺伝の基本メカニズムをもっとも単純な形で示している。ファージは遺伝子だけから成る存在、つまり「生物における原子の運動をする物質」とデルブリュックは想定し、その分子化学的組成ではなく、運動すなわち働き方を研究対象に定めた。

モルガンはファージを使った遺伝研究について、デルブリュックを大いに励ました。が、みずからはまったく関わらず、海産単純生物を実験対象とする発生研究をしていた。発生研究の過程で遺伝に関わり、その学を確立した彼だが、晩年は卵から組織や器官が発生し完成する「予定調和＝目的完遂」の謎を解きたいという「初心」へ回帰していた。そのモルガンは第二次世界大戦が終わった一九四五年の十二月、七十九歳で没した。そのころすでにショウジョウバエの変異体、六百系統を保存、記録していたという（今井喜孝『遺伝学問答』力書房、一九四七年）。また、モルガンの弟子三人、孫弟子五人がノーベル賞受賞者とのこと。

この間にデルブリュックは、ファシズムを逃れてきたユダヤ系イタリア難民のサルバドール・T・ルリアらと大学や研究所を横断した自主的・私的研究集団、「ファージグループ」を形成、研究を深めていた。戦後、このグループに参加してきたなかに、ルリアが最初にもった大学院生のジェームズ・ワトソンがいた（一九四八年）。ワトソンは、ファージグループの紹介援助があってケンブリッジ大学キャベンディッシュ研究所（イギリス）におもむき、分子結晶の研究者、フランシス・クリックを知って共同研究し、一九五三年、ＤＮＡという巨大分子の構造モデルとして「二重らせん」型を発表した。

ＤＮＡ構造の解明から「セントラル・ドグマ」なる生物の遺伝に関する「教条」が成立する。それはＤＮＡが記録保存する遺伝情報をＲＮＡ（リボ核酸）が転写伝達し、タンパク質合成を指示するという不可逆のメカニズムだ。この「教条」が「神による天地創造」という宗教ドグマへの反措定の意味をふくむなら、そこには「人間による神の創造は可能」の意味もふくまれるだろう（ギリシア美術のことだ）。こうして分子生物学が確立し、遺伝子工学といった形をとって社会化すると、ファージを使って細菌（微生物）遺伝学を始めたデルブリュックが、分子生物学の創始者と評されるようになった。

ショウジョウバエを対象とする研究など「時代遅れ」とした分子生物学の隆盛だったが、多細胞生物における組織や器官の発生の複雑さや、脳で働らく神経細胞（ニューロン）の存在が分かってきて、あらためて復活してきた。その理由は、ショウジョウバエでは遺伝子と形態形成の関係の研究蓄積が、例えば染色体地図という変異体の記録によってもっとも詳細に分かっていたからだった。

「アメリカぎらい」を推理する

四子吉にカルテクのモルガン「遺伝学研究室」を仲介した駒井卓《たく》は、一九二三年からあしかけ三年、コロンビア大学のハエ部屋に在籍、モルガンに親しく学んだ。そして三〇年代、京大駒井研究室におけるショウジョウバエ研究の成果は目ざましく、その図を一手に描いていた四子吉だった。以下はこの申し出を断った理由、「一口でいえばアメリカ嫌い」とはどういうことかについての推測である。

第一は人種差別だ。四子吉は差別・被差別を許せない以上にがまんできない。「名誉白人」扱いの卑屈は露骨な差別以上にがまんならない。差別の現場に直面したときの自分を思うと、「怒る」「耐える」どちらにしろ、文字通り、とても生きてゆけない。

しかし、モルガンやカルテクに人種差別があったわけではない。駒井をコロンビア大学に紹介した師の谷津《やつ》直秀《なおひで》（東大教授）は、コロンビア時代にモルガンと親交があった。谷津が就いた細菌学のエドマンド・ウィルソンは、コロンビア大学が新設した実験動物学講座教授にモルガンを推薦し招聘した当人であり、研究室が隣り合っていた。ウィルソンはジョンズ・ホプキンス大学でウィリアム・ブルックスに師事したが、このときいっしょに学んだ友人に、東大動物学教室初の日本人教授となった箕作佳吉がいる。駒井の後には今井喜孝《よしたか》がハエ部屋で研究した。二十代のモルガンはクエーカー教徒設立のプリンモア女子大学（ここでウィルソンは先輩の同僚だった）で少し年長の津田梅子（津田塾大学創始者・生物学専攻）を教えてもいる。

関東大震災が起きたとき、駒井はウッズホール海洋生物学研究所にいた。そこは夏休みになるとアメリカ中の生物学者が避暑を兼ねて集まる社交の場でもあった。モルガンはここに別荘を建て、家族ぐるみで滞在したが、この研究所の理事も生涯務めた。日本の震災を知ったモルガンは駒井の部屋を直接訪ねて来て、「報道は十分の一に縮小して考えたらいい」と慰め励ました。

この挿話には伝承の拡大に関するモルガン自身の体験があるだろう。モルガンの叔父（父の兄）は南北戦争における南軍の英雄であり、故郷のケンタッキー州では誰知らぬ者のない有名人だった（また、母方の祖にはアメリカ国歌の作詞者がいるとのこと）。英雄活劇譚は語られるほどに成長、拡張するから、家族内にあった実話との差を幼少から聞いて育っていた。

モルガンの学者、教師としての態度も開放的だった。実験は公表されるべきと考え、研究室内では誰がなにをやっているかをみなが知っていた。実験材料のショウジョウバエも、求められれば外国へも送料を取らず送った。研究室はアイデア（思いつき）を口に出し、議論による検討を経て体系化する場として、みずからが率先、実践した。

実際、ショウジョウバエを材料にした当初、モルガンは遺伝因子の存在を否定して、細胞核にではなく、細胞質に在るなにかが成長変化するとみていた。それが実験の検証をめぐる議論を通じて変わった。その変わり方も、否定していた説の主唱者となるのだから、科学の真理とそのための議論を尊重する態度および信念は純粋だ。と同時に、ボス的資質も際立つ。多くの研究者がいっしょにカルテクへ移ったのもその資質があったからだった。ハエ部屋でパイプをくわえてデスクの上に両足を伸ばした弟子が、デスクの前に立った師のモルガンと激しく議論している光景を見たイギリス人学者が、自国では決してあり得ないと驚きを語っている。

「アメリカ嫌い」二つ目の理由は、四子吉が画家であること。モルガン研究室が求めたのは意思と感覚をもった画家ではなく、学者の用を足す職人だった。コロンビア大学時代のフライルームには記録専門のミス・ウォーレス（イーディス・ウォーレス）がいて、ハエを描いていた。彼女がアメリカの東部から西部へ渡ることはなかっただろう。

四子吉が親しく進化論を聴いた徳田御稔《みとし》は、モルガン研究室に属し、世界的評価を受けていたドブジャンスキーについて、その分析自体は評価しながらも「（要素）還元主義」「機械主義」と批判していた。「その分析した結果を綜合思考してみることにははなはだ冷淡である。まして、遺伝現象を、生物現象の一環として大所高所より見ようとするごとき規模の雄大さは認められない」（『生物進化論』日本科学社、一九四七年）と。

徳田を承けて、今西錦司もまた「実験遺伝学偏向」という烈しいことばをもって非難していた。厳しい条件を設定し、それをクリアーして初めて成立する実験室における「事実」の純粋さは、無限の要素からなる自然環境における事実と根本的に違うというのが今西の批判だ。ダーウィンがそうだったように生物種類の多様性という自然における現象の事実から出発したから、唯一の原始生命体から、突然変異体の環境による淘汰、適応だけで、今に生きる生物種すべてが出現したとするドブジャンスキーら大勢の考え方が承服できなかった。根にあるのは生物が生きるフィールドの重視であり、それは生命の姿態を描きたい四子吉の姿勢につながった。実験研究室における学者の「下請」ではないという四子吉の信念は、戦後、取り組むことになる著作権問題に関わる。

第三は、拝金主義と結合するサクセスストーリーを信奉し、目的にして疑わないアメリカが嫌いだ。そこは豊かさを求めて渡ってきた移民が、原住民を人でないかのごとく扱ってつくった国である。成功者は成功の程度にしたがって共同体および弱者（敗残者）を援助するという規範意識が秩序を維持させ、援助量の多寡が権力と名誉の影響範囲を決めた。アメリカンドリームの実現、すなわち自由競争を勝ち抜いた成功者の最高最大の証が自分の氏名を冠した財団の設立だ。大学や研究所をふくめた多くの文化的組織は個人財団が設立し運営するか、そこから各種の資金を得ている。

一九二〇年代には、イタリア人移民のアナキスト二人を連続強盗殺人事件の犯人として処刑したサッコ＝ヴァンゼッティ事件があった。フレームアップ（でっち上げ）として米欧からアジアへも真相解明の救命運動が広がり、日本でも起きた。この事件はその自由主義が自分保護的排他性（黄禍論による移民排斥）と密接であることを露骨に示した。

アメリカの活力とされる競争万能、個人能力賛美によるサクセス至上の価値観、それはすべてを金銭で解決（換算）可能とする拝金主義と結合する。この種の露骨さ（人種差別もそう）から成っている文化に、四子吉は馴染めない。これを嫌う感覚は逆説的に金銭の強力な効果を痛覚させる。後年の組織創りも、金にモノを言わせられる弱さを熟知するからこその集団による防備だった。

あり得なかった文子と四子吉の像を追う

四子吉の頑固さに魅力を感じる一方、この時期のカルテクが形成していた状況を知るにつけ、そこは文子の才質が活きて育った環境だという感をつのらせる。

文子の英語は読解、筆記に日常の用を足すぐらいにはあったから、その性格からも会話の習得にひまを要することはなかった。そして教養に裏づけられた知的好奇心と、日本女性離れした持ち前の社交性および行動力があった。その率直さはアメリカ人の性向として、好まれることはあっても拒まれることはない。

モルガン夫人（リリアン・サンプスン）は生物学専攻であり、ウィルソン教授の薦めで結婚、コロンビア大学でも夫の研究室に通った。が、この時代、学問世界においても男女差別はほとんど制度化しており、彼女は非正規として扱われ、同じ部屋に机を置くことができなかった。政治的意見をもつ女性が異端視された時代に、彼女は婦人参政権論者だった（一九二〇年アメリカ、女性参政権獲得）。

コロンビア時代、研究室を出たモルガンは、夕食後、体育館でハンドボールをやり、夫人は自宅でヴァイオリンを弾くのが習慣だった。そして毎週、研究室員らを自宅に招き、「科学集会」を開き交流していた。こうした種類の集まりやパーティーはカルテクにおいても継続されたに違いない。文子とモルガン夫人は母子ほどの年齢差があったが、すぐに打ち解け、交流が深まっただろう。

交流の広がりは、文子がデルブリュック夫妻と知り合うことを想像させる。デルブリュック夫人はアメリカ人だったが、父の仕事の関係で地中海も東部、ギリシア人とトルコ人が居住するキプロス島で育ち、大学ではミケランジェロを卒論にしたという体験と教養を備える社交的な女性だった。

マックス・デルブリュックと未来の妻はドイツ人移民の友人宅で紹介された。二人を結びつけたのが楽しい刺戟的な会話と音楽（室内楽）とテニスだった。結婚後の二人の周囲にもつねにこれがあり、この三つは文子が好むところだった（四十年ぶりにイタリアで偶然、文子と出会った神戸女学院時代の同窓生が、「ああ、テニスの文子さん」という形で思い出している）。その文子はまた幼いときから茶、花、舞踊をたしなみ、禅にも馴染んでいた。自己を発揮することにより新たに開発した才質が、どこまで交友関係および活動領域を拡げ、なにを獲得し、どんな日本女性となったか。そう、このような「外交的」シーンは文子が出番であり、主導する。

この仮定はさらに、滞在が長引いて、ついには故国が米英に宣戦布告した後にまで思いを及ばせる。日系移民は収容所送りを強制された。日米交換船に乗ることを拒んだ湯浅八郎だったが、四子吉をともなった文子は日本人女性としてどうしたか。

うちに潜んでいた資質をアメリカ西海岸で開花させてゆく文子の姿が、四子吉に影響を及ぼさないわけがない。四子吉自身が研究者たちの議論の場に入ることはない。が、交流は研究室だけではない。四子吉は「嫌いな」この地の生活で、日本ではあり得なかった異質の体験を余儀なくされる。移民による民族の多様性がエネルギー源となっていたアメリカだ。

日本では磨滅を強いられる自己の異質性を、逆に際立たせようと努める人間たちと日々接するのである。それはまた人種差別を個で引き受けなければならない毎日だ。四子吉は個人主義の実態、実質を教えられつつ鍛えられる。この試錬の体験は、「日本人らしい日本人」の四子吉に、文化の多質性と複雑さを、個人のあり様としてあらためて実感させ、その意義と力を示唆しただろう。

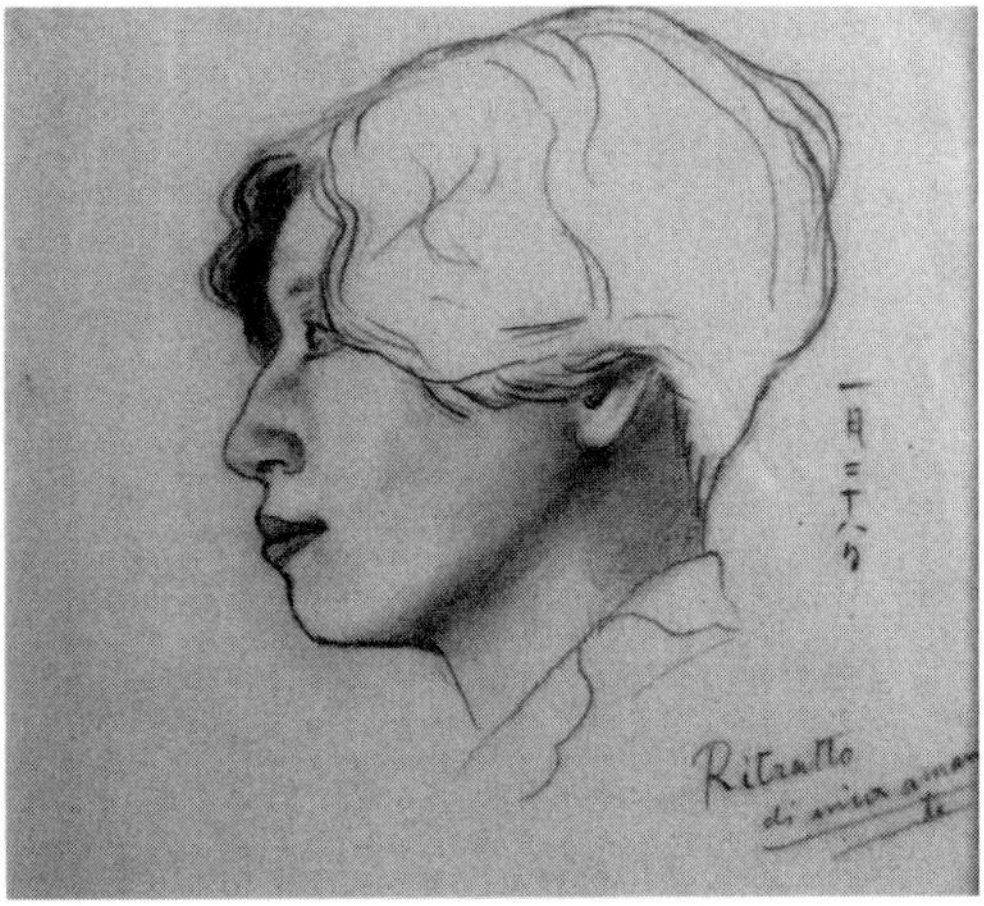

四子吉「文子」

木原均《ひとし》は四子吉の生物画にサインを入れるよう、「欧米ではみなそうしている」と勧めたが、今やそのハエや魚はたしかに解説用「挿図」ではなく、額に掲げ、眺めて飽きない「絵画」である。カルテクさらにパサデナ（その辺りの地名）では、そういう種類の新しい質の美術作品として受け容れられた可能性がじゅうぶんにある。そこにロウケツ染が加わってもいい。

ここで四子吉に肖像画を依頼する主《しゅ》が現れることを想像する。ハエや魚を描く「線」の描写力をもって肖像画を描くのである。その対象はカルテクさらにパサデナで出会う学者に始まり、さまざまに拡がる。ファージグループ発起者の一人、ルリアが後年の自伝のなかで述懐している。「科学の世界は、存在する唯一の直接参加型民主主義なのかもしれない」と。

直接民主主義はデモクラシーの原点であり、アナキズムの核心だ。個人が自分の能力だけで参加するという共通理解のもとに築き上げる自由平等な社会を、ルリアは自然科学界を形成する学者共同体に見ている。そしてさらに付け足していう。「人間的な問題については、知識にとって大事なのは正義と悪を自覚することであり、正義に対してわが身を賭けることなのだ」と(『分子生物学への道』石館康平・石館三枝子訳、晶文社、一九九一年)。これが彼の実践した実存主義だった。

デルブリュックは、科学への篤い信念をニールス・ボーアから学び、科学的真理の尊重に由来する謙虚さを、ファージグループでそのまま実践した(量子物理学者のボーアが実現した科学者共同体のユートピア性について、朝永振一郎訳『〔史劇〕ファウスト風「中世子誕生の前夜」』が〝祝祭〟風に伝える(『科学と科学者』みすず書房、一九六八年〕)。それは真理をつねに誰とでもわかち合うという基本姿勢であり、だから研究者の議論は徹底しなければならなかった。いい加減な妥協は許されない。理解できない者はみずから退去するしかなかった。互いに属性など無縁な、独りの研究者として接し合う厳しさは野性味を湛える。しかし、ではなく、だから研究室の外では家族をふくめた交流が極めて盛んだった。そこは文子の資質が開花するところである。

デルブリュックは非——反ではなく——政治的人間だった。アメリカへも研究のために来て、大陸で戦争勃発、さらに母国が敵国(日本、イタリアと三国枢軸同盟)となって帰国できなかった。だから戦後、大変な時期の祖国ドイツに不在だったことを詫びて、その科学復興に尽力している。そもそもデルブリュック家はプロシア以来の名家として政治、文化界に著名人を輩出し、選良階層として民族(国家)にたいする責任および義務の意識を養っていた。

同じく名家のボンヘッファー家とは子どものときから親しく交流、その長男(戦後、マックス・プランク物理化学研究所長)によって自然科学のおもしろさへ導かれたのだが、その弟で義兄(姉の夫)となったクラウスはヒットラー総統暗殺クーデター陰謀のかどにより死刑判決を受け、拘置されていたが、総統自殺の一週間前にゲシュタポによって暗殺（銃殺）された。その末弟の神学者ディートリッヒは反逆罪で死刑判決を受けて、総統の直接命令により絞首刑に処せられたのだが、それは総統自殺の三週間前だった（したがってドイツ降伏の一カ月前）。

ファシズムのイタリアから逃れてきたルリアは戦後も政治、社会問題に積極的に発言をつづけた。核実験反対声明の発起人の一人となり、華々しく登場したケネディ大統領によるキューバ反革命軍支援を批判し、ヴェトナム反戦運動の中心的推進者にもなった。勤める大学も転々としたが、その自伝のなかで生物学と生物学者を洞察している。「デルブリュックとおなじく、私は還元論者である。還元論者は仕組みを問題とし、複雑な系の全体よりも単位となる構成要素に注目する。全体論をとる生物学者は生物や生物集団を全体として研究することに意を用いる」（前出）と。

ここに全体論否定の調子はない。この「全体論」に徳田や今西は入るわけだが、ルリアには理論なる体系へのこのような広い理解、および柔軟な知性と社会や人間への積極的な見方があったからだろう、マサチューセッツ工科大学（ＭＩＴ）では、「ガン研究センター」の設置計画段階から参画し、初代所長として輝かしい業績をあげる研究組織を築いた（その後、デルブリュック、ハーシーとともにノーベル賞受賞）。

アメリカ西海岸の乾いた自然環境で、自身を露出する科学者たちの面貌は生物画家にとって興味深いモチーフになり得たはずだ。

「博物絵図」と「肖像画」

四子吉は仕事として、肖像画に向かうことはなかった。日本画における肖像画は、「御影《みえい》を写す」を意図して、粉本《ふんぽん》の伝える骨法があった。まずは身分による「衣紋《えもん》の威儀《いぎ》」であり、容貌は「人相学」を基礎に瞳（点睛）をもっとも重視した。「写生」が言われ、「似せる」が重視されても、対象とした人間の個性を描くというようなリアリズム意識＝精神はなかったといっていい。人間は風俗として一般化され、例えば「美人画」といったふうな定型の枠内の意匠的追及だった。そこにおいて産まれたのが誇張による大首絵《おおくびえ》（版画に適する）やたっしゃな戯画だった。

それらが浮世絵などのスタイルをとって流行っていた同時期に、現在、「博物画」として一ジャンルを形成する生物図譜が盛んに描かれていた。四子吉は円山派の写生術を習い、これは植物画に活きたと見えるが、この生物図譜を知ることなく生物画家になった。このことと、肖像画を描かなかったこととはどこかでつながるのではないだろうか。

日本の「博物画」と称される生物画とは魚貝、鳥獣、花卉、昆虫などの写生であり、手彩色して綴じられていた図譜である（花譜には木版多色刷や木版手彩色の稀覯本がある）。その絵面には生き物個体の形態とその細部について、見るほどに生命態特有の珍奇さに触れることができるというような、接し見ることのおもしろ味が表われ出ている。そこではまた、描き手の表現する喜びが発見の喜びと分かちがたく結んでおり、それは自然の造化への驚嘆といっていい。

これらが描かれるにいたるにはそれなりの経緯と基礎があった。先ず、享保期（十八世紀前半）、

四子吉「牧野富太郎」

幕府は殖産興業策をとり、各藩に領地に産する天然産物の報告を求めた。そこに絵図を付けるということがあった。

二つには、大陸から伝わった「本草学」つまり医薬学の書があった。その大部分は薬草であり、そこに日本独自の探究および発明が加わった。効能・処方・形状・産地などの説明と考証が付いて、本草書は普及した。ただ絵図が付いていても、模倣が重なり崩れており、美的な要求や追究はなかった。

三つめは西洋への関心だ。蘭学に関心を寄せる者に本草家すなわち医家は多かった。蘭書の人体解剖図を見た眼は、小塚っ原で刑死人を腑分けして、その正確さにいよいよ蘭学の必要性を痛感し、向学心に燃えた。その向学心、知的関心は西洋本草（医薬）にとどまらず、自然の全般すなわち博物から、天文、地理、航海、さらに西洋事情全般に向かった。

西洋の博物学は図鑑なども以前から入って来ていが、享保期になると洋書が実質解禁された。日本について興味を抱いた「蘭人」学者が長崎に来て、江戸へも旅をした。そして生物にとどまらず収集可能な「博物」を採取、観察し帰国後、『植物誌』にとどまらず、極東の珍しい国として図入り「日本博物誌」の出版を期した。彼らと蘭学を学ぶ者の交流は密だった。

各藩も特産物の発見、発明の必要から、蘭学を推奨し、西洋への関心を広め深めた十八世紀後半だった。知的欲求も医薬、鉱物、博物から化学へと拡大、各地で物産会が開かれた。西洋を知るにあたり、「百聞は一見に如かず」で蘭書の挿絵や版画がおおいに役立った（木版、銅版、石版、エッチング＝金属腐食）。そこでは描かれた対象とともに、その描き方も興味の対象になった。

四つめに伝統の写生術があった。生物図譜を描いたのは藩のお抱え絵師だけでなく、生き物が好きで絵心がある殿様や本草家自身だった。その「絵心」は伝来の写生術であり、それは実物の写生が、先人名品の迫真的模写（臨模＝写し）のための訓練というような技術だった。伝来の用具を使ったその技術を、西洋博物画を見た眼で駆使しようとした。だから絵師が描く現場では、西洋博物画を見た殿様や本草家が細かな指示を、自分のこだわりを楽しみながら「ダメ出し」したと想像される（描いた絵図を鋭利な小刀で切り抜き、あらためて台紙に貼りつけ臨場感＝リアリティをかもし出したのが、松平頼恭『衆鱗図』）。

第五に、十八世紀後半のいわゆる町人文化――身分を越えて「文人」が活躍した――の勃興と隆盛があるだろう。貨幣経済が浸透して、その平安をときどきの天災が脅かした時代――江戸、大坂を中心に城下町、寺社町に拡がった文化は四民をとり込んだ。歌舞伎、人形浄瑠璃、歌舞音曲、戯作読本、和歌・俳句・狂歌・川柳、口承芸、浮世絵、見世物、寺社参り、廓といった文化であり、そこに園芸と育種もふくまれた。その趣向は花鳥図を配した多色刷俳書、狂歌本や「花尽し」等の一枚刷を産んだ。

そして十九世紀、外国船が近海に現われ、「国防」が切実な課題になってくる。その時期に、今、良質とされる植物画譜の多くが描かれている。そして幕末、開国の大動乱があって、維新の明治となる。盛期の生物図譜は地方の大名記念宝物館や制作関係者の家に伝わり、また国の博物館（図書館を兼ねた）も収蔵した。が、散逸した作品も多くあったに違いない。

そのなかで植物画については明治初期に新訂出版された図譜がある。それは飯沼慾斎『草木図説《そうもく》』（「草部」千二百余図、二十巻）で、これはさらに明治末から大正にかけて、牧野富太郎の「増訂」（白地部分に拡大図や解剖図を入れた）によって活版印刷で出版された。

飯沼自身が本草家の医師であり蘭学者だった。西洋植物学を理解し、解剖をふくめ実物を見て精確に、しかも美しく描いている。分類もリンネ式、和名に付けて漢名、蘭名、学名（ラテン語）もアルファベットにフリガナ付きで記して、だから『草木図説』は学術資料として明治以降の植物学教室で常備された。

幕末、幕府はみずから動植物の図譜制作を始めた。目的は開国、通商の現況に対処した日本産物誌作りだろう。その実務作業は蕃所調所内に設けた物産方（役所兼教育所）の内に、さらに設けた絵図調方と画学方（画像情報担当兼写生術教習所。前述、高橋由一が入所、すぐれた魚図等を残す）が行った。物産絵図は幕藩体制の「有用」策のもとにある。

幕府の産物図譜計画は中途消滅したが、新政府においても物産局に属した博物館の天産部が画工を雇い、国内物産図譜を制作した。これが旧の実質的続行だったことを明かすのが、幕府物産方の担当者だった田中芳男が博物館設立の推進者だったことだ。田中は博物館のみならず（内国勧業博覧会の実務推進者であり、国家の「有用」性で一貫する（田中は幕末のパリ万博に、主催者側から要請された日本の昆虫を、みずから旅行、採集した五十六箱をもって参加、現地で博物館に瞠目した。「博覧会男」と称され、その後のウィーン、フィラデルフィア、メルボルンの万博へ日本が参加するにあたり担当中心者であり、後に男爵に叙せられた）。

博物館天産部の画工は種々な形の生物画を、啓蒙普及用に描いた。博覧会展示用の彩色一枚刷、学校教材用の掛絵図、類や種別の動物写生図、植物標本の解剖図、また教材用幻灯も手懸けた。みごとな図であり、動物なら、「世界珍獣尽し」の興がある。しかし鹿鳴館が話題になり帝国憲法が課題とされるころには、（田中も博物館を離れ）日本物産図譜計画はいつともなく消滅していた。

そのころには美術学校が設立され、伝統絵画術は教育課程に入った。その美術学校の授業で「宝物」名品の模写は盛んだったが、伝承写生術の異種として「博物画」を独自に扱うことはなかった。

博物館に残されていた各種生物図譜の整理と調査、研究が始まったのは近年、「博物画」が話題になってからのようだ。そこで判明したことだが、江戸期の図譜をふくめて、収蔵図譜の多数を解体し、絵図を切り抜いて獣、鳥、魚、虫、甲殻類といった類別冊子に編集していた（今、「博物館図譜」と称する）。この作業はあの旧幕以来の総覧的国内物産図譜制作の一環だったのだろう。

『草木図譜』の明治版発行には、「鎖国」下においても西洋科学を吸収していたこと、このような知的素養と、その日本人がいたことを称揚し、弘報する意図があっただろう。これは自負心として、だからすばやく的確大量に近代科学の成果を受容でき、国を文明化＝近代化することができたという史観に「進化」する。その底に流れる西洋基準の発達・進歩史観は揺るがない、と言うより、これあっての自負史観である。

この時点で、その美についてどう把握していたのだろうか。そもそも美しいから図譜になったという前提があって、その上に資料的すなわち学術的な価値をもつ科学的写実美があるということだったのだろうか。西洋が評価し、版行の価値を認め推奨したからだろうか。科学性と美との関係、植物図譜における美の様相、つまりはその美とはなにかを糾明しようという問題意識はなかった。だから生物図譜のほとんどが「旧い」として蔵の奥に積まれて、ときに明かりの下に出るときは特異、珍奇な資料としてだった。

「博物館図譜」の計画が消えた後にも、博物館では生物画が描かれていた。美術家志望者がアルバイトで画工となって描くということもあった。そのなかに後の洋画家、寺内萬治郎がいた。その植物画が残っている。四子吉が生物画家になるきっかけをつくった植物画家、山田寿雄の絵も残っている（寺内、山田については本書二八頁参照）。山田については牧野富太郎が見込み、仕込んだのかもしれない。牧野記念館に山田の絵が多数蔵されている。学者と絵師の協同的博物画はシーボルトと川原慶賀をはじめ多い。華族の鳥類研究所に雇われて後、鳥専門になった小林重三《しげかず》のような生物画家もいる。

四子吉には川村多実二がいた。そして大学付きの生物画家だった。「お抱え絵師」とは違うとはいえ、博物館画工をふくめ生物画家はみな「お上」の「雇われ画家」だ。とすれば、四子吉が京大を辞めること、そしてその後、生物画家の組織づくりに動いたことは、その性からみて必然のなりゆきだった。

彼らはみな江戸時代の生物図譜と断絶したところで、西洋博物画を見ながら生物画家となった。

日本の「博物画」に接したとき、すでに西洋博物画を学んだ眼をもって見た。そのときいったいなにを感じたのだろうか。

江戸期の「博物画」でもっとも多く描かれたのが植物図譜だ（その中に蘭書の花の絵の「写し」もあるが、ぎこちなさが目につく）。日本の植物図譜と西洋のボタニカル・アートには明らかな違いがある。そこには筆、絵具、紙など用材の違いがあるが、この条件を超えたところで際立つ違いがある。違いをことばにすると、ボタニカル・アートの「堂々」と形容したくなる存在の安定感に比し、前者は繊細だ。この印象の違いをもたらすのは描き手の視線だろう。画家が対象を見る眼、その視線が顕現させた対象との関係だ。この視線はまた、このような視線に違和感を覚えない鑑賞者の眼とともにあるだろう。

画家の視線は花の全体像および部分に注がれるが、ボタニカル・アートの場合、それがどこまでも対象の注視であり、その立場が崩れるようなことはない。これは人間がモデルの場合とまったく違う。画家は花に「接触」「密着」「溶融」することがない。鑑賞者は安定した立場のもとに、安心して花の絵に接する（西洋では「接触」「密着」「溶融」は寓話になるようだ）。

この視線を備えて客観と呼ぶ立場が可能になるのだろう。客観は人間としての自信がもたらし、それが描かせる。その美の鑑賞は、社会人としての自信の確認から強化だ。ボタニカル・アートは人間の自信を花へ投映させたところで完結する。美しいと見た画家のその感覚の自信が、自負として機能し創る花の美である。万物の霊長によって選ばれた花が、画面に客観の像と化すのであり、ほとんど聖別といっていい。市民家庭の居間を荘厳するイコン図である。この客観する眼があって、そこから科学（サイエンス）の眼が出現したのであって、逆ではないだろう。

星座、太陽、空気、大地など天上天下の「物象」すべてが真なるなにかのイメージすなわち映像もしくは影像であるとき、宇宙は寓意に満ち溢れ、その本来の意味が読み解かれるべき対象だ。

寓意が消散した、もしくは地面の湾曲した球体の地球上では寓意の通用しない世界があると知ったとき、それはただ「その物」で世界が構成されていることの「発見」になる。そこでは物象すべてが同列に並び、採集し枚挙される対象だ。そのときそれらを比較し、分類する必要性が客観なる見方を浮上させた。その目録の記述の仕方、物語り方がナチュラル・ヒストリー（自然誌＝博物学）となった。

日本の生物図譜は大所高所から俯瞰、鳥瞰しない。細部へのこだわりがリアリズムを求めて、その積み重ねおよび集積から全体像が現出する。世界や自然の見方と関わる構成やら様式（スタイル）への意識があって、そこからリアリズムが要請されたのではない。

生き物好きな個人が描き、描かせ、回覧し、また集まっては見せ合い、談笑を楽しむことで隆盛した「博物画」だ（藩主が同好藩主所蔵の絵図から「臨模」している例が多々ある）。床の間や屏風に表装して飾られることがあったのだろうか。鑑賞すなわち装飾用の絵として扱われることはなかったのではないか。幕藩体制に公認された「絵」ではなく、また民衆間に商品として出回る絵でもなかった（喜多川歌麿に多色刷絵本『画本蟲撰』があるが、狂歌が付いた、詞と花虫の本だ）。

「花鳥画」は風情があって絵だった。季節感や取り合わせの意表や構成の効果性や、つまりは平面における意匠・装飾性が表現の勘所であり、生き物のリアルさはそのための景物というのが絵だった。リアルは画面構成の要素にはなるが、絵の目的にはならない。リアルさが眺め飾る対象になることはなかった（涙で床に描いた鼠は迫真、ついに命を得て逃げ出し消えた）。リアルそのものを美術に見る喜びは、西洋画がもたらした「本物そっくり」の驚きに始まり、輸出工芸品になった。

そもそも博物画は西洋において、未知の大陸や大洋諸島に生き存在した天産物品への好奇心から産まれた。その好奇心をむきだしに表現した例が世界地図上の余白に（世界地図——平面化した球体図自体が驚異の対象であり、これを見つめる好奇の眼差しから滴り落ちたがごとく）、実見したとして描かれた人間図だ。それは三つ目、眼鼻口が胴体にある頭部なし、背と腹が逆といった姿である。俗だからこそ、大航海時代を産み育てた文明が秘める「欲望」を、その極まる臨界面で露呈する表現になった。西洋文明はこのような姿で地球世界を認めたということだ。文明の想像力の際を、博物画はリアルであることによって、幻想性において表現した。その意味で、この世界地図は自身を描き出している（北欧絵画のリアルな幻想が想起される）。

日本の昆虫図譜に毛虫だけを、幾種類も大きさも色も忠実に描き並べた作品がある（佐竹曙山『龍亀昆虫写生帖』）。「奇態」を陳列させる試みだ。また、卵から美麗な羽を拡げた成蝶まで、その変態変容してゆく刻々の姿を忠実に彩描した図譜がある（細川重賢『虫類生写』）。

その一々は博物的な興味や指向によるというよりは、生命存在が変容であることの驚き、その神秘感をともなうふしぎさが描かせたと思わせる。ムシの変化《へんげ》が畏怖をともなう美とともにあるとき、彩描行為は仏教用語でいう「化生《けしょう》」の観念を想起させせただろう。それは自分もまた化生であることを、あらためてのように思い返させる（が、それは『飢餓草紙』や『小町九相図』が与える観念とも違っただろう）。

生き物のその微細な部分において（顕微鏡も使っている）、生きた命が一心に活動している。絵筆の運びに乗せて、その微細を捉えること、そこは日常界では隠れているが、裏ではなく、表なのだ。命の動態はひとつとして同じはなく、奇態にして、あたかも小宇宙のごとくだ。

見つめること、描くことは未知への啓示であり、発見の連続は行方も知れぬ野生の深遠さを知覚させる。それが命の多彩さであり、生き物界の妙だ。空、原、水に呼吸《いき》る息《いき》ものたちはみな、人より高度な能力を思いのままに発揮して、自由のようではないか。それが現し世《うつ》であり、命の豊かさだ。これを図譜に確認するのだから、ほとんど涅槃図か極楽図か曼荼羅図の「錦裂《きんぎ》れ」だ。

日本の「博物画」を描き、描かせ、見て楽しんだ、その絵に向かう姿勢、態度はまったく個人のものだ。私性の感応として、当人を魅惑した。その執心は視界が届く範囲の先、眼界の際の向こう側へと探求心を、冒険心のごとくかきたてる。それはいつの間にか、人が拠って立つ場と位置を密かに越境するだろう。

そこは生命というムシの常住する往生界だ。その群れる姿態は蠢《うごめ》く幻想に重なる。ゆくに身を任せるか、踏みとどまるか、道徳や理知を侵犯し、安定安心を脅かし、増殖成長してゆく「見る」ことの欲望だ。描かれた生き物は制作者の心意と、その動きを映し出す。心象をイメージにするリアリズムは、自由を遊ぶ精神の欲望と化している（「遊ぶ子供の声聞けば　我が身さへこそゆるがるれ」）。

そこに喚起される幻想は、当時大いに流行った妖怪図とは性質を異にする。微妙へのこだわりは内向きのリアリズムであるのに対し、伝承にのっとった怪異は文化的リアリズムであり、その意味で表面の現象だ。「博物図」はむしろ近代絵画に近く、例えば、北方ルネッサンス絵画に描かれたリアリズムによる奇想の光景――裏返った現世――に通じるところがある。

その「博物画」は自由への精神の欲望を密かに表現する。その美は、そこに蔵された野蛮と高貴をはるかに展望させるところにある。リアルさを求める精神は人間の視覚能力をはるかに超えて、電子顕微鏡や宇宙線解析を技術手段として、抽象的文様を捕捉するにいたった。そこに離合集散する「超現実」を、理性の眼はイメージとして現像した。それは手順として、網羅、枚挙、羅列から出発したのだろうか。「超現実」現象にさらされた意識＝精神の欲望は、そこに美を認める。その美は「博物画」が表現した命の姿が喚起する幻想と反応する。それは天象の「意味するもの」を、寓意という媒介を経ず、直に人の五官に届ける。

物産図に発した日本の「博物画」は、強い関心を抱いて接した西洋の博物画を見た「和魂」が描いた。その和魂は本草学が根拠にする「格物致知《かくぶつちち》」の窮理精神と深く関わって育った。そこに起きたはずの葛藤、例えば考証をもっぱらとする理知と自然科学を産み出すにいたる理性との葛藤、これがこれらの「博物画」を描かせたとすれば――考証癖は微細にこだわる眼に通じる――、生き物の細部を凝視し精密に描く行為自体が葛藤にたいするひとつの有効な対処法だっただろう。それが解決をもたらすことはないにしろ、世のしがらみに捉えられている生き物としての自分を溶融させて、慰安を超えた悦楽の境をもたらしたに違いない（晩年の森鷗外が執心した「史伝」は、考証について博物誌の手法を用い、その精神のあり様を顕彰した）。

渡辺崋山には幾枚かの肖像画があり、そこにはモデルの人間性を、身分的属性とは別のこととして描こうとする意思が表現されている。崋山は蘭語を解さなかったが蘭学者と親しく、その訳するところを当人以上に理解したといわれる。西洋人肖像を模写し、そして生き物の精確な写生図がある。師の谷文晁《たにぶんちょう》や弟子の椿椿山《つばきちんざん》にも、伝来の線描手法を活かしたすぐれた肖像画を見ることができる。この流れは明治につづいたのだろうか。

四子吉の生物画もまた葛藤から産まれ、それが美の源泉になっている。

四子吉はいわゆる「ムラ的封建制」を嫌った。個人がそこから抜け出すのは容易でなく、いつの間にか自身がその秩序に取り込まれて、維持する側になっているという関係性だ。ここではヒトが類型的顔貌となるのが必然の生存形態であり、昆虫が寓意を超えた比喩になる。

アメリカにはアフリカ系を顕著とする多様、多種な被抑圧者群がいた。彼らは彼らなりの人間関係を各自にもち、結び合っていた。そこでは四子吉が熟知する日本人とは異質の自己が生活しており、それなくては生きてゆけない露骨な自己主張を基礎にした連帯が、多種多様な形体をとって存在した。

自身が現に人種差別をされている四子吉は、そんな個人に基づく連帯のあり方を日常体験として見聞したはずだ。厳しさと寛容が、思いがけない形で併存しただろう。これが四子吉の人間観に、その群れと個について新鮮な発見をもたらし、表現欲求を刺戟したところを想像したい。

いずれ無機物と化す生物としての人間を、無機物の色材を用いて、ヒトの像として描出するおもしろさ、これは人間という相のうえに「自然の野生」を認め、画布に留める作業であり、画家のみが成し得る仕事だろう。

「粉本」「臨模《りんも》」を深く伝統としてきた技を習得しつつ、反撥してきた四子吉だった。その今に残る生物画は、有利と見える申し出も簡単に謝絶する人物だから描くことができた。そこでひとつの憶測が出てくる。それは社交的であると同時にこだわりももつ文子、四子吉の二人だが、その性向は待機と展開というような対照的な形で表面化することがあっただろう。憶測は、来訪者の出くわしたいさかいが、そういう時だったというものだ。

4　京都探検地理学会――帝国主義と大学

一九三八年十二月二十六日、「京都探検地理学会」が発足した。これに四子吉・文子は入会しているわけではないが、主なメンバーと親しいので、その活動を追ってみる。それはまた、とくに今西のいう徳田、可児との「一種の共同研究の場」（徳田御稔『生物進化論』講談社学術文庫版、一九七四年の今西解説）を側面から照らすことになるはずだ。

京都探検地理学会（以下、「探検学会」）を発意したのは今西錦司《きんじ》と徳田御稔《みとし》だった。同じ十二月の二日、東京で日本生物地理学会十周年記念の集まりがあり、これに参加していた今西と徳田が京都にも創ろうと意気投合、その月の内に十八人を集めて「打合せ会」を開き、その場で発足、翌一月に結成の会を開いた。

探検学会の結成については、とくに今西には前史にからんだ意図があった。ＡＡＣＫ（京都学士山岳会）はその後、目的をカブルーから同じヒマラヤのＫ２（八六一一メートル）へ変更、この企図も盧溝橋《ろこうきょう》における日中の軍事衝突が「日支事変」として拡大したため頓挫した。そこで翌年の夏、今西は木原均を隊長に「京大内蒙古学術調査隊」を組織、トラックによる一カ月間の草原野営行を敢行した。その冬の探検学会の結成だから「海外遠征」志向は深い根をもつ。そして結成半年後の夏、今西は興亜民族生活科学研究所の所員として森下正明を助手に、二人で蒙古草原を三カ月間、馬車でめぐった。

興亜民族生活科学研究所は、興亜院（後の大東亜省）の管轄のもとに京大医学部公衆衛生教室内に、その教室主宰者の戸田正三教授が設立した組織だ。ナチスは「民族の浄化・衛生」を推進したが、アジア諸民族の生活を衛生面から調査研究しようというのだろうか、全般に分からない組織である。今西が所属した事情も分からない。他の所員に三木茂がいた（二人のみか？）。三木は日本列島の化石中に新種植物を発見、メタセコイアと名付けた植物学者（その後、中国で現存が確認され、「生きていた化石植物」として世界各地に移植された）。

今西の遠征、探検への熱意は政治、軍事に阻まれるが挫けることがない。むしろ闘志をかきたてられるかのごとくであり、ついには逆手にとって利用することを考える。蒙古遠征から帰って間もない九月一日、ドイツのポーランド侵攻から第二次世界大戦が勃発、インド、ネパール経由のヒマラヤ入りは当分のぞめない。ここであらためて甦ったのが蒙古草原から丘陵地帯をはるかに観望したときの想念、「この草原はチベットからヒマラヤにつづいている」だった。その根っこに育てていたのが生物と環境のメカニズムなる問題意識であり、これが蒙古草原の実地探索を経て、「生態進化史」としての「草原学」を提唱するにいたった。

以下、探検学会の第四集『年報』（一九四三年九月発行。編集兼発行者・今西錦司）に基づいて記す。この組織の「目的」について、「東亜各地の学術的調査研究及びその応用」と規定する。事務所は京大理学部動物学教室内。「幹事若干名を互選し、そのうち一名を幹事長とす」として、その幹事が泉井《いずい》久之《ひさの》助《すけ》（文学部言語学教室）、今西錦司（理学部動物学教室）、可児《かに》藤吉《とうきち》（理・動）、木原均《ひとし》（農学部植物遺伝学研究室）、小《こ》牧実繁《まきさねしげ》（文・地理学教室）、徳田御稔（理・動）、藤枝晃（東方文化研究所）、槇《まき》山次《やまじ》郎《ろう》（理・地質学教室）、水野清一（東方研）、森下正明（農・昆虫学研究室）の十名であり、幹事長は木原均でＡＡＣＫ以来だ。有志十八人で発足したのが、数年たってみごとな陣容である。

会員数はこの時点で百十五名、会員になるには「目的に賛同」と「会員の紹介」があればよく、「京大生に拠る」といった資格的条件はない（実際に他大学出身者や他校生がいる）。創立当時のＡＡＣＫもそうだった。会員には岩田久二雄《くにお》、上野益三《ますぞう》、梅棹《うめさお》忠夫、鹿野《かの》忠雄（京大卒ではない）、川喜田《かわきた》二郎、吉良《きら》龍夫、渋谷寿夫《かずお》、中尾佐助、間直之助《はざまなおのすけ》、伴豊、藤田和夫、三木茂、宮地伝三郎、安江安宣、山崎正武などの名が見える。すでに四子吉たちには一世代下に近い若手が参加してきている。

感嘆するのが、「本会は会長を推戴し、顧問、賛助員若干名を委嘱す」の項目だ。賛助員に新村出《いずる》、小島《おじま》祐馬《すけま》、小泉源一《げんいち》、川村多実二《たみじ》、駒井卓《たく》、橋本伝左衛門、並河功《なみかわいさお》、春川忠吉《ちゅうきち》、正路倫之助《しょうじりんのすけ》、真下《ましも》俊一《としかず》、戸田正三など文学部、理学部、農学部、医学部の（名誉）教授が十七名、そしてそこに陸軍司政長官として郡場寛《こおりばかん》と沼田大学の二名に京都植物園長が加わって、会長は京大総長の羽田亨（東洋史）、さらに顧問としてこれも陸軍司政長官の永淵三郎がいる（司政官の任務は占領地の軍政であり、文官も多数がなった。その「長官」は勅任高等官という位階を示し、役職の長ではない。郡場寛は前年、理学部長として定年退官後、マレー軍政監部へ送られ、イギリスから接収したシンガポール〔昭南〕・ラッフルズ植物園園長として、隣接した博物館とともに日本軍や現地住民による破壊、略奪、荒廃から守り抜き、敗戦後にもどってきた宗主国のイギリスに引き渡した文化人として知られるが、そもそも司政長官になった理由は那辺にあったのか、それが大東亜「祖国」戦争というものか?)。ともかく大陸、海洋のどこであれ軍のお墨付きがあるとなしでは探検の許認可に始まり、行動範囲に雲泥の違いが出る。「東亜各地の学術的調査研究及びその応用」という目的のため、実践的にして実効向きにお偉方を動員し、公に列挙した。

桑原武夫は自分のために持たれた送別会（一九四三年秋）のことを思い出として語っている。会が終わって今西と二人だけになり、加茂川堤に出た。そこで今西が「クワ（桑原）、俺はやるで」と告げたとのこと。この惜別《せきべつ》のことばを桑原は、「俺は軍を利用して、軍の守備範域外へ出て行く」の意と解した（斉藤清明『今西錦司――自然を求めて』松籟社、一九八九年）。この送別会は第四集『年報』発行後、間もなくのことだ。組織作りに手腕を発揮する今西は群れ社会のボスへと連想を誘う。

この「第四集」会報は、他にもフォスコ・マライーニ「チベット旅行談」といった直近の「例会」記録を載せるが、これが四三年三月開催の第二十回であり、すでに半年間、例会を開いていない。それまで年五回の開催だから、この中断期間は長い。その理由は、内蒙古の張家口《ちょうかこう》に「西北研究所」を設立する計画が進行中で、今西と森下がこれに関わっていたからだろう（これについては後述）。

その末尾に次の記事が載る。黒枠で囲んだなかに、「本会会員藤谷淳之介氏、今春、木曽駒ヶ岳に於て事故の為死去せらる。本会はここに謹みて敬弔の意を表す」とある。探検学会は好んで危険を求めたのではないが、目的のためには危険を辞さないという覚悟があった。そもそもパイオニアワーク（初登頂、初ルート）指向の三高山岳部には日本帝国内の高校・大学中で遭難件数最多と、この事実を反省しつつも誇っているかのように感じさせるところがあった。それから時は経っているが、「北支事変」の拡大泥沼化から大東亜戦争へと、戦死の蓋然性が迫り寄せるがごとく増していた。その切迫感を日本人の宿命として受容しようとする純情が、登山に向かう気持ちの底を流れているように感じる。一九四三年三月時点で会員百十五名中、十四名が「応召中」とある。この後、徴兵は全員に近く及んで、戦死と復員に分かれる。

四子吉と文子はマライーニの講演例会に二人で参加している。また、以前の例会においてチベットについてしゃべった多田等観《とうかん》について、東京転居後の文子は直接、何度も会って体験を聞き、文書化していた。その浄書を文子の没後に見つけた四子吉は出版にまでもっていった（再版が牧野文子編『チベット滞在記』講談社学術文庫、二〇〇九年）。

5　『関東州及満州国陸水生物調査書』——植民地の科学

一九四〇（昭和十五）年三月、関東局（関東州庁土木部）発行による『関東州及満州国陸水生物調査書』がある。「関東州」は日露戦争後、日本が租借地とした遼東半島の「満州」に接する地域。これが四カ月後の七月、川村多実二編集兼発行人として一般に発売（九円）された。つまり公の調査報告書が専門書の扱いになった。

関東局の調査目的は「満洲の水利水源調査」である。雨の少ない満州における統治のための基礎調査として、この地に棲む陸水生物を網羅的に記述しようというものだ（陸水生物は海洋生物と対概念）。その目的の例として、陸水生物は水質鑑別の指準になると揚言している。

委嘱された川村多実二は一九三二（昭和七）年、宮地伝三郎、可児藤吉、津田松苗、江崎悌三、今西錦司、上野益三、山崎正武、三木茂ら三十名を越す研究者を動員し、調査に着手した。前年、関東軍が「満州事変」を起こして、この年三月に「満州国」を「建国」したばかりだ。状況は不穏、調査は関東軍、満州国、満鉄（南満州鉄道）の協力すなわち支援のもとに行われた。それでも踏査実測は難行、調査と標本収集に六年余りを要した。最終年の昭和十三年になり、やっと「治安が安定」と巻頭言にいっている。

すでに中華民国や朝鮮半島を調査していた川村は生態学者としての抱負を記す。「東亜（東アジア）の動植物にはシベリアを通じて欧州と連繋を保つ北方の属種と、インドおよび西南アジアを経て東漸した南方属種があり、満洲北支の辺で両者が境を接し、もしくは幾分交雑し、以てこの地域の特殊なる生物相を形づくっている」。しかしながら、「東亜生物の分類学的ならびに生態学的調査が著しく後れているために充分なる比較対照をなすこと難く、未だ本格的なる生物地理学的検討を開始し得ないというのが現状の真相である」と。だから今回の関東局の依頼は好い機会だった。若い研究者を動員し、危険を承知でみずから現地へおもむき採集と記載を試みた。

収集された膨大な標本類は順次、京都大学に運ばれ分類整理された。調査報告書はそのうちの八百点余りを図示した。ここに掲載された陸水生物図、約八百点の多くを四子吉が描いた（六百六十点?)。描き始めた時期は不明だが、四子吉は現地におもむくことなく（一度、朝鮮渡航しているが、その目的は不明）、京大動物学教室の一室で描いた。

川村はつづける。この報告書は、「満洲陸水生物相を概観するに足り、また将来の研究に対する礎石としても少なからず役立つものと信ずる」。しかしながら、「未だ予察調査の範囲を出でないといわねばならぬ」としている。その決定的理由が、「治安の恢復不充分であったため、満ソ国境付近に多い水郷湿原のごときは未だ一回の実査をもなし得ざる有様」だった。したがって、「朝鮮満洲と隣接各地方との間の生物相の親疎は未だ軽々しく論断することを許さない」と、学問上に遺憾を残すことについて率直に語っている（「関東州乃満州国陸水生物調査の発端と経過」）。

ここで思い出すのが滝川事件の前年、一九三二年に出された「科学動員」方針だ。一般的に植民地における科学は自然誌的記載および網羅収集による「分類」に始まるが、日本も「対外進出」した「満蒙支」および「南洋」の各種資源に関する自然誌的調査を始めた。その年に開始されたこの陸水生物調査だった。

この調査に参加し、報告集にも執筆している上野益三が三十余年後、それだけの年月を経た視点からだろう、その成果について記している。「陸水学的に重要なのは」貝爾湖《バイルノール》、達頼湖《ダライノール》、興凱湖《こうがいこ》における調査報告である、と（『陸水学史』培風館、一九七七年刊行）。他はさして重要ではないということになる。

「満洲の水利水源調査」を目的としたこの調査の先には、日本国家による「関東州及満州国」への植民と支配、統治があった。動物生態学者はかねて抱いていた問題意識のもと熱心に調査した。

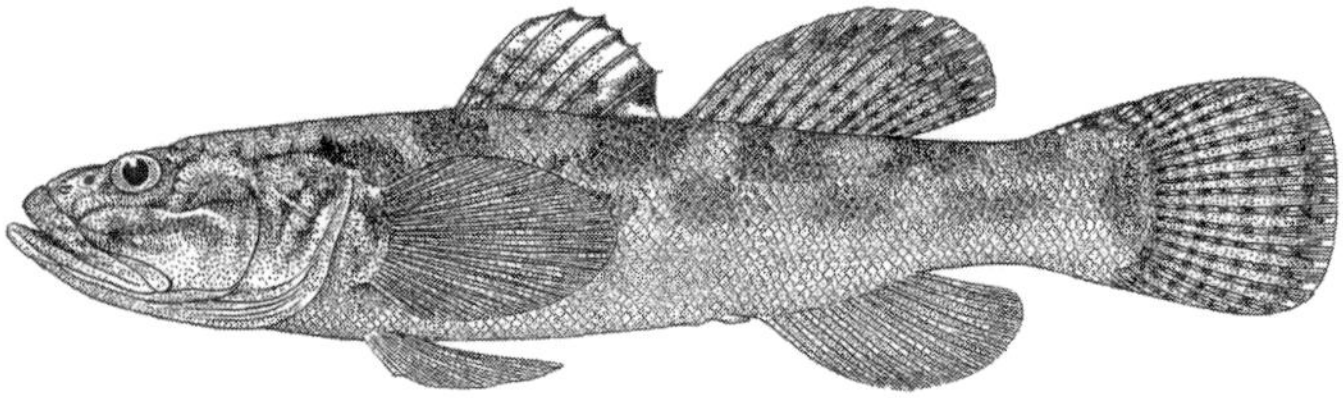

四子吉「ウキゴリ」(『関東州及満州国陸水生物調査書』)

この報告集(本)に関して、中国はどのように評価しているのだろうか。その評価に変遷はあるのだろうか。上野が記した評価は、それと無関係ではないだろう。この陸水生物調査書が出版されて間もなく、「皇国勝利のための科学報国」を声高に叫ぶ学者が出現している。滝川事件から十年たったとき、京大理学部もまた「科学動員」に積極的に参加していた。学者たちにとっても「皇国の浮沈を賭けた大祖国戦争」になっていた。国家と科学の関係が科学研究そのものの問題として切実なテーマになっているのが現代だ。

四子吉がここに描いた絵、その魅力は衰えない。墨一色、その点と線による細密におよぶ描写は面の持つ柔らかさと、銅版画のごとき靭《つよ》い線条効果により、生体構造が備える力動感をかもしだしている。鑑賞用作品として完成している。なかでも魚類(百二十枚)や蜉蝣《カゲロウ》が驚嘆させる。この仕事には視力とねばりが必要だろう。四子吉には三十代後半を費やした仕事だったが、そこに署名は一切ない。

6　生活する美

その山小屋風「サロン」は文子という存在がなければあり得なかった。

人柄の魅力であり、その人柄を端的に表わしたのが、そこにいた全員で分けあった食事であり、そのための料理作りであり、日常音声によるおしゃべりだった。

料理の技は素材を風土に依存し、その術は環境（自然と社会）に密着したところで、季節や天候の違いに順応しながら形成、蓄積された伝統の文化である。つまりは料理は生命活動の維持という日常の現場で実践される習俗として、エコロジカルな文化である。料理日誌の文子には生活なる現実をエコロジーとして総合、統合しようとする意識をみることができる。それはそのまま日常生活を創造的な活動にしようという意思の実践表現だった。文子の言動がとくに若い女性たちの記憶に強く刻みつけられたこと、また外国人にとっても自由な談論の場となった基礎に、この意思と実践があった。以下、当事者たちの記憶をたどる（いずれも『にど だもれ』から）。

牧野美子の回想は「昭和十年の春」と、時がはっきりしている。松江出身、結婚し京都に住むことになった彼女は、尊敬している池山薫から「私の一番信頼している友人夫妻」だからと二人を紹介された。池山に伴われ、初めて北白川平井町を訪ねると、「白い柵に囲まれた庭のスイトピーや矢車の花が真っ盛り」だった。接した文子から、「松江の牧野さん、これからはお名前で呼びましょうね、おうちも近いからいつでもいらしてね」と優しくいわれて、以後、たびたび訪ねるようになった。南天堂主夫人だった池山薫（薫子）と四子吉・文子の交流は京都転居後も親しくつづいていた。回想はつづく。

九月末に出産予定でしたから、赤ん坊の命名を厚かましくお願いしたり、御知り合いの富田病院への入院など、知己の少ない私にいろいろアドバイスをして下さっていました。九月二十日夜に長女が生まれた翌日、早速夷川《えびすがわ》川端の寓居にお二人でお見舞い下さって、シーツ、カバーを真白に洗って四角布のおむつや美味しいスープをいただきました。大家の奥さんにもお礼を言って下さり、私は涙がポロポロこぼれました。そして、毎日焼きたてのパンや、オートミール、果物を届けて下さいました。その上、お願いしていた名前は「道子」と決めて下さいました。

富田病院は文子夫妻が自分たちの赤子をみとらねばならなかった、二年前の思いが留まるところだったのではないか。そしてその名を「道子」とした。はるかに延びる生命の道への思いだろうか。命名、仲人をしばしば依頼された「理想的夫婦像」だった二人にとり、「道子」はその最初だったかもしれない（富田病院の名はまた、後述する永島孝雄が結核末期、仮保釈となり、入院死亡した病院を思い出させる）。

それから四十三年後の七月、美子の三男に娘ができたとき、その孫の名前について相談すると、「七月はふみづき、その赤ちゃん、文子はどう。松江に牧野文子誕生なんて私も嬉しいわ」と、文子は自分の名を屈託なげに提出した。「道子」命名から半世紀近くたって新・牧野文子を創生させた。

同じころ、女学生だった矢崎（千野）博子の目に映った夫妻の生活がある。博子の父（千野光茂）が京大動物学教室でショウジョウバエの遺伝研究をしていた。祖母、両親、子ども五人、計八人の大家族で家族ぐるみの交わりだった。

ワンルームのお家というような可愛いお宅で、入口から花や野菜の小さい庭があり、素敵だった。女学校二年の私の目には、物語の若い夫婦に見えた。夫と妻が肩をよせあい、いたわりあって懸命に生きている——。物語では、二人は貧しく暮らしている。そしてご夫妻もそのように、ご不自由の多い日々だったらしい。「新聞、雑誌を売って、やっと見たい映画を見るだけのお金が出来たから、四条まで歩いて往復した」などと、それでもオバサンは、さばさば言ってらして、私は又あこがれた。

貧しくても、映画、芝居、音楽、美術、つねに京都での催しには目を配っており、なにをおいても出かけた。また、季節のおりおりには洛中洛外、奈良まで寺社を探訪した。その生活様態は女学生を憧れさせるに十分な物語性、ロマンに満ちていた。

ご夫妻はあしたのよき日を願い、お仕事も勉強も怠りなくなさっていらしたご様子に、いつも感心させられていた。洋服も手作り、散髪も自分たちでといそいそやってらして、私もスカート一枚作っていただいたが、ウールのおとなっぽい、しっかりしたもので、小柄な私には重たかった。

同じく少女だった今井初代によると、この家は床がコルクの合理的な構造だった。たびたび泊まったが、そういうとき文子は片手に洋書――レシピ本だろう――を持ちながらジャムの入ったかわいいドーナツを拵えたり、レコードを聴かせてくれた。そのときの『ゴーイングホーム』を懐かしく思い出す。またある時は文子が粗い麻布のようなものにベージュ色の毛糸を丹念に刺していた。尋ねると、「四子《よね》さんの洋服をつくるのでこうして刺して布地のようにするのよ」との返事に驚くばかり。二人が大阪の今井宅を訪ねたとき、それは暖かそうなブレザーに仕上がって、四子吉が着ていた。文子が着た「ブラウスも子供ながらに珍しく感じたものでした。それは小父様が描かれた数種類の昆虫の絵がローケツ染めにされているものでした」。二人の生き方は処世「哲学」のまさしく実践情景だ。ロウケツ染は展覧会に出品するだけでなく、日用品として用いられていた。日用品だから、というので出品したのかもしれない。

一九三五（昭和十）年頃のこととして城戸夏男が回想する。東山区泉涌寺の下宿に突然、夫妻で訪ねてきた。夫妻は京都市美術工芸展に出品した木版画の作者名に「城戸夏男」を見て、驚いてやって来たという。夏男は気付かなかったが、その展覧会に「四子さんもローケツ染の額を出品して居られた」（四子吉は「中村榮」名による出品だった）。

年の離れた兄、迪寿の友人として四子吉が百瀬と連れ立って、夏男の故郷の高萩に行ったのは関東大震災時だったから、十二年後の顔合わせである。子ども好きの四子吉は当時、幼い夏男の遊び相手になり、童謡を歌って聞かせた。初めて聞く歌ばかり、『あわて床屋』（チョッキン、チョッキン、チョッキンナー～。北原白秋・詩）が強く印象に残った。ラジオ放送開始前、まさに都会のハイカラの到来であり、招来だった。帰京後も雑誌『金の船』や『銀の笛』を送ってきた。

以降、夏男は「ニード・ダモレ」をしばしば訪ねるようになる。「プッチーニのオペラのレコードをはじめて聴いた」。三人で「奈良の法隆寺、法起寺の道を歩いた」。興福寺・春日神社の「薪能《たきぎのう》に連れて行って頂いた」。その交流をとおして人との交わり方だけでなく、幅広い関心とその興味の持ち方を知った。そして、夏男は陶芸家、河合寛次郎のもとに弟子入りすることになる。

関東にいた宮山栄之助は当時の京都を観望して記す。「その頃の京都には笹井末三郎も、その兄の静一氏もさかんな時で、かの千本一家が映画界で勢力を張っていたし、南天堂仲間の詩人岡本潤が馴れにくい撮影所の水で暮らしていたし、四十五歳の俄か道心、作家宮嶋蓬州《ほうしゅう》（資夫《すけお》）が菁峨老師に参して修行していたし――牧野夫妻の交友範囲は京大理学部教室以外にもひろがって、博亦打一家の若親分から三下まで、撮影所の重役、作者、俳優裏方用心棒――、この時期にたまたま牧野夫妻が東京へ出て来ると百瀬晋の家が定宿になって、ここは名にし負ふ玉の井の私娼街『抜けられます』の別世界の一隅である。しぜん色町の種々様ざまな人物に逢うこともあったが、どんな場所、どんな人にも、心安く、高ぶりもせず、卑下もせず、柔軟に対応出来るのが文子さんの身上でもあった」。

百瀬晋について興味深い体験を伝えるのが、一九三六（昭和十一）年四月に駒井研究室に聴講生（嘱託研究員）として入った稲葉文枝である。「とにかくいつの間にか牧野家の常連となってしまっていたのです」。そこでは、「分け隔てなく紹介して下さるので、おかげでいろいろな方とお知り合いになりました。文子さんはコーヒーをいれるのがお上手で、みんな香よいコーヒーをあてにして、何か食べ物が手に入るとさげて出かけたものです」。それはまだコーヒー豆なども手に入った時期であり、まさにサロンである。そして、つづける。

一度東京へご一しょに行って、牧野さんたちのお友達の百瀬さんのお宅に泊めてもらったことがありました。そのお宅はいわゆる「玉の井」の中にあり、濹東綺譚に出てくるような玉の井の折れ曲がった細い通りを歩いて「抜けられます」という看板があちこちにあったのを不思議に思ったのを覚えています。百瀬さんは牧野さんたちの古いお友達だそうで、真白な髪に、黒と茶の毛がまだらになって、「三毛の百瀬さん」とよばれてました。お宅は四畳半位の清潔なお部屋で、学者の書斎のようでした。その夜は百瀬さんはどこかへ出ていかれて、牧野さんたちと私と三人その部屋に泊めていただいたのですが、夜通し表の細い露地を歩く下駄の音がカラコロと耳についたのを覚えています。翌日は隅田川や浅草の仲見世など江戸情緒を満喫さしてもらって、帰途は浅間温泉に寄って、つぐみの丸焼なんかごちそうになったのもこの時でした。

このとき百瀬は五十前のはずだが、いよいよ老人風体で部屋は清潔、イタリア語学者の書斎なのだった。『濹東綺譚』は一九三七（昭和十二）年四月十六日から二カ月間、東京と大阪の朝日新聞に連載されて、木村荘八の挿絵とともに評判になった。稲葉は若い好奇心に溢れる様子だが、「いわゆる『玉の井』の中にあり、濹東綺譚に出てくるような」とは、すでに『濹東綺譚』を読んでいたのだろう。若い独身（と思われる）女性を躊躇も屈託もなく、「私娼窟」街に伴い、泊める二人だった。「夜通し表の細い露地を歩く下駄の音がカラコロと耳についたのを覚えています」という、この音の持つ色が永井荷風をして文芸の手技を求めさせ、またイタリアオペラを憧憬した百瀬の心情を日本において慰めたのだろうか。百瀬夫妻は三・一〇大空襲で焼け出されて後、藤沢に転居する。

稲葉文枝は戦時期の興味深い記録を残してくれてもいる。一九四二年、奈良女子高等師範学校の教師となり、牧野宅訪問は稀になる。すでに食糧不足、久しぶりに訪ねると、「四子さんが引っぱり出して来たチューリップの球根をもち焼あみの上で焼いてかじり、じゃがいものような味だといっておいしかった」。来春、咲かせるために掘り出しておいた球根を、客を歓迎して焼いたのだろう。このようなもてなし方をする夫妻の生活方式だった。能曲『鉢の木』の故事より自然態であり、このなにげなさこそ茶道が核心とする接待の精神かと心付かされる。

第四章　自己——戦争下の平常心

1　開戦と学生

四子吉が四十歳になるころ、弟年代からさらに下の世代が「ニード・ダモレ」に集うようになった。そのきっかけは文子の甥（異母兄、喜一郎の長男）の中村正太郎にあった。正太郎は一九四〇（昭和十五）年、旧制の甲南高校（私立中高七年制）から京大の物理に入った。その高校と大学の友人たちが親しく訪ねてくるようになった。

正太郎ら甲南時代の友人については有坂隆道、今村昭、北村晋一、納賀勤一、生駒、坂口、谷口がいたと、木村晴彦が記す（以下、前出『にど だもれ』から）。

「特に用事がなくても、なんとなく足が向いてしまったとか、ちょっとお茶でも飲んで話でも聞いてもらいたいとかいったような気分の人が多かった」。そこでは年齢、経歴、国籍などの違いを気にせず、山や自然や生物や美術、音楽の好きな人たちが、自然と集まって、みんな仲間みたいになっていたが、一方、権力や金力をカサに着たような人は、極端に嫌っていた。だから、牧野宅に行くうちに顔が広くなった。とくに進化論の徳田御稔に可愛がってもらったのを思い出すが、他にも今西錦司、森下正明、渋谷寿夫、森主一、小野喜三郎、山田保雄、中村健児の各先生や民族学の梅棹忠夫等、今では日本の学界で有名な方々も多かった。またイタリア人牧師のベンチベーニ、日仏学館のオーシュコルヌ夫妻等にもよくお目にかかった、とのこと。

大阪大学理学部の物理に入った北村音一は記す。初めて牧野宅を訪問したとき、文子が「泊まろうとおもえば泊まれるのよ、お布団はここにあるから」と、じっさいに布団を出してみせた。「全く飾らない、自然な、自由な雰囲気は、亡くなられるまで変わらず、はじめてお目に掛かったときから亡くなられるまで、僕は四子さん、文子さんと呼ばせていただいていた。それがもっとも自然だった」。

北村と同じく大阪大学の物理に入学した納賀勤一は回想する。「初対面の時の印象と、当時の社会情勢の中で吹き消されずに点り続けた、小さな燈火の様な温い雰囲気が真先に頭に浮んで来る」。納賀は京都の中村正太郎の下宿を訪ねたおり、二階の出窓に腰掛けて正太郎と話していた。そこへ下の道から声をかけたのが文子だった。顔を出した正太郎に実家（喜一郎宅）からの伝言を伝えると、軽く挨拶した納賀に向かって、「後で家に遊びにいらっしゃい」と誘った。

早速その夜、北白川のお宅に伺うと、四子吉さんが「やあー、いらっしゃい」と出迎えたときの笑顔、また道から二階の私に話しかけたときの文子さんの笑顔が、五十年近くたった今でも昨日の様に思い出される。「初対面であれ程の親しみ、気安さを与えて下さる方にお目にかかったことはありませんでした」。以後、たびたび訪問、ときに宿泊し、多くの人を知り交流した。「私は時代の重圧、やがて確実に来ると覚悟していた兵役の圧迫感から逃れる場を求めて訪問した」と振り返っている。

彼らが入学した翌年の暮、日本は大東亜戦争へ突入、このような若者たちを戦場に送り出さねばならないことに、四子吉と文子はずいぶん心を痛めただろう。彼らの仲介者、文子の甥の正太郎は一九四三年三月卒業のはずが半年繰り上げとなり、四二年秋卒業とともに兵役について二年後、フィリピン沖で輸送船団とともに沈んだ。すでに従うしかなくなっていた戦争の現実であり、統制下の生活だった。

2　ポナペ島・大興安嶺探検——情報「工作」と探検

一九四一年夏、といえば四カ月後には真珠湾奇襲となるのだが、探検地理学会は第一次世界大戦後、日本の信託統治下にあった「内南洋（南洋群島）」のポナペ島に遠征、島の植物、動物、そして人間を「統一的な社会生態」として調査した（この五月には台湾総督府が中心になって「南方研究会」結成。七月には医学、人類学などが植民地政策に協力するための「民族科学協会」が結成されている）。

七月二十日、十人で横浜出港、うち六人がポナペに四十五日間滞在、十月八日、帰国した。隊長は博士になったが講師身分の今西錦司、研究生（無給副手）の森下正明が副隊長、隊員は中尾佐助、吉良龍夫に新入生の梅棹忠夫、川喜田二郎である。平隊員四人は探検調査の基本を実地訓練され、それがそのまま能力試験だった（梅棹、川喜田、藤田和夫、伴豊らは京都一中生だったとき、登山部先輩の今西によって強烈な刺激を受け、北山（丹波高原）全山踏破を開始、三高へ進学後、登山部に入ると吉良が仲間に加わり、探検地理学会へ入会。彼らの京大入学には地理学会員継続のためといった趣きがある）。

翌一九四二年五月から七月、同じく今西隊長、森下副隊長で敢行したのが大興安嶺《だいこうあんれい》探検である。若い学生隊員らはポナペ試験に及第どころか、彼らの存在が今西をはじめとした探検学会幹部をして大興安嶺探検の敢行へ向かわせた。例えば南海航行中、今西は船員による天測を見て、これの修得を学生隊員に指示。その迅速なマスターが地図空白地帯への冒険行を推進させた。こうした主体側の問題以上の難題難関が、政治であり軍事であり資金だった。

一九四一年内に学長や軍人など探検学会顧問らの紹介を得て、学生会員を中心に満州へ渡り、満州国治安部、関東軍と接触、交渉を開始し、四二年に入ると可児藤吉も長春（当時、新京）に渡り、二カ月近く、当局へ毎日のように出向き交渉した。リーダー今西の、資質、人を見て適材適所に使う才がここでもさえる。社交的また営業的な交渉にまったく不向きな可児の素朴、質朴が軍人には有効とよんだ。そしてそういう可児に向けては、最初の要求をそのまま貫徹するよう、電報による指示を連日のように打った。

報告記録『大興安嶺探検——一九四二年探検隊報告』（毎日新聞社、一九五二年）は記している。「可児さんは、個人的な事情で遠征そのものに参加することはできなかったが、その誠実な人がらによって、まず長春の関係者たちに、この計画が、時局に便乗した場あたり的なものではなくて、じゅんすいなアカデミシアンの興味から出発したものであることを、まず深く印象づけた」（吉良龍夫・文）。そしてついにその願望と要求がとおった。費用二万五千円は全額、満州国の「討伐費」予算から出て、測量隊、満州航空、現地特務機関が人的・情報的協力をすることになった。

こうして五月三日には京都を発ち、諸準備を整えた十四日、探検行に入った。なにしろ北海道がすっぽり入る面積の山峡地帯が地図の空白地域だった。そこを主隊、支隊の二隊に分けて逆方向から歩いた。目印など不明（既存の「地図」は間違っており危険）、位置の確認は天測だけ、主隊は途中で二隊に別れて、夜間の無線交信で連絡を取りつつ三隊が一カ月近く歩いて、予定の地点で合流、七月末に帰京した。

『大興安嶺探検』は原稿が東京の出版社に渡っていたのだが、空襲で焼亡、資料は残っていたのであらためて文章化、戦後七年たって刊行したという経緯を持つ。その冒頭が、ポナペ島での探検地理学会員による、次なる探検行に関する夢想的会話だ。その夢の実現だった大興安嶺探検を担い、実行した彼らだった。にもかかわらず、その報告記録のなかに探検地理学会の名前はいっさい出てこない。実行主体として「北部大興安嶺探検隊」という名称が一度出るのみだ。これは「当時の情勢では、なによりもまず、軍の了解と援助とをえなければ、計画の実現」が不可能だったから、名より実を取ったということだろう。焼亡した原稿はこのあたりの事情を謝辞とともに明解に記していたのだろうが、戦後の版で削ったに違いない。

戦後五十年以上が経って出てきた資料によると、——正式名称は「治安部大興安嶺調査隊」であり、満州国治安部から委嘱された「国防科学研究所」が主宰者となっている。国防科学研究所は大阪商人が中心になって設立、その京都支部長に今西錦司が誘われた。今西は先の興亜民族生活科学研究所といい、顔が広い。が、今西の「一念」の強さと深さを思うと、二つの研究会とも彼が働きかけて組織されたのではないかと推測させる。

この資料にはまた「兵用地誌」の項目があり、この任務については陸地測量部技手（調査隊員）が別に専門報告するとある。その報告内容はどのようなものだったか（この山峡草原地帯には狩猟遊牧民族のオロチョンがいた。オロチョン族はロシア語、中国語ができてギリシャ正教徒だった。調査隊は山峡地帯を遊牧するトナカイ・オロチョンを、満州国警察の仲介により、雇って探検行を遂行した。草原を遊牧するウマ・オロチョンにたいしては日本の特務機関が、ソ連への諜報活動に、アヘンを供給して利用していたとのこと。この事実を知ると、この探検記中のオロチョン生活誌に関して、とくにはじめて会ったときの彼〔女〕らの反応の記述について、〝ああ、そういうことだったのか〟と納得させる部分がある）。

「ぜいたくは敵だ」が標語となるような時勢では、「アカデミシアンの興味」などぜいたく以外のなにものでもない。許可するほうも、大義なしには受け容れられない。したがって、「じゅんすいなアカデミシアンの興味」であればあるほど、その意義として「大東亜共栄圏」とか「民族協和」といった軍事的・政治的大義を訴えたに違いない。大義は全体主義において一種の符牒（殺し文句）だったから、問うべきは「じゅんすいなアカデミシアンの興味」の「成果」を、原住民をふくめ現在の視点はどう評価するか、しているのかだろう。

二つの探検調査の報告記録、『ポナペ島――生態学的研究』（今西錦司編著、彰考書院、一九四四年）と『大興安嶺探検』に載る生物や民具の挿図はすべて四子吉の筆になる（両書とも、「朝日文庫」再刊）。

3　活人画中の追憶

一九四二年晩夏、四子吉・文子夫妻は十日間の御岳《おんたけ》登山をした。それから四十年たって、文子はその時の手帳を取り出し、そこに記されてあった自分の文章を整理した。それを「御岳山紀行」と題し、『山への旅——りんどうは空を見ていた』六編の冒頭に置き、発表した（アディン書房、一九八二年）。そこに振り返られた時間は、かつてそこに込められていた思念を今に重層させ、特別な体験として浮かび上がらせた。まったく文子個人に属する追憶が、その固有性ゆえに人生の私的内実を形成するという単純な、それだけに深い真実に気付かされている。人生を経るとはそういうこと、と文子は気付いている。翌年、文子は没する。

この年六月のハワイ北北東域のミッドウェー海戦における帝国海軍の大敗は、極秘事項として一般には知らされなかった。八月、米軍は太平洋東南海域方面における日本の最侵攻域だったソロモン群島へ反攻上陸、主島ガダルカナルにおいて死闘（「玉砕」作戦）がつづいたが、ついに十二月、「転進」なる撤退決定、以降、負け戦が降伏までつづいた。御岳登山はその八月下旬である。戦争は身に迫って来ているはずだが、この登山行に戦争の反映、危機感はみられない。

大興安嶺探検の成果を提げ、目に見えて逞しくなっていたに違いない若者らの帰国を迎えて三週間たった八月二十日、四子吉・文子夫妻は木曽福島に来た。ここには京大理学部木曽生物学研究所（川村多実二所長）があり、駅には研究所をベースに王滝川をフィールドにしている可児藤吉が出迎えた。この六日、翌年五月、定年退職となる川村教授退職を記念し、往年の弟子たち十二人が木曽福島に集合し、十四日まで一週間、御岳登山を「野外実習」風に行った。これに可児と徳田御稔は参加していたから、二人はそのまま残っていたのだろう。

晩夏の十日間、夫妻は日帰りも不可能ではないような御岳頂上を経て飛騨の高山まで山歩きの時間を過ごした。この時間をともにした顔ぶれは夫妻と可児、加えるに徳田、森下正明の五人だった。可児はカゲロウ、徳田はネズミ、森下はアリをそれぞれ専門とし、御岳周辺を研究フィールドにしていた。木曽の研究所開設が一九三三年秋だから、創設時から利用していたのだろう。とくに可児は王滝川について源流から下《しも》は木曽川合流地点へ、さらに伊勢湾河口までひと月以上かけ、歩いて調べていた。以下、文子の紀行文のうちのほんの僅かを引く。

四合目の百間滝への岐れ道で、御岳参りの行者道《ぎょうじゃ》から私たちは外れるので、一休みしてから徳田さんに別れ、夕方頂上近くで出会うことになりました。徳田さんは途中ネズミのトラップを仕掛ける仕事のためにここから単独行です。「じゃあ、あとで」。姿は木の茂みに包まれて、たちまち足音も聞こえなくなります。山でトラップをあちこちに仕掛けて、翌朝獲物を集めて回るのに、前日の位置をちゃんと覚えていられるということを、いつかも徳田さんに同行した四子吉が感心していたことがありますが、そうしてみると忘れん坊どころか記憶力は抜群ということになります。

徳田は考え事をしだすと眼は開いていても周りが〝見えず、聞こえず〟という集中型タイプだったらしく、日常、忘れ物が多く、誤解もされやすかった。あだ名に「教授心得違い」や「雑草庵物忘れ草」があった。

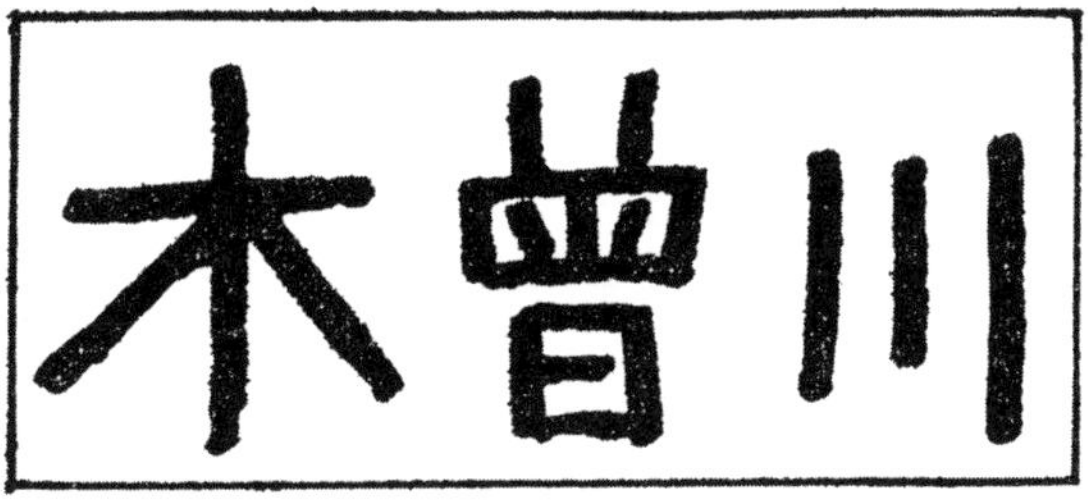

可児藤吉「木曽川」ノートの表紙

川の中の石をひっくり返してみたり投げ出してみたりしていた可児さんが、手帳に書き込みをしながら私たちに言います。「ここの川は、加茂川で言うたら、今、春です！」「そいじゃあ、すぐ、もう冬ですね」と言うと、「うん……春と冬だけや」と答えて、これだけのことで、頭の中はどういうことを考えているのか知りませんが、屈託のない表情です。

「頭の中はどういうことを考えているのか」分からないが、「そう。春は夏といっしょにやってくる」と答えるのではない可児の、「屈託のない表情」から文子はその人となりについて思いをめぐらしている。今、可児における川は河原や周囲の景色ではなく、水流とその流れ内部のこと、藻などをふくめた生き物とか底の石の状態等々を指しており、それで必要にして十分な、いわば自足状態にいる学者、可児のことだ。

可児の充溢《じゅういつ》の相はまた、美感においても同様だった。可児の書「木曽川」（研究ノートの表紙）や山岳スケッチ「御岳遠望」（一九三五年九月。本書二七二頁参照）、さらには卒業論文「ノミの触覚についてて」（一九三三年）の挿図など、いずれも確然として、しかも瑞々《みずみず》しい。対象を見る可児の内面にたぎるもののあることを、それらの形象は凝然《ぎょうぜん》、巍然《ぎぜん》として伝えてくる。可児の遺品中に海北友松《かいほうゆうしょう》の絵があった。それがどのような絵なのか、題材も、オリジナルか複製かも不明だが、眺めて飽きない絵だったのだろう。

昆虫学者で生物社会学を研究し、アリの専門家でもある森下さんが、アリの巣を見つけます。熊に食べ荒らされているアリの巣があるとかなんとか言って、木の幹などを調べます。そういうことで、森下さんと可児さんは、互いに協力し合って一か所に立ち止まることが多いので、このあたりは私たちが先頭になって歩きます。どちらからも、ちょっとでも姿を見失うと、「ヤッホッホッホー……」と声をかけ合います。

奥モンゴルの大興安嶺から帰国して間もない森下には、このフィールドなど加茂の河原と変わらない、ほとんどピクニック気分で可能だっただろう。

一行五人は他愛ない話、学問の話、探検の話、山の話をしながら、時々合唱も混じえて下って行きます。渓流では可児さん、八合目付近では徳田さん、それから下へは森下さんがアリの巣を訪問したり、徳田さんと可児さんが垂直分布がどうのこうのと話したり、こういう道草が始まると、学問には門外漢の私たちにはまた私たちの楽しみがあって、四子吉はスケッチをやり、私には手帳に書きつけるものがあり、草をしげしげと見ることもありで、山道は退屈ということがありません。

森下さんの服装は、明治中期の流行らしい親譲りの裾細のズボンで、これがまたわれわれはいつも見慣れているせいか、いかにも足取り軽げに歩くこの人によく似合います。この人のリュックサックは、その重量といいますか容積といいますか、人並外れて大きく重く、うんと物を詰め込んで背負うのが癖のようです。ところが、その内容は、全部が全部一つの山行に必要な品々ではないようです。たとえば箸を取り出すと、箸箱が二つも出てくるという具合です。内地の山歩きの時ばかりでなく、遠くポナペ島へ今西錦司さんについて行った時のものが、または興安嶺へ行った時のものが、まだ袋の底に入っていると言って、御自身でもおかしがっていたりします。徳田さんはこの反対に、トラップ、着換えシャツ、手拭、タバコぐらいの簡単さで、性格は、リュックサック一つにもよく現われるものだと感心します。

森下はポナペ同様、大興安嶺でも副隊長であり支隊長を務め、その人柄からトナカイ・オロチョンと親しくなり、そして彼らが従いつつ導くトナカイに荷役を頼ることで支隊の探検行は著しく進捗するとともに、文化人類学の成果もあげた（地図空白地帯とは文明先進国群の言い方であり、狩猟移動民族オロチョンにとっては生活の場である。彼らには彼らの地図と道と連絡法があったことを調査、取材し報告している）。

（ゴゼンタチバナの）赤い実が、無闇と寄り固まって密生しています。小鳥が舞い降りてきて、この赤い実をうまそうについばむのに違いありません。つぶらなつぶらな赤い実を食べすぎて、静かな林の奥で死んでしまう小鳥になってみたいような気がします。この気持ちは、昂《こう》じれば山で自殺したくなる気持ちを、ちょっぴり持っているのだなと、自分でも別に何のためにでもありませんが、こんな気持ちに念を押してみます。

文子にとって山の魅惑には自然への憧憬がふくまれ、そこには動植物、生物の死滅もまたふくまれるという事実をみずからに念押ししている。人間の死も生物の死なのだから、憧憬、嘆賞する自然という野生の営みであることに変わりはない、と確認している。そしてその野生を、自殺という人間の意思行為と並べながら比較している。

林峠では〝アリ先生〟が盛んにアリを採集し、三人の助手も手伝いました。朽ち果てた小屋と一本の白樺との間に、淡い藍色に染まった乗鞍岳が、ずっと遠くに浮城のように見えるのを眺めながら、四人並んで木の葉のそよぎに聞き耳を立てているのは、活人画みたいです。

「活人画みたい」とは明確な輪郭をもったタブロー（額縁画）であり、そこに時間は停止する、止まったのだ。

オミナエシの点々、ハギ、ホタルブクロの点々、マツムシソウ、フシグロセンノウ、ススキなどが、いっぱいに生い茂っている中を通ります。とりわけ黄色のオミナエシが、この風景を明るくして風にそよいでいます。今日という日に、こんな黄色、うす紅、白、淡い紫色などの群れ咲いている草原の中が歩けようなどとは思いもよりませんでした。私の足はもうくたびれているのですが、それも気にするどころでなく、何もかも忘れてしまいそうです。私の人生は、花の草野をただどこまでも歩いて行くだけです。

眼前に展開する花野、その止まった「時」の内部を一人歩む文子だった。年齢は文子三十八、四子吉四十二、徳田三十六、可児三十四、森下二十九歳。文子の足はもうくたびれた。が、それも気にすることなく花の原を、ただどこまでも歩いて行く「今日という日」である。静かな林の奥で死んでしまう小鳥になってみたいような、何もかも忘れてしまいそうな、それでも花の野原を行く「私の人生」なのだった。

四十年前の文章を整理する文子には、その時空が静止画として幻視され、リアリティをもって反芻、確認されている。甦るその幻像の真実性に浸る至福はまた、その不可逆・不可回帰性を心身に知《ち》悉《しっ》させて迫ってくる。そこに生命なる野生の摂理のあることを、文子は今、自身の生の意味として知覚している。

4　ライオン肉・桜・芋――日本の若いDNA研究者

日本各地の都市が空襲されるようになった時期を語った四子吉の記録がある。京都が空襲されて、動物園の猛獣が飛び出してくるようなことがあっては大変だからと動物を殺すことになり、銃殺、毒殺、絞殺などいろんな方法がとられた。そんなとき間直之助《はざま》から四子吉へ、この機会に猛獣を解剖して表情筋（笑い筋）の模様をスケッチしておきたいので手伝って欲しいといってきた。

間直之助は宮地伝三郎と東大動物学科の同期入学だが、間は解剖が嫌で動物学を離れ、しばらくして京大哲学科に入学、また父が創業した間建設顧問を務めたが、やはり動物が忘れられず、川村生態学教室へ嘱託として入り――したがって四子吉と同身分だが、家作はさすがに立派だった――、「哺乳類の笑い」など動物のコミュニケーションを研究した。フィールドワークをつづけるうち、野生サルの群れから仲間と見なされるにいたり、また日常も仙人のごとくで、「サルになった男」と呼ばれた（同タイトルの著書がある。雷鳥社、一九七二年）。

忘れもしません。昭和二十年二月でした。火の気のないコンクリートの上で、寒さにふるえながら、しゃがみこんでの解剖は、実につらかった。でも、間さんの研究目的はどの程度猛獣には笑筋があるのかというので、私も面白く、二人して切ってはスケッチ、スケッチしては切るというはげしい労働を積み重ねていきました。

（次の挿話をふくめ前出『孤独なライフワーク』）

トラの顔面表皮をはがしてゆくと鼻に軟骨が現われてくる。その軟骨を皮から取り去った。すると顔面はペシャンコ、虎の雄猛な顔がなくなってしまった。「市のオエラ方から、虎の皮は敷物にしたいのでていねいに解剖してくれ」とあらかじめのお達しがあったのだったが、失敗してしまった。一方、肉の方はみんなに喜ばれ、大満足を与えた。

トラ、シカ、ライオン、ヒョウ、クマも殺したので、肉がたくさん出た。誰もがほとんど動物性タンパクを摂っていなかったので、クマのステーキはみんなうまいと喜んで食べた。ライオン肉のスープもなかなかうまかった。ただ間さんはスープを薄めずに飲んだために腹をすっかりこわしてしまった、という。実話として珍奇でユーモラスな分、むごたらしい。

この時期に四子吉が描いた桜図が、現在「白鹿《はくしか》記念酒造博物館」に寄託収蔵されている。この桜図を描くことになった経緯ならびに未完に終わった事情について、笹部新太郎が『桜男行状』（平凡社、一九五八年）に書いている。笹部は琵琶湖西岸を走る江若《こうじゃく》鉄道の後藤佐彦社長から頼まれ、各種桜を近江《おうみ》舞子《まいこ》の一万坪に植え、「ちもと千本桜」と命名、観覧できるようにした。すると社長が桜花図譜として是非出版したいという。地方鉄道の、しかも戦時の企画としてどうかと思ったが押し切られ、原画制作の依頼だけはすることを決意、その筆者を牧野四子吉に決めた。そして、「京大でなかなか手離さぬ牧野氏のひまひまを見て描いてもらうこと」にした。ここに当時の上方《かみがた》における、画家四子吉の評価のされ方がうかがえる。

描く資材の不足や交通事情が混乱するなか、やっと二十枚そこそこ描いてもらった。疎開しないで大阪の家にとじ籠もっていた笹部は、「この原画だけは業火に焼かれるに忍びず、空襲のある度に持って逃げた」とのこと。

『孤独なライフワーク』で四子吉自身が語っているところでは、「戦争に花見など必要ない。食糧増産のために切り倒せ」という軍部の命令があって、その姿だけでも残したいという笹部氏の依頼で描くことになった。十日間泊り込みで十八種をやっと描いたところで散ってしまった。そして夏には敗戦、これでしまいになった。だから十八種の絵は近江舞子の役場の金庫に眠っているのではないか、とのこと。現在、笹部の宝塚「亦楽山荘《えきらく》」で描いた「奈良都八重桜」をふくめた十九枚が白鹿博物館に保存されている。巷に「ぜいたくは敵だ」とか、「散華《さんげ》」の声を聞きながら、画面に描き留めた桜花だった。

ここでとくに付け加えておきたい事実として、発生学教室にいた多田久雄が四子吉に同行していたことがある。多田はこのとき四子吉が描く桜の花を、「解剖図や花式図」として採図、採録していた（本田睨『井戸の底から見上げた昼の星』東宛社、一九九五年）。動物学科の、しかも発生の研究者が植物の組織や構造について裸眼で確認しながら採図していた。この多田という若い研究者の指向性の由来ならびに四子吉との交流の始まり方が分からない。ほとんど謎だ。

多田久雄について、岡田節人《ときんど》が戦死した若い研究者として哀惜をもって記している。後年（一九六七年）、動物学科に生物物理学講座を開いた岡田は発生教室における多田の後輩であり、戦中はいまだ昆虫少年だったから、むろん面識はない。その岡田が多田の存在を知ったのは発生学教室に残されていたノートを見てのことだった。それから調べたのだろう、多田は一九三九年、台湾の台北帝大を出て、京大理学部入学、卒業後、実験発生教室の助手となった。

ガリ版刷りによる教室資料中に多田の論文があった。多田は遺伝子が機能するのはタンパク質の合成をコントロールすることによってであると考えた。そして細胞内でタンパク質と同居するDNA（デオキシリボ核酸）に目をつけ、核酸を構成する分子である塩基、糖、リン酸の単位（ヌクレオチド）を研究していた。当時、多田と同じ研究をしていたのはベルギーの発生生物学者ジャン・ブラシェのみだった、とは岡田の言だ。

四子吉「桜図」

四子吉と文子は多田久雄の無事の復員を、敗戦後二年以上待ちわびていた。これはもう祈りになっていただろう。

このような時期、四子吉はまた水彩によるスケッチを描いていた。多くは手に入った食糧を描いたものだが、なかでも野菜類がみずみずしい。入手日など文字解説まで入れた、人に見せるためというより、心覚え用的記録絵だが、それらが素朴

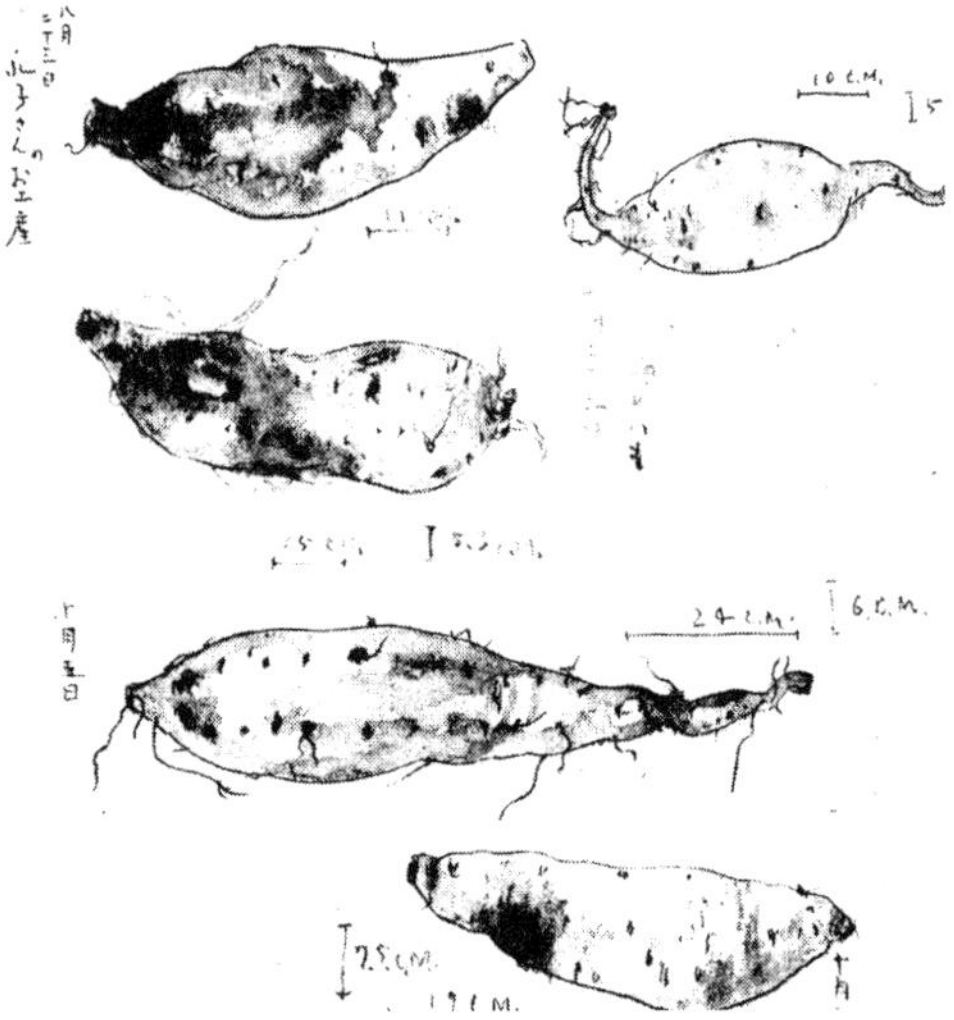

四子吉「さつまいも図」

に明るく生きている。野菜もまた動物園の猛獣同様、生命を備え、自分たち人間はその生命を摂取することで生きながらえているという感覚が、人の命の価値下落ははなはだしいこの時期、四子吉のうちに甦り迫っていたと感じさせる。野生の備える命のみずみずしさを写して、まさしく野菜は生物であるというみごとな図だ。

　野菜を、命の共感をもって表現した水彩画は、例えば多田久雄が黙々とつづけていた研究姿勢を彷彿させる。そして四子吉のこの頃の気持ち、さらには覚悟にも似た心得について思いを馳せさせる。夫妻は頻繁な空襲を知りながら疎開を考えなかった。作品をふくめ、家財の避難すら考えなかったらしい。母（中村榮）がいたことをふくめ、これは二人で話し合ってのことだっただろう。この覚悟、心得が示すのは空襲を宿命として受容するというものだ。いわばシャバ（海軍用語で一般世間。陸軍では「外地」）における一兵卒である。兵卒は逃げることができない。

　召集を愚劣と考えつつも逃れられなかった知友にたいする、これが夫妻としての連帯の示し方だったように思えてくる。つまりは二人における大東亜戦争である。この処世態度は食糧確保にも示されている。ヤミ物資を自分たちからしいて求めることはしなかった。権力にたいしてなに一つ抵抗できない非力、無能力の個人としてできる行為がこれだった。権力を自分たちの世界から排除し、触れさせないやり方、振り回されることの拒否である。自己が無力であるとき、矜持の維持および持続にせめてもの価値を見出そうというのだ。思えば、「客観的」なる観方および言い方に潜んだ欺瞞性を、抉《えぐ》り突き刺す戦闘性が、四子吉という人間だった。

5　歌の復活——敗戦前後

四子吉の歌作は新婚生活間もなくして止まった。師についたり、結社やグループに属したのではなかった。おのずから湧き出る抒情を三十一文字につなぎとめていた。だから意識してやめたのではなく、その心的必要性が消えたのだろう。そして絵に、それも多くの時間を科学的な絵を描くことに没頭していた。また美術展、音楽会、映画館へ行き、暇をみては山歩き、スキー、古社寺探訪もしたが、そこで短歌を詠むことはなかった。

それからおよそ十年、一九四〇年四月末、秋田本荘から父紋吉、末期の報せを受け、急ぎ帰郷、歌が復活した。

けんらんと花は咲きたり　病む父のいのち消えんとするこの春を

人ひとりいのち消えんとする夜か　土を叩きて雨降る音す
病みて臥す　父の頬にみゆ　おとろへよ　こゝろ泣きつつ髯剃りにけり
髯剃るを　ぬりし石鹼の泡立たず　頰のくぼみに　たまるかなしさ
病む父のかすかの寝息　全身を耳にして　わがきゝゐたりけり
誰がみむ花をつくると　種子を蒔く　われにかもあらむ　さみしき極み。
餌をあさる仔犬にも似て食物を　求むる父を笑へざりけり

雲雀よ啼け花よ咲け、春はもう来てゐるのだ。いたいたしく病みやつれてはゐても、そしてこの春を背にいのちが消えようとしてゐるけれども、父よ、あなたはあなたの時代を完全に歩いたのです。

あはれあはれ無為に喰ひて亡びゆく　ふるさとの人に　心寄する日

以降、再び歌を叙すことのない時が過ぎて、一九四四年二月十七日、母ハルエ危篤の報せが来た。母の元へ急ごうとするが、すでに旅客列車に乗るには面倒な手続きが要った。そのとき呼ばれたがごとく胸奥から歌が出た。

しらじらと雪降りゐたり母の死を　旅に聞く夜の都大路に

訪ぬると出でまし旅の　途にして、母の死をきく　はかなしあはれ
黒ぐろとひしめきあひて改札を　待つその群に交れるあはれ
吹かれ散るはなびらの中に　大るりの　飛び交ふを見つ　こゝろ和めり
吹きおろす風のはげしさ　木をならし　花を散らして終日やまず

そして次々と歌が流露、発現するのは衰亡日本の景を目の前にしてだった。敗戦の日の間近いことを予想してではない。敗戦後の自分たちを思ってもいない。

「我方の損害は僅か」とこともなく云ふ　とうとしも　いのち　殺されてあるを。

生きるといふ　この簡単な真実に　考え疲れて　生あくびする
何事か説をたてねば「生く」といふ　確信の持てぬ人をあはれむ
空の碧、葉の緑なる愉しさよ　我身を愛しとひたに思ふ日
土を血に染めて闘ふ人間《ひと》の愚よ　碧々と今日も空は　晴れたり

国民学校（小学校）を除き、学業はすでに昭和二十（一九四五）年四月から休止（都会の子は学童疎開）、中学校・女学校以上は勤労動員だった。八月十五日、京大では「玉音放送」を学部ごとに集まり聞いた。京都への空襲はなくて終わった。

この日の牧野夫妻の様子は知られないが、この日頃と同じように過ごしたのだろう。まずは空襲の恐れがなくなった。が、差し迫まった食糧欠乏、その毎日の確保、算段はそのままつづいて、さらにひどくなってゆく。二人の思いは今さらのように、召集され軍籍にある知人、年若い友人たちの動静に及んで、その身の上を案じることになっただろう。

そんな一日のうち、特別の喜びとしてオシュコルヌ一家との宴があった。このことを文子は東京転居後、貴重な思い出として綴っている。転居は人間同士のゆるみもない親交を持ちつづけることに変わりはなくても、日常に会う楽しみを捨てることになるのだから、厚意をふりきってしまうような心苦しさを味わったとして。

6　風呂とシャンパン

ジャン・ピエール・オシュコルヌは一九三一年、二十三歳のとき来日、三八年、京都(関西)日仏会館の語学教師になった。四〇年六月、フランスがドイツに降伏した後も日仏会館のフランス語教室は継続した。その日仏会館が島津製作所の精密機械工場として接収されると、館長ロベールやオシュコルヌ一家は九条山の旧関西日仏会館に移った。

ドイツが敗北した一カ月後の四五年六月十五日、九条山にいたオシュコルヌはスパイ容疑をもって特高に逮捕された。警察署内で拷問による尋問を受けたが、答えるようななにごともなく、「独り独房で誰にも知られることなく死ぬのかと思い、爪でもって壁に名前を彫りつけようとした」と語っている。二カ月後の八月十五日、日本が敗北すると、翌十六日、釈放された（同僚の日本人仏語教師、宮本正清も同じく六月十五日から八月十六日まで逮捕、拷問を受けている）。帰宅するや軍需工場になっていた会館を取りもどし、整備してフランス語教室を再開した。

四子吉夫妻とオシュコルヌが親しくなったころ、その一家は百万遍《ひゃくまんぺん》の日仏会館に住んでいた。開戦以来、「外国人を見たらスパイと思え」が標語にされた隣組社会だったから、一家と親しもうとする者はいなくなった。わずかな例外として四子吉・文子がおり、夫妻は他にもイタリア人、ハンガリー人などとの交遊をつづけていた。だから特高が訪ねて来たり、呼び出されもした。特高には文子が対応、「警察署での尋問は自宅とまったく違って怖かった」と、後になって語っている。「あそこの家には外国人が来てる」と内通していたことを、戦後になって、近所に住むその当人から詫びられて知った。

いつ思い出しても喜びのほか、なんにもなかった場面は、留置場を出て二日であったか三日であったかして、オシュコルヌさん一家が、私たちの家へ来て、祝宴を開いた時の場面である。このときは、まだたしかオシュコルヌさんたちは、九条山に住んでいた。お風呂が不自由だったようで、なんでもいちばんお湯に入りたいらしく、私たちの家には未完成のお風呂場はあっても、スキーやスダレやその他のガラクタが入れてあって物置同様になっているのであるから、三、四丁離れた家を借りて、母を神戸から戦争中につれて来ていた家に、風呂があって、たまには沸かしていたので、その風呂を沸かすことを約束していた。ちょうどお風呂がよく沸いた約束の時間に、「マキノちゃん、パパかえってきたよ」と言って、ジャクリーヌちゃんが走ってきた。上の児のフランソワ君も、足どりかるく歩いている。初子さんも手にカバンをもち、自転車には大きなハイキング用のバスケットをつんで、つまりオシュコルヌさん一家は、風呂のための着換からタオル類、それに、浴後いっしょに食べる食料を持参で全員やって来た。風呂に関して必要なものだけをもって、私たちの家を通り越して、まず風呂のある母の家の方へ急いだ。

祝宴が開かれるようになって、折畳みの小さいチャブ台の周りに、大人四人子供二人の六人が坐った。オシュコルヌさんは、まず第一に、大きなバスケットの中に紙に包んで入れてある脚首《あしくび》のついたシャンパングラスを一つずつ、ていねいに取出した。シャンパングラスが六つ並んだ。

戦争中一度だって、シャンパングラスというようなものが、世の中に存在することを考えたことはなかった。つまり、そういうグラスの並ぶ雰囲気のことを、心に描くというような明るさは、まるっきり見失っていたのだ。きれいにぬぐわれたグラスの光を宿した美しさは、ほんとうのところ、私をぽーうっと見入るばかりにさせた。細い管の足が並んで、子供たちはもうその足にちょっと手をかけてみたりしていた。やがて、ほんとうにやがてと云いたい位にジャン・ピエール氏は丹念に何ごともする性質だから、落ついて瓶の包みを開けていた。その間に初子さんはサンドウイッチなぞを並べていた。

〃Heidsieek〃というシャンパンで、この人はいつも品物のラベルに書かれてある文字もよく眺めてから、中身をとり出すなりあけるなりする人だから、私たちにも示した。右下の隅に、REIMS．Franceと書いてあるところも見せた。一九二八年の文字も読んだ。

このとき、「ポーンと音がするよ」と話されていた少年と少女は、かたずをのむようにしているし、私たちも栓を抜くとたんを期待していた。栓を抜いた拍子にみんなの緊張は発散せずにしまった。どうしたのかなんにも音はしなかったのである。ジャン・ピエール氏は頭を二度ばかりかしげていたが、みんなについでまわった。

ジャン・ピエールさんが大切にしまい込んでいたシャンパンや果物の缶詰が、戦争中ただ一度イモを買いに友だちのいる大山までいったのと、また他の友だちのついでにお米を三升ばかりとキリボシミソなど買ったことのあるほかは、闇買《やみがい》をしなかった私たちには、少し体が軽く浮いて、夢をみているような感じで、地球上にはないものが降って湧いたみたいな気持がした。

故国のフランスのことも頭に浮かんできていたらしく、今は覚えていないが、フランスのシャンパンのことか、シャンパンをのむときのことか、なにかそういうことをちょっと話してくれた。足りないパンの足しに御飯のおべんとうも持って来ていた。

もう死んでもいいと思ったし、生き抜いてやろうと思ったことも話して、警察にいた時のことを、苦しかったことを、過ぎ去ったものとして今日は考えられるという風だった。どこの国でも同じだと言って、日本人だからどうのとは決して言わなかった。これに就ては別の時に、たびたび留置場での経験を話してくれたが、この日は戦争のなくなったお祝だから、まわりが花園ででもあるかのようにせまい小屋の中でたのしんだ。西陽が暑くなって、みんなでひる寝もした。ほっとした時は、食べて飲んで、眠るということが一番快いということになる。

この祝宴を中心として、それ以前とその後とのお互いの交りは、信と愛とにみちてつづけられていた。

八月中旬の午後、西陽が照りつける、むろん冷房設備は扇風機もない、狭い部屋で大人四人と子ども二人が昼寝した。のんびりと、気兼ねも、危難もなく。そこに信と愛に満ちた「花園」があった。

7 「おぞましさ」――「鮮人」暴動デマと「職務上の不法行為」

これからどうなるのか？　どうしたらよいか？　そのとき四子吉の脳裡に浮かぶのは戦争による犠牲者たちだ。その犠牲者一人一人の表情、顔貌を追ううちに、思いは大震災を機に布かれた戒厳令下に殺された「非国民」に至ったのではないか。その戒厳令下で発せられた「国民精神の作興」勅書であり、この「精神作興」のカタストロフィを露わに示す都市の焼跡であり、食べ物を求める叫喚であり、真夏の青空の広漠だった。

大杉栄ら三人の陸軍憲兵隊による扼殺《やくさつ》と古井戸への投棄は震災から半月後のことだった。すでに震災時の不安動揺は、身近な者たちの安否伝達や周辺状況の探索などに表われているように日常性の回復に向かっていた。朝鮮人や社会主義者の暴動叛乱デマは盛りを過ぎていた。が、これは「非国民」を定めた「者」にとっては撲滅のための好機が去ることだった。

大杉は陸軍幼年学校（知育最優等の少年が十三歳で受験）という超エリート校を放校処分された。にもかかわらずその自分を積極肯定し、のみならず当の陸軍を批判、否定すること天真爛漫だった。陸軍大学出を誇るエリート軍人にとっては獅子身中から跳び出した極悪の「害虫＝昆虫」である。いわば負（マイナス）の大将だ。そしてそこに無識《むしき》の民腹《たみばら》が日常作業用具を手に武装し、自警団なる組織行動に起《た》つという言語道断、許されざる危険な事態が出来《しゅったい》するということがあった。

震動、倒壊、炎上の東京を目の当たりにして、そこに新国家の急造ぜい弱性を感じとった者には、今や負の大将が、社会動揺待望派の大元帥に幻視、幻影されたのではないか。この恐怖感をともなう危機意識が、大杉ら虐殺の報道禁止を解除した一カ月後、「国民精神の作興」勅書となって表われた（十一月十日）。

それからの二十三年がもたらした結果の無惨は、あり得なかった世界に想像を導く。徒労と知りつつ、いや、知るから、二度ともどらぬ状況を現在の想念のうちで凝視《みつ》めたい。

そこで浮上した設問的課題がある。勃興する大衆にたいし大きな影響力を持った新聞、雑誌と、「国民精神の作興」の関係であり、これが活字媒体（メディア）にはもっとできることがあったという提言として出て来る。提言は二つ。自然災害が社会問題となった際の報道の仕方、すなわちその内容と話題（トピック）の提示、および興味の喚起の仕方に関して――

その一つは、大杉ら三人の虐殺が軍法会議において、甘粕正彦憲兵大尉による「職務上の不法行為」と裁定されたことだ。三人虐殺の十日前に、やはり軍人が「労働運動家」十人を虐殺した。これについては、「戒厳令下の適正な軍の行動」として不問となった。「職務上の不法行為」と「戒厳令下の適正な軍の行動」、この裁定の違いは六歳児（アメリカとの二重国籍者）の殺害がもたらしたのだろうが、法治国家として「不法」と「適正」は決定的に意義が違う、すなわち逆に働く。

ここで「職務上の不法行為」が意味したのは、現役軍人が組織上の陰謀を企て国民を殺した、すなわち実力行使をしたということだ。これは軍を軍たらしめる絶対要件である「軍令」をないがしろにした「不法行為」であり、軍隊組織を内から破壊する反軍反国家行動だ。この論は、この時点では、軍部や政界においても「正論」として、一定の支持を得ることができたのではないか。

少数であっても「正論」なる主張が存在し、議論の場ができれば、国民間における「声」ともなるだろう。この声は問題追及の基層として、話題の継続および拡散につながった。マスメディアの力はなにより話題の継続提起によって発揮される。継続提起には新しい材料の出現を要する。真贋《しんがん》とりまぜた材料のにぎわしい出現と話題の継続は、車の両輪の関係だ。

大杉ら虐殺の軍事裁判についてジャーナリズムは独自取材を元に種々追及し、判定内容の正統性を問題にした。が、間もなく強権によって沈黙を余儀なくされた。だから、「これが真相」という裏話が絶えなかった。とくに甘粕個人について、種々の内密の伝聞話が後々まで流れた。彼に出会ったすべての日本人が、「ああ、あの甘粕……」という目で見、青酸カリ自殺についてまで、好奇な関心がまつわりついた。

この事実経過が示すのは、あの「正論」をめぐる議論は、結果はどうであれ、その後の陸海軍上層部の判断をどれだけか規制した可能性があるということだ。同時に当時の青年、若者たちの思考のみならず感性になんらかの跡を残し、それが近い将来の行動に影響しただろうということだ。

実際の事態は、「職務上の不法行為」裁定が「戒厳令下の適正な軍の行動」に取り込まれ埋没してしまった。これは軍人の不法行為も、危機＝非常時下においては「仕方がない」という気分をもって、一般に受け容れられたことを表わすだろう。こうした「気分」「一般の理解」が拡がり、そして不況と冷害に苦しむ農村があって、そのなかから素朴、純粋な青年将校連が育ったということだ。彼らは「仕方がない」を超した、「やむにやまれぬ衷情《ちゅうじょう》」によって行動に起《た》った。

この一連の虐殺事件から五年、それは「国民精神の作興」からも五年だが、すでに昭和の代になっていたが、「危機」を叫ぶ陸軍軍人による「独断専行」が継起し、そのたびに状況は「非常時」を深化させた。

「独断専行」は「適正な軍の行動」と認めることができない陰謀である。にもかかわらず、「職務上の不法行為」と指摘、指弾されることはなく、許容すなわち事後承認となった。国際謀略事件である列車爆破であり、陸軍内における同志結社化の黙認であり、彼らによって重ねられた政府、軍要人らの殺害であり、それがついに軍内軍を育成し、「叛乱」を起こすに至った。

あの「正論」をめぐる議論は「国民精神」の内実に及んだだろう。その影響力は、例えば「大学の自治」が「教授の人事権」を意味するとして示した程度にはあり得たのではないか。

もう一つのトピック（話題）は朝鮮人の無差別虐殺に関してだ。文明化した大日本帝国の大都会の内外において暴動デマが拡がった根拠、その個人と集団の心理について、いろんな形で言及できたのではないかという提言である。この場合、言及は追及になる。

文明化した日本人にとって、本来、あってはならない事件だったと反省することがどれだけかできたのではないか。進取賢明、清潔勤勉な日本人であることは、親切丁寧、謙虚繊細であることと不即不離だったことを思い出させることができた。

「火のないところに煙はたたぬ」の「火」は、在日朝鮮人への非道を見慣れ、熟知していた大衆の心のうちにおき火となっていた。このおき火があって、大地の大揺れを機に「不逞鮮人」がキレて、反抗暴動を起こしたという「風評」を煽らせ、在郷軍人ら男たちを辻の警備に立たせ、無辜《むこ》だから逃げ隠れた彼らを捕まえさせた。朝鮮人蔑視および差別を自覚していた「内地」の日本人だったから、デマを疑うどころか不安となって煽られ煽り、防御のための攻撃に起ち、非力な対象を目にすると、持った武力を振るう。その興奮が簡単に殺人にいたった。

「大衆」と「心理」は、「国民精神」と「国体」に深く関わる。ちょうど明治維新の「還暦」が近づいており、活字メディアを中心にこの六十年の歩みを振り返ろうとしていた。またラジオ放送が始まろうとしており、このあとには「改元」ということも起きた。文明開化がもたらした大衆の時代は、その状況における日本および日本人について問う機会だった。

「大和心」の独自性は「大陸文化」の渡来と吸収なくしてありえなかった。また、「（都会的）心理」は探偵物をふくめ、文学、映画のモチーフになっていた。呼号される「非常時」を意識しつつ、そこに「常民」の法治国家を対置できた。明確に定めたモチーフを持続させて、そのもとにテーマを設定するという作法ができたら、現実が示したような「国民精神」および「国体」解釈の進行とは異なる様相があり得た。

四子吉の仕事机の上には終生、掌で包めるような大杉栄の小さなブロンズ像（横江嘉順制作。労働運動社が、大杉らを追悼するための資金づくりに二十体制作）があった。この像は、敗戦という衝撃をもってしても日本および日本人の中身が急激に変化するものではないと思わせ意識させただろう。この意識はまた同時に久遠《くおん》の相、悠久の響きへと思いを誘う。そして自身の日本人であることをあらためて覚醒《かくせい》させたようだ。

四子吉と文子は十月に入って、奈良を散策している。「秋篠寺で——」と珍しく詞書《ことばがき》が付いた歌がある。

臈《ろう》たけき技芸天女のおん姿　ほとほと夢にわがあるごとし
愛憎をこえてあへかに立ちたまふ　技芸天女のしたはしさかな
十月のまひるの陽射夢殿に　飛鳥の御代も注ぎたるべし
刈りあとの稲田の畔にあかあかと　濡れて燃えたりはぜのうつくしさ

これらの次に、以下の歌がつづく。前月の末、可児《かに》藤吉の故郷、勝間田在の実兄から藤吉死亡の通知を受け取っていた。この通知があって奈良を訪ねてみたくなったのかもしれない。「おぞましさ」と、題名のごとくあって詠《よ》んでいる。

わが生くる世に藤吉はすでになし　さみしいかなや今、秋に入る
脇腹にポツカリ穴が一つあき　そこから　しみてくる　さみしさが
北山のかすめるが見ゆ、かのあたり　いくたび友と歩みこしけん

牧野夫妻は降服の「玉音」直後から、藤吉の安否を実家に問い合わせていたに違いない。「藤吉七月十八日マリアナ方面にて戦死す」の公報が届いたという知らせを、九月二十九日、実兄から受け取った夫妻は、直ちに勝間田までの鉄道切符の入手を手配した。「今さら、その故郷へ行ったからといって」というような覚めた感情の逆、ほとんどうろたえている。

十月六日乗車の切符が、勝間田より三駅手前までだったが、手に入った。追って、「十三日葬儀」の知らせが来て、六日は延期。

十二日の早朝五時、四子吉と宮地伝三郎は駅に向かった——文子の切符を宮地に譲ったのだろう。二人は京大動物学教室、大津臨湖実験所、今西錦司——帰国以前だから、夫人からだろう——他一同の香典を預かっていた。が、十日に来襲した台風のため山陽線の不通箇所多数、鉄道運行の見通しがたたず中止。

四子吉夫妻が勝間田へ行かれたのはやっと十八日、十九時近くに駅到着。翌十九日、「故陸軍上

等兵可児藤吉之墓」に参った。

藤吉は一九四三年十二月召集、一兵卒として入営し、半年たった四月、いよいよ南方へ出発という前夜、外泊許可が出て四子吉宅に泊まったのが最後となった。死んだのはその三カ月後、敗戦の一年ちょっと前のことだった。

藤吉について四子吉の語っているところをまとめる。四子吉より八歳若く、独身、「本当にカドのない、温かい人でした」。「静かな男で、家にきていても少しも気にならない人」、「火のそばに坐っても、もうはけなくなるくらいまで繕った靴下をさらに修理しながら、家内が読んであげる本をじっと聞き入っていました。ほんとうに着た切り雀のようなひどい衣服でしたが、それでも洗たくがよく行きとどいて、清潔なものでした」。

木曽に同行したときのこと、研究基地のある三浦はダムの建設予定地になっているところで、「私が本当に驚いたことは、そこの村人が彼と顔を合わすと、尊敬と親近感にみちみちた目をみんなが彼にそそ」いだことだった。「この若い生態学者が、どうしてこうも村人の尊敬と身近さを得たのか不思議に思うと同時に、彼ならば当然、そのような村人の信頼を受けるであろうということも、彼の平常の生活から推察できました」。

藤吉を悼んだ、四子吉一連の歌のタイトル、「おぞましさ」とはなんのことだろう。知友を殺した戦争のおぞましさは、「事変」という名称で戦争を始め押し進めた軍人、政治家、権力者群から、彼らに追従して小さな権力を振るった者たちのおぞましさに直結するだろう。標語に掲げた「神国日本」をどこまでか信じ、いや、信じなくても、従った日本人の心性が露出させるおぞましさだ。そしてこれは、さらに権力者のおぞましさに感づいていながら、為すこともなく過ぎて、今に生き残った自分自身に付着するなにものかについても感付いている表現のようだ。それは人間という動物の持つおぞましさにつながるのだろうか。四子吉はこの一連を最後に、以後、短歌を詠むことはなかった。

第五章　揺れる時間

1　エコロジカル・リアリズム――自我への他者嵌入

以下は敗戦から半年ほど経った冬のさなかに書かれた手紙の下書きである。四子吉の日付のない手帳に記されていた。ここには四子吉の日常のあり様や、意識と精神の働かせ方が、危機において日本人一般が露出してみせた様態と対照されて表現されている。その大もとにあるのが、「人間的感情に従う」だった。以下は、その「人間的感情に従う」四子吉の日常行為の説明、つまりは処世倫理として読むことができる。

君の神経がとりわけ傷《いた》んでいるのを痛々しく思いつづけて来た。将来に向っての生活不安は君一家だけの問題としてではなく、多くの人がこの歴史的現実の中で味いつつあるところだ。終戦後、戦災，外地引揚の友人達で今までに直接僕らが多少とも働いた友人が四家族にも上っている。君一家がそのしんがりだった。社会不安と悪性インフレはまさに君一家の到着頃を境にして急速に増大して来たことは恐らく君も知ってるところだと思う。一切のことが、僕等の予想を上廻って、一つ一つ、困難な事情を植えつけてしまった。おそらく君が九、十月頃までに到着していたら、事情はおそらく全く異って順調したことと考えられる。何故と云って僕が、以上の戦災、引揚者を落着かすために探した家が二軒、室だけでも六人の人に落着く場所を探すことが出来た。つまらないことにしろ、机とか座布団とか日用品でも或程度の需要を満足させることが出来る位に集めることが出来た。而し、今はそれが不可能になってしまっている。これは僕の貧弱な見透しでは到り得ないところだった。

僕は君に、僕の経済生活かつ家庭的な出来事一切を話さないようにしてきた。これは秘密にして置きたいからではなく、僕にその趣味がないからだ。が、これも君の一種のひがみが見えるから書いて置く。僕は停戦後、殆ど働いていないことはかつて話したことがあると思う。一つには前記の戦災に罹《かか》った友人達の世話で落着くひまがなかったこと、一時仕事が停頓したこと、それから僕の内部的なスランプ。そしてこの一月までに、僕は貯金の全部と友人からの借金と僅かの売食いとで生活しつづけて来た。今はもう、それにも頼れないところへ到着した。家庭的な面倒な問題も絶えず起っている。例えば、直ぐ近所に一戸を借りて住わせてある文子の母（栄養失調で昨年の一月から床に入った外出の絶対に出来ない容態にある）も、いよいよ、この三月の中旬には家を追われることになった。これも居据っていればよいという考え方が当然出来る訳だけれども、家主の縁者の戦災者一家が住む家がなくて途方に暮れているという先方の事情を知らされると僕は自分の義母に一時不自由をさせても、家や家財を焼かれた多数の人達に早く休息をあたえたい感情の方が先立って来る。母を落つかすべき適当な室なり家なりが近所に探し出せないとすると、ごたごたしてもこの家へ迎えなければならない。母に対する冷淡さという風に文子が解しないでもないと思うが、それも僕にとっては問題とするに足りないことなのだ。近親とか友人とかの特殊な感情とは別な人間的感情が僕を動かしてしまう。

この僕への批判はどうであっても構わない。とに角、そういう僕なのだ。僕といえども感傷に陥ることがないとは云わない。しかしかかるはげしい流れに身を曝《さら》しつつある現在、つとめて感傷を乗り越えなければならないと思っている。君の云うように、（気分で生きるには余りに苛酷な現実）なのです。しかも、君はその認識の直ぐ後で、（林檎の味に朝鮮あること、母子共に知っているから）と感傷を記している。すくなくとも僕は目下の僕の経済生活を脅《おびや》かす事については（気分的）に行為することを戒めている。そうしてはいられないからだ。無収入の状態を、どうして縫合せてゆくかが、差当っての僕の課題なんです。それよりも差迫っては明日以後の我々の食糧をどうして獲得すべきかという困難さえ控えている。こんな時代に突入しては、土地不案内とか、土地に知己を有つとかいうことは何の意味をも持ってはいない。試みに隣家に米を借りに行って御覧なさい。きっと拒絶してくれるでしょう。僕は余り未来への生活の構想は建てないことにしている。いつでも、目前に迫る事態を一つずつその都度処理してゆく習慣になっている。今日、僕と妻と母との生命を護る何等かの方法をさえ採ればよいのです。その現実を暗く見るか見ないかは各人に勝手ですが、僕はそんなものに圧倒されないだけのこと。異なる人にはそれぞれの特殊事情と、その事情故の特殊な悩みがある。よく心に銘じて置かなければならないことだと思う。

これはこの懇切な「身の上相談」全体の三分の一である。このあと事例を挙げての「解説」がつづくが、再録はここで止める。

四子吉と文子には社会の大転回に動ずる気配はない。「内地」在住日本人は敗戦の報にそれぞれの生活形態にしたがって解放感を味わった。「電灯を心おきなく点けられるようになってほっとした」といった、おおかたの感想がそれを示す。

「進駐」してきた米軍（連合国軍）は、「さむらい精神＝切腹の名誉＝特攻玉砕」による仇討ち、復讐を必然と予想していたが、皆無であることに驚愕した。しかしここには大きな誤解があった。そもそも対等を認めてもらいたくて始めた戦争だったから、その目論見の失敗は「ああ、やっぱりダメだったか」という一種の安堵感をカタルシスとしてもたらした。降伏宣言がもたらした解放感がこれだ。

陛下の方に向かって土下座して詫びたのも、「御聖断」を聴いて持ってしまった自身の解放感覚、安堵感を受け容れるための「通過儀礼」だった。「英霊」にたいする「申し訳なさ」を「水に流す」ためであり、本来の和やかな生活に復すことを承認、公認してもらうためだった。英霊が鬼神と化してしまっては困る。祀り、祀られて、争いごとを嫌う、平和主義の自分たちを取り戻すのだ。

降伏宣言に屈辱を感じた日本人はいなかった。青年将校士官らの戦争継続主張および行動は敗戦の拒否であり、死んだ仲間への申し訳なさであり、解放感を感じることの拒否であり、つまりはあの被害者意識の継続的主張だった。

また九月末の新聞に掲載された記念写真、モーニング礼装で直立の陛下と開襟《かいきん》シャツのまま腰に手をあてたマッカーサーが並んだ景姿《けいし》を見て感じた「屈辱感」は、「私がニッポンジンを、小児病から解放してあげた国主だ」と露骨に表現した、その露骨さに三等国民を自認させられ、その恥辱のうちに身を沈めたのであって、マッカーサーの狙い通りの反応だった。

日本の指導層は絶対権力者に取り入ろうとしていた。それが国家と国民を救う道だという大義のもとに（日本政府が占領軍を迎えるにあたってやったのが、「日本娘の貞操を守るため」の特殊慰安施設協会〈RAA〉の設立だった。八月十八日通達、二十六日設立、二十八日米軍先遣隊到着。翌年三月、占領軍司令により閉鎖）。そして占領軍が政策を転換、以前の実力者が復帰を許されるとともに、恥辱感は晴れていった。

「屈辱」はどこにあって、なにをのこすだろう。これまでの事例から思い当たるのは、まず森主一だ（前出『大学魚族の生態』）。森の回想は「最も大切な若い研究者の時代を戦争で消耗した」と語った。それはまさに頭脳柔軟なヒラメキのある二十代後半の五年間だったから、取り返しのつかぬ悔しさだ。しかも――心ならずも中国大陸まで「征《い》って」、現地人との間で命のやりとり、殺し合いをしなければならなかったのだから堪え難い。

堪え難さは今、ここにいる自分を、内から強襲する――それは予告もなく突然、心身を突きあげる後悔と恥辱であり、築いてきた「誇り」に無知と非力を刻印する屈辱だ。それは存在をいたたまれなくさせる感覚として、ほとんど「原罪」のようであり、特有の呼吸《いき》を促してくる。この呼吸が自然の脈動と共振するとき、讃嘆と畏怖の感情をともなった驚きが当人を浸す。

今西錦司の張家口「夜逃げ」の「醜態」があった（「アフリカで考えたこと」『私の自然観』筑摩書房、一九六六年）。これはなによりも個人の体験を歴史の経験とさせる感覚としての、屈辱だった。

もう一つ、マライーニの友人のことがある。マライーニが京都へ来る前、札幌の家に同居した北大生、宮沢弘幸の屈辱だ。宮沢は大東亜戦争開戦の詔勅が出た日、スパイ罪（軍機保護法）で検挙された。この日、全国で検挙されたスパイ容疑者は百六十名を越し、うち外国人が三分の二（あらかじめ張り込んで、一斉に検挙した）。

その後、大多数がスパイの事実について、「軍事機密だとは知らずに話題にした」と認め、不起訴か執行猶予付き（最高量刑で二年）になったが、宮沢と北大英語教師のレーン夫妻の三人は無実を主張した。大審院（最高裁）まで上訴したが棄却、懲役十五年（夫人は十二年）が確定した。レーン夫妻はクリスチャンで絶対平和主義者だった。が、宮沢に宗教的信念はなく、ソヴィエトを支持するような思想的背景もなかった。そもそも政治的意識において一般と変わるようなところはなく、「国体の変革」など思念の外だった。日本の敗北があってはならず、日本はアジア解放のために先頭に立って奮闘する使命を帯びているという信念のもとに学び行動していた。ただ、その勉強振りと行動力が並を越えて際立っていたかもしれない。

非常に頑健だった宮沢だが、ＧＨＱの解放指令によって出獄したときは「廃人」であり、一年半後結核で死んだ。検挙、訴追された宮沢をして、普通には当然の主張である無罪、無実を主張しつづけさせた「信念」とはなんだったのだろうか。

宮沢は「日本」を信じていた。今、警察と裁判は間違った。が、日本は正義でなければならない、それが真の日本なのだから。自分が罪を認めるとは、日本国家の間違いを「正しい」と認めることに他ならない。そんなことがあってはならない。今や、正しかるべき日本を貶《おとし》めるかどうか、その鍵を握ることになった自分、弘幸だった。

自分が無実を訴えつづけること、これが宣戦布告した日本を愛し、信じるということだった。自分一個の存在が「無罪」を、したがって勝つべき正しい日本を明らめる。罪を認めることは自身への屈服にとどまらず、今、聖戦を挑んでいる日本を、東洋道義において背き、非道へと屈服させることになる。小さな自分が真の日本を支える存在となったということ、これが戦争を獄中で戦うということなのだ。兵士のごとく雄々しく戦うために、戦場にある兵士以上に堪えなければならない。

日本は戦争に勝つ。勝利した日本は、スパイ罪を犯していない自分を認める。裁判が間違っていましたと誤りを認める。そして自分は無罪となって出獄する。晴れて日本国の日本人に復帰するのだ。それがしかるべき、あるべきほんとうの日本の姿だ。そうなるはずだったのが――

日本が負けた。正しい日本を支えた日本人である自分はどうなるのだ。どうしたらいい。独房で飢餓、寒さ、無為を耐えて自分と闘った、その日本、正しい日本はどこにあるのか。

「知らないでやっていました」と早くに認め、間違ったままの日本国を認め、その海軍兵（技術将校）として、指示命令に従い、頷いて過ごせばよかったのか。屈辱だ。身命心霊をかけて守った日本が空白どころか虚偽となった。裏切りの極まる日本だ。

さらなる屈辱は、出獄だ。敗北した日本国家が誤りを認めて、その責任のもとに、すなわち国民としての名誉を回復して出獄したのではない。占領軍の指令による釈放であり、裁判官をふくめ誰も謝罪していないし、しないことだ――司法省が司法行政権（裁判所規則や判事人事権）を持ち、検事は司法省の役人だった。勝者による戦犯追及も、捕虜への処遇に対する軍事裁判を除き、裁判所に及ぶことがなかった日本では、国民が戦中の裁判や司法を法的に問題にすることはなかった。屈辱のまま、屈辱にまみれて宮沢は死んでいる（宮沢弘幸については「フォスコ・マライーニについて」の項で後述）。

四子吉の解放感は異なった。自由への解放だったが、しかしまた暗い谷間の時間がやっと過ぎたと活発に動き出すというのでもなかった。ただ、「近親とか友人とかの特殊な感情とは別な人間的感情が僕を動かしてしまう」自由であり、解放だった。

四子吉における「人間的感情」は、その生活信条の根にある確固としたものだ。一人一人を自由な存在として尊重する。だから大言壮語やことさらな感傷表現を拒み、個人としての互いのつながりを大切にする。この態度が戦時下において、二人の狭く小さな（貧しい）家庭を開放的交流空間にさせた。四子吉の個人尊重主義がここに、日常生活の送り方として露わに表明されている。

四子吉は戦争の終結を喜んだに違いないが、しかしまた連合軍の勝利を喜んだかといえばそうではなかっただろう。「アメリカ嫌い」という四子吉だから――「停戦後」ということばを使っている――、もっと複雑だ。その複雑さは日本人として生きていることの悲傷《ひしょう》に通じた。その悲傷が感傷を排除する。敗戦国家日本がどういう形で存在しようとするか、毎日を見つめる四子吉夫妻の眼差しがエコロジカル・リアリズムだ。自然・社会環境における自分たちの生態的位置取りを冷静に計り対処している。

「余り未来への生活の構想は建てないことにしている。いつでも、目前に迫る事態を一つずつその都度処理してゆく習慣になっている。今日、僕と妻と母との生命を護る何等かの方法をさえ採ればよいのです」。簡単なことばだが、そしてその繰り返しを日常生活と称するのだろうが、それを意識して実践する毎日というのは、やはり深い洞察もしくは覚悟がなければできないことだ。

そのなかにあって引っかかってくるのが、「僕の内部的スランプ」だ。敗戦後、ほとんど仕事をしていないことの理由の一つに挙げた「僕の内部的スランプ」とはいったいなんのことだろうか。その原因、理由、根拠はなんなのか。そしていつまでつづいたのか。あの心に響いた「おぞましさ」に由来するものがあったのではないか。

敗戦翌年の五月末、復員学生も増えつつあった京都大学では、食堂への米の搬入が途絶え、供給できるのが粥だけになった。それも困難になった大学は、ついに六月十七日から八月いっぱいを「食糧休暇」とした。「各自帰郷するなり、工夫して食糧を確保、生き延びよ」という指示である。このような指示がそのまま通る食糧不足の深刻さだった。

そのころ四子吉夫妻は貴船《きふね》から北山へ、そこは可児たち仲間といっしょに何度も行った馴染みの場所だが、その思い出のあとを訪ねながら、食糧として、かぢいちご（きいちご）、よもぎ、あまご（魚）、やまかがし（蛇）、ふき等々を採取している。

2　正月を祝う

敗戦から二年半、一九四八年の正月三日に始まる文子の日記が残っている。文子の日記はいつも明らかなきっかけがあってつけ始められるのだが、ここでのきっかけは平和な正月を迎えた歓びだ。その歓びはなにも起こらない平凡を喜ぶことであり、この喜びがこの平凡を、特殊な体験であるかのごとく記録させている。

一月三日（土）

駒井先生のお仕事を少し始めたところへ徳田さん来宅。昼食を済ませると臼井さん坊やを連れて来賀。トランプ手品三種ばかりして遊んでいって下さる。又少し読書していると、今度はお隣の縄田さん来賀。つづいて大川夫妻来賀、ダイスゲームをして遊ぶ。年末に神戸から透さんが来たので遊んであげるつもりで久しぶりに取出した遊び道具であったが、それからは自分がちょっと暇つぶしも楽しくなって、今度はこっちが遊んでいる。どんなに振りまわして落してみても起きやがりこぼしは変った姿勢にはならないし、気分をほぐすことは出来ないが、一が出るか六が出るか何が出るか分らないサイコロは、思考の外なので遊ぶには気軽で私は好きだ。

四日（日）
起きて洗面、髪巻き、お化粧、火鉢とこたつの火をつくること、お湯を沸すこと、はたいてはく掃除、お雑煮の用意――これだけに、どうしても約一時間が必要だが、寒い朝は起きてすぐ、これに体を動かすので割合寒さを感じないのかもしれない。かえって食後、しばらく坐ってから寒さをひどく感じる。寒い寒い。長島さん、てる子さん同伴年賀に来宅。

五日（月）
今村昭さん、猿橋さん、朝山さん、博務さん、春彦さん来宅。
臼井さんが年賀がわりにしてみせてくれたトランプ手品の解答に春彦さんと夜をふかして分らないままに就寝。夜半、汽車の走る音がよくきこえていた。二度目に夢を破ったものは音たてて降るあられであった。

六日（火）
トランプ手品解明、
四列　四列＋手持札枚数＝答
五列　五列＋手持札枚数＋十三＝答
六列　六列＋手持札枚数＋（十三×二）＝答
トランプ手品、森下さんに話すと、約十分間で公式を考え答が出るお手際。徳田さん来訪。

本木さんのお肉の御馳走。

七日（水）

ゆうべから七度一、二分の熱で風邪がぶり返し、誕生日と称して御馳走をつくることもおっくうだし、ちょっと寝床に入ってみたりでぱっとせん次第。春彦さんカステーラもって来て下さり一緒に食べる。夜は本木さんもおまんぢう買って来て下さる。

八日（木）

徳田さん来宅。

九日（金）

朝山さん来訪。本木さん来泊。中村さん来泊。徳田さんともお話する。

十日（土）

朝山さんにチーズ分けてもらう。一ポンド、三百円。

十一日（日）

吉田山にある朝山さんのお宅へお茶を呼ばれにゆく。奥さんのさと子さん、坊ちゃん、赤ちゃんにはじめておめにかかる。飛行機の格納庫のような地下室で、うちの家が屋根ごと三つは入りそうなおうち。椅子、戸棚、タバコ入、針箱、寝台等なんでも御自分のお手製である。おいしいおやつをごちそうになり、臼井さんも来合わせて、楽しく遊んで日が暮れる。川口さん。

十二日（月）
　昨日の留守中、智子さん一家の来訪あったことを、裏に置いていってくれた朝日カレンダーでしる。中村さん、今村さん来宅。夜、本木さん来宅。オーシュコルヌさん来訪、昨日の日曜にはジャクリーヌさんをつれて来られた由。横浜からもって帰ったといっておいしいお菓子下さる。ワトスン生物誌、朝山新一訳。

十三日（火）
　クリスマス以前からの風邪いよいよ治りかけの感じ。日仏へ頼まれて手伝いにゆく。米を麦とかえてもらう。

十四日（水）
　今村昭さん、春彦さん、北村音一さん、隆道さんたち、すき焼きに集合。雨でもみんな楽しんで来てくれる。これで正ちゃんが居たらなと思う。駒井先生、藤井さん。

十五日（木）
山田保治さん。黒田さんの貝の絵、明日入用の為、四子《よね》さん教室へお弁当もちで朝から行く。
時々、雨が風にのってとんで来る日。

以上が「松の内」の全文。当時は年賀の訪問が習慣のうちにあったとはいえ来客は多い。子ども連れあり、泊まりあり、複数回の来訪あり、正月を迎えた喜びと平和であることの喜びが分離し難く結合、相乗し合っている。

「駒井先生」は駒井卓に違いない。正月早々からの「お仕事」とはなんだったのだろう。

この正月日記に実は年記はなかった。朝山新一との来往があるので一九四八年と特定できた。満州畜産獣医大学教授だった朝山が帰国できたのは敗戦翌年の秋、その足でさと子夫人の郷里、四国松山に行き出産、京都にもどったのが四七年の春だった。

ずっと後年、朝山はガンを患ったさと子夫人の闘病記を公刊した（『さようなら　ありがとう　みんな——癌と闘った夫妻の記録』中公新書、一九七一年）。この本に文子に相等する婦人が杉野美恵の名で出てくる（「さと子」も「さとる」に変えている）。

「（杉野）夫人とは三十数年らい、われわれの結婚するまえからのふるいつきあいで、さとるが京都に出てきた時分、親身の世話をやいてもらった人である」。闘病時は大学紛争中、朝山は教師として学生に真摯に対応すべく努めていた。夜、やっと朝山が病室に着くと、「『杉野さんが、時間をやりくりしてきてくれた。むかしの人にあうのはほんとによい。うれしかった』と話し、『ヒューマン＝バウンデージ（人間の絆）はかたく、まつわりあって解けぬ。人とのゆかりはなつかしく、別れは悲しい』とひとり言のようにつぶやき、壁の方に目をそらせ、『あア、家へ帰りたい』と涙をためた」。

この入院は一九七〇年春のこと、夫人は間もなく亡くなる。三十数年来の「人間の絆はかたく、まつわりあって解けぬ」。これは文子がオシュコルヌ夫人について記した、「人間同志のゆるみもない親交を持ちつづけること」であり、四子吉の「人間的感情に従うこと」だった。朝山夫人が「あア、家へ帰りたい」と訴えたのが、「飛行機の格納庫のような地下室」だが、その後、さらに手を入れた二人の「家」だった。

「日仏」は日仏会館、そこでの「手伝い」とはなんだったのか、オシュコルヌの依頼に違いない。

森下正明は戦争末期、張家口《ちょうかこう》にあった「西北研究所」の所員だった。張家口は「蒙古連合自治政府」の首都、在留日本人五万といわれた。西北研究所は大東亜省の管轄のもと、今西錦司所長、石田英一郎副所長の体制で設立された。森下はその体制づくりから、今西とともに関わった（前述のように、これが探検学会の活動を休止状態にさせたのだろう）。

蒙古民族は日本が大義に掲げた「五族協和」中の一つであり、研究所の目的は蒙古草原の生物や民族の研究にあった。その所員に探検学会員は多い。

が、森下の研究所生活は短い。開所一年目の一九四五年四月に同僚の中尾佐助とともに現地召集となり、二等兵として山西省を転戦した。「蒙古連合」は日本軍の武力支配のもとに各種の思惑が寄り集った「政府」だったから、ソ連の侵攻とともに、日本の敗北を待たずして崩壊した。森下は敗戦をはさんで十月、やっと召集解除となり、新妻が逃げのびていた天津にたどりつき、夫妻で十二月に帰国した。

夫人を伴って帰国した森下は翌年、府立嵯峨野高女の講師になった（間もなく学制改革により府立鴨沂《おうき》高校に移動）。すでに張家口で病を得ていた夫人につづき、大丈夫《ますらお》の森下も肺を病む（夫人は、この正月日記の年の十月、宇多野療養所で没）。フィールドで集めてきた資料もすべて失くし、今また大好きな野外活動ができなくなり、病床でもできることとして「数学が苦手だったから生物をやった」とみずから語った、その数学を独学した。そして彼の独創になる群棲《ぐんせい》の数学処理法（指数）を編みだした。このトランプ「手品」解きは、その過程だったか（可児が翻訳、第一章のみ発表したG・F・ガウス著『生存競争』には「増殖」に関して量的分析が必要であり、「実験的手法と数学的理論を結合せしめなければならない」という指摘があった。これは森下と可児が日ごと交した会話のテーマになっていたに違いない。その可児はまた、ヌクレオチドを研究していた多田久雄とも親しかったことについては後述）。

「黒田さん」は黒田徳米《とくべい》。日本貝類学会の創設者であり、「貝聖」「貝の牧野富太郎」などと呼ばれて長く会長を務めた。貝は西洋において、鳥、珍獣、花などと同様にコレクションの対象になっており、日本は珍しい貝の産地として有名だった（東大動物学科初代教授のエドワード・モースが日本へ来たのは貝の蒐集が目的だった）。鑑賞、標本用の貝類を専門に輸出する会社が京都にでき、ここに少年の黒田は縁あって就職した。この会社は一九一三（大正二）年、洋館二階建の立派な「平瀬貝類博物館」を創設した。すでに日本で産出する貝類に詳しくなっていた黒田は、さらに世界の貝および貝事情について洋書を求め学び、学名のためにラテン語も覚えた。

京都大学は総合大学化にあたり、理学部に地質学科を設けた。地質学講座の小川琢治教授は黒田（三十五歳）に教室員となるよう請うた。が、黒田は断った。理由は「高等小学校しか出ていないから」だった。小川は黒田宅を、「三顧の礼」をもって訪ね、要請を承諾させた。貝は、化石を地球上の多様な場所、ヒマラヤ高地においてさえ見ることができる。放射性年代測定といった技術など考えられなかった当時、貝は地質時代の「示準・示相」化石となり得た。

黒田と昭和天皇の、貝を介した親しい関係は即位以前に始まって、「生物学御研究所」では机を挟んで座って話すこと、二―四時間にわたるのが常だった。その黒田は京大に、理学部創設時から定年（戦後）まで務めた。が、ついに助手（嘱託、研究員）のままだった。トクベイ、ヨネキチ、サルになった男（間乾之助）といった特異な嘱託を擁することで、京大理学部は活発だった（牧野富太郎は東大で助手）。

四子吉は「はじめに」に記した昭和天皇収集貝類図譜制作の企画が途中消滅したことについて、「黒田さんには悪かったが」と口にしたというから、その紹介、推奨があってのことに違いない。この述懐は四子吉の「人間的感情」が、「私情」より「筋を徹す」という性質のものだったことを表わす。

以後の日記は興味深いところを――

二十二日（木）

大学の画稿料、去年の分の支払いをうけに日本銀行小切手及び多田さんよりの書物運送代千二百円受取りに街へ出る。行きがけに八木さんに立寄り笹井さんにも寄る。肌じゅばん、笹井さんにいただく。一年以上ぶりぐらいに錦《にしき》市場を経由して帰る。春彦さん、ゆあささん来訪。博務さんリヤカーで多田さんのノート、プレパラートその他、市川さんにしらべていただく分を教室へ運んでもらう。

二十四日（土）

眼がさめると雨。床を出て大急ぎで靴下をはくほどのことはない。炬燵にぜひかじりついている必要もない。しもやけは感じてみる時にはいつでもかゆい。話し合う人の口からはく息が白くみえない。それほど暖かいのである。徳田さん、稲葉さんと昼食、稲葉さんに多田さんの本三冊。

職員組合の総会に四子さん出席。

頭がうすぼんやり痛いので指吸さんからもらっていた「ハッキリ」を服用。長期間治らないスペイン風邪がまだ退散しきらない。今度のスペイン風邪はアメリカからとうもろこし粉と一緒にきたものらしい。

梅棹さん来訪。『風の子』子供朝日五周年記念号届けて下さる。近頃の教室のごたごた動静の真相というのをきく。晩食にも用意していたが、お母さん予定通りお帰りとみえて徳田さんみえず、梅棹さんと夕食のパンを共に食べる。（パン、ピーナツバター、ほうれん草、紅茶、

いわし）

今日はまいろ一日分とうもろこし二日分の配給。実枝子さんとって来て下さる。「いつまでも家畜扱いするなあ」と四子さんいう。これまで辛棒はしたし、不平は言わぬことにして、きげんよく食べては来たが、人間は辛棒や気分転換にもあきることがあるので、これも又致し方がない。こうもう米とメリケン粉だけにしてもらいたい。とうもろこしがつづくとおなかがゆるむし出る考えもひっこんでしまう。

康雄さんレコードかけにきて煎茶茶碗一つ恵与。

川口さん来宅、教室停電でしょうな。

「八木さん」は陶芸家の八木《やぎ》一艸《いっそう》（一夫の父。後述）、「笹井さん」は千本組の末三郎だろう。文子にどういう用事があったのか知りたいところだが記していない。笹井末三郎は戦争中、上海から四子吉宅へ食料品を送ってきた。その末三郎はまた満映（満州映画協会）理事長となっていた甘粕正彦に対し、「あんたにはアナキストを世話する義理がある」と言いやって、左翼映画人士を満映や関連組織に受け容れさせていたという（柏木隆法『千本組始末記』海燕書房、一九九二年）。戦後の末三郎はヤミをやっていた。だからジュバンなども持っていたのだろう。そしてこのころと思われる或る日、四子吉は奥の部屋に末三郎を匿《かくま》ったこともあった。

ヤミ取り締りから逃げた末三郎を追跡してきた警官に対し、四子吉は「知らん」で通した。八木一艸と笹井静雄（末三郎の兄で千本組の親分）の間には頻繁な往来があった。宮嶋資夫は悟達を求め、蓬州《ほうしゅう》を名乗り禅堂に籠もったが、酒を断つことができず破門されたりしていた。その宮嶋を静雄と一艸は援《たす》けていた。宮嶋の晩年、病床についた彼を、叱られながらも下の世話までしていたのが、千本組の「般若の寅」だった（一〇三頁参照）。父のごとく慕わしく思えたようで、宮嶋の病没後、六十歳で自殺した。

徳田御稔の母は神戸で被災後、京都の御稔と同居していたが、その母が神戸に帰っている間、牧野宅で食卓を囲んだ。

「多田さん」は戦争末期、「桜図」を描いたときに同行した、発生教室の多田久雄だろう。戦後も二年以上たって、戦死の公報が届いたという連絡が実家からあって——フィリッピンで戦死と岡田節人《ときんど》が記す——、知友らが遺品を整理し、蔵書を有料で引き取っていた。

「市川さん」は第三教室、発生講座の市川衛教授だろう（岡田要《よう》を継いだ。岡田は東大教授を兼ね、戦後、日本動物学会が解散の危機に陥ったとき、みずから百万円〔「百万円長者！」ということばがあった当時である〕を寄付、その資金〔と覇気〕によって再建できた。東京転居後の四子吉は調べ物があると国立科学博物館へ通ったが、当時の館長が岡田であり、要没後には岡田夫人と親しく交わっている）。

「稲葉さん」は駒井研究室から奈良女子大へもどった前出の稲葉文枝（一七三頁参照）だろう。

「指吸さん」は文子の女学生時代から中村家に出入りした三越の社員。いまだに文子と付き合いがつづいていることは「中村家」の出自について想像させる。「指吸」は堺の町衆にある珍しい苗字であり、文子は少女のときから堺の出である与謝野（鳳《おおとり》）晶子や河井酔茗《すいめい》と交わりがあった。これは父、中村伊三郎が堺の人という推察をもたらす。

召集日時が決まっていた梅棹忠夫も、新妻とともに張家口の西北研究所にいた。敗戦直後、在住日本人と脱出し、翌年四月、北京から帰国した。帰って来て「ローマ字運動」に参加する。ローマ字運動がもっとも盛んな京都だった。四子吉が挿絵を描いた『ROMAZIKYOSITU』（日本ローマ字会・京都ローマ字会・京都帝国大学ローマ字会共編、〔京都〕都新聞社発行、一九四七年）一編、二編が遺されている。また、梅棹は柴谷篤弘《しばたにあつひろ》、吉良龍夫らとともに全冊ローマ字による自然・社会科学対象の機関誌『Saiensu』を発行してもいる。これは地位・年齢無関係の自由発表をうたって、まさに合理主義と民主主義の申し子的雑誌だ。

二十三日、四子吉は職員組合総会に出席しているが、大学の組織機構や人事をめぐって意見や思惑が、GHQの戦犯追及による追放指令もからんで、入り乱れていた。このあと京大職員組合は六月末、総長にたいし、団体協約を申し込み、七月にはスト予告を行っている。学内民主化のもっとも進んでいたのが理学部だった。それを象徴したのが後述の「教室民主化」運動だ。こうした動きと深くからむと思われる「教室のごたごた動静」について、梅棹は事情通であり、フットワークが軽い。

食糧事情は相変わらず。配給品――といっても、公定価格で買う。物資の絶対的欠乏によるインフレだから不要であっても交換用に買った――の「まいろ」は配合飼料の原料になる「モロコシ」の一種、「こうもう米（?）」もふくめ米軍放出の援助物資だろう。

平和なめでたい正月を楽しく記した日記だが、だから社会全体の混乱状況を映し出す。しかし強圧による統制および忖度的《そんたくてき》我慢と身近な死の不安から、すなわち不条理から解放された、明るさをともなう混乱だ。明るさは定かではない将来について、個人それぞれが可能性をはらむ自由な未来として、受け止め得たところに由来するのだろう。

3　意気盛んな空腹——教室会議

戦争を宿命とせざるを得なかった若者たちにとって、生まれて初めて体験する平和だった。平和は突然、実感しづらい未来を、目前にぶらさげるがごとくもたらして、生きているという事実についてどれだけかの間とまどわせた。一九一九年生まれの吉良龍夫は四〇年四月に京大農学部入学、四二年秋の繰り上げ卒業、同期生十七人中の四人が戦死した。そんな彼らにおいても卒業時、一年後輩たちほどの絶望的な気持ちはなかったとのこと。一年後輩たちは「学徒出陣（学徒戦時動員令）」であり、文科系学生の八割が入隊した。

時間のいわば落とし穴に落下した「とまどい」だったが、戦後の日常が与える刺激および若さの要請がすぐに穴を埋めた。その反応としてさかんなおしゃべりの奔出があった。どんな場面も議論のふっとうする場となった。研究者にとっては科学のあり方が問題となった。戦争への反省は科学者個人の意識としてだけでなく、科学の方法をめぐる問題になった。これは科学研究を支える社会基盤をめぐっての議論となり、端的には政治であり、これが直ちに学内の機構、組織、人事をめぐる問題につながった。そこには日々の生活の難儀、衣食住の絶対的な不足があった。四八年正月の文子日記にある、パンをいっしょに食べながら梅棹忠夫が話した、「近頃の教室のごたごた動静の真相というのをきく」という、その「ごたごた動静」がこれである。

これについてきちんとした記録を残しているのが森主一である（前出『大学魚族の生態』）。

森は二十歳で徴兵検査を受け、丙種だったから第二補充兵であり、通常なら召集はない。一九三五年、京大動物学教室卒業、そのまま大学院に進学、「学生たるの本分をまもって動物学と取組んでいた」。そして三七年十二月、「日支事変」が始まって五カ月後、突然「召集令状を手にしてはじめて愕然とした」。自分は兵役とは無縁、「戦争は兵隊がするもの」とばかり思っていたのだった。星一つ（二等兵）の陸軍歩兵として大陸に渡り、「共産軍」と戦うこと五年、すでに中尉に昇進していた四二年に召集解除、直ちに研究室に復帰した。が、そこで交わされ、行われている言動が理解できない。それが研究上の「新しい芽」と理解できるまでにかなりの日月を要した。

みずからの学者生涯を振り返って、「私は二十五歳で従軍し、三十歳で除隊になる間、最も大切な若い研究生の時代を、戦争で消耗した」と明言する。五年間が決定的な長いブランクになったという痛切な思いが、この種の記録をきちんと残す心意となっている。

森は一九四七年六月、動物学教室助手になった。翌四八年、文子の正月日記の年だが、その四月に従来の「講座制」の全面改革の企てとして「動物学教室会議」が成立した。講座制とは教育研究体制であって同時に運営管理制度である。動物学科の場合は三講座（教室）からなるが、各講座に唯一人の教授が教室所属研究者の研究課題に始まり、研究費の分配、経費の割当、人事などを宰領《さいりょう》し、決定権を持った。一人の教授の元、配属された職員、研修員と助教授、講師、助手、副手などの研究者からなる「小世帯」、つまりは教授を「教室一家」の父（親分）とする家父長制度だった（当時の記録では「城主」といっている。殿様と家来の関係であり、封建制そのものを比喩にするほどの権力者と感じられていたようだ）。

講座制にたいする批判は講義科目への学生の不満に始まったようだが、社会的価値観変動の渦中、大学で長年生活する者たちの不平不満がこの機に表面化した。そこに提起された「教室会議」だった。これは講座主である教授の権限だった各項目を雇員、学生も入った教室構成者全員で諮《はか》り、決定しようという主旨だった。教室構成者が自主的に決めた各種研究テーマごとのグループが、それぞれ代表者を出して諸項目について協議し、教室（講座）を自主自立で運営しようというのである。封建的家父長制の打倒であり、民主主義の実践だった。

大学組織にとって革命ともいうべき教室会議が成立した。が、八カ月後には解散となった。

その原因として森は、大きくは教室外勢力からの種々の圧迫、小さくはいろいろあるなかに、「学生や雇員の一部のものの強い封建的主従思想」や「公開の席の論議より蔭のひそひそ話がより真実」ととられたことを挙げている。広重徹《ひろしげてつ》によると、「教室民主化に同情的であった宮地（伝三郎）教授には、理学部教授会で、教授が教室員の意見をきいて事をはこぶとは不見識きわまると非難があびせられた」とのこと。教室員の意見を聴くことが「不見識きわまる」というのが、京大のみならず大学教授一般の自恃であり見識だった（そこでは「大学の自治・自由」は「教授会の人事権」を意味した）。

広重は敗戦から一九四八年までを、科学者（運動）が「腹はへっていたが意気さかん」な時期としている。そして、そのもっとも盛んな姿として京大動物学教室を、きちんと記録を残していたから取り上げたと記す（『戦後日本の科学運動』中央公論社。一九六〇年に初版発行。広重は四九年、京大の理論物理入学、教室改革運動を推進した民科＝民主主義科学者協会で活動した。広重夫人の三木寿子も理の植物だから、二人とも関係者と接し、「雰囲気」を知る）。このとき教室会議について森たちが手紙で相談し、教えを受けたのが名古屋大学理学部の坂田昌一だった。

その名大理学部では現在も「物理学教室会議」が「教室憲章」のもとに運営されている。その初期の姿について大沢文夫が書いている（『瓢々楽学』白日社、二〇〇五年）。敗戦の翌年六月十三日、坂田主導のもとに教室改革を行った。それは講座制の撤廃であり、これによって教授の存在と関係なく、研究室の創設が可能になった。研究室の新創設「宣言」は物理教室の承認によって認められた。大沢は新設の「K研（コロイド学）」に身を置くと四年後の一九五〇年、いまだドクター（博士号取得）以前、英語論文もない二十八歳の助教授でK研の責任者になった。運営の仕方は月曜に全員が集合し、朝から晩までの話し合いだった。その内容だが、研究室の運営（人、金、部屋など）、そして論文の要約紹介、詳細紹介、自分の仕事の話およびアイデアについてであり、「しつけ」はなかった。大沢は週一度、長時間のこの議論、討論を通じて「頭が強くなり、忍耐強くなった」とのこと。

当時、四子吉は動物学教室の研修員だったから教室会議の一員であり、一連の会議にも参加していたはずだ（戦中の一九四三年に「研修員」になっている。それまでは「嘱託」。この変更は戦時下の「翼賛体制」化の一環だろうが、その官僚的形式主義を示す）。そして宮地教授のもとにいた助教授、講師クラスの本城市次郎、徳田御稔、小野喜三郎らが――みな四子吉と親しい仲だ――この運動を援けた。したがって「教室会議」そのものの形は消滅しても、教室運営の実際は研究者自身の学問的関心を核とするやり方、作法に改まった。その運営作法は生態教室の属する動物学科から理学部へ、さらには大学全体、また他大学の生物学組織から参考にされ、拡がっていった。

後年、森が四子吉を追悼した文章は、特にこの時期のこととして読める。「余計なことをしゃべらない、寡黙の方でしたが、しかし世の中の動きや、また大学の中の大局的状況は、鋭い透徹した観察眼で見通され、必要あるばあい、寸鉄人をさすことばでそれらについて自分の考えをのべられました。考えの基盤は徹底的自由主義の立場であったと言えましょうが、それもけっして人に迷惑をかけるような自由奔放主義（わがまま的自由主義）ではなく、むしろ最小限自分の人権生活を守るという理念に基づくものであったと思います。したがって、日常牧野さんと接した時、何よりも温和という印象を受けました」（前出『にど だもれ』）。この観察、感想、印象はまさしくそうだったろうと、外地から帰還した友人への、あの手紙（二〇九―二一二頁参照）が思いあわされる。

もう一つ、この期を特徴づける「ごたごた」を身体パフォーマンスで表わしたエピソードがある。その主人公は、「ごたごた動静の真相を」語った事情通の梅棹忠夫だ。大学院特別研究生（学徒動員期に始まった大学院生残留制度）として西北研究所に行き、その形のまま大学に復帰した梅棹が教授に立候補したのだった。教室会議結成の最重要項目に教授選定（決定）があった。その「規約」の実行を、梅棹は自身で試みた。「川村多実二最後の弟子で宮地伝三郎の最初の弟子」と経歴を語る梅棹だが、教室会議の推薦もなく、単独で自己を教授と恃《たの》んだ。結果、梅棹は三位で落ちたが、こういう行為を可能にした動物学教室八カ月の光芒《こうぼう》だった。

こうした周辺の慌ただしさに四子吉夫妻が巻き込まれることがあっただろうか。関わりつつも覚めた眼が働いていたように思う。そこに在京二十年が強く意識されたのではなかったか。翌一九四九年の五月末、東京転居を実行した。この四九年には四子吉の挿絵によって森主一『いのちのふしぎ』（文祥堂）、今西錦司『生物社会の論理』（陸水社）が出版されている。

4　死霊が見ている生

思いが募ると書き始め、その気の納まるまで綴りつづけるのが文子の流儀で性癖だ。書いているうちに思いが深まり、拡がり、随想になり、そこに想像が加わりそうになって日記としては途切れた。次なる「綴り」のきっかけは四子吉の東京行きだった。それは教室会議がふっとう中の一九四八年八月六日、不在の四子吉に留守中の様子をしゃべりたい気持ちがペンを取らせた。

その報告を綴っているうちに不在感がいよいよ募る。それが相手に呼びかけるがごとくにまで気持ちが昂進《こうしん》する。とともに、その自分および二人の関係を客観視しようとする心理が働く。そこが文子らしい。そして、だから、過去の日記を取り出し、読み、整理することになる。今回、その唐突さに驚かされるのが新仮名遣いの目新しさだ。「ゐ・せう・やう・らう」に促音の「つ」が、「い・しょう・よう・ろう・っ」に変わっている（これまで二人の文章の引用については、最初に断ったように詩歌を除き新仮名遣いに改めていた）。この急な変更にとまどいを見せないのは文子だけではなく、一般がそうだったと思わせる。

(前略)もう第一日の今日一日も終らないうちから、表面は何の動きもないような沼の底からぶくぶくぶくぶくと小さな水泡でも上ってくるみたいに、さみしい気持がちょろちょろ頭を出して、その気持の動きにかなり左右されます。(中略)こうして沼底からのあぶくを自分から眺めて淋しがっていたら、パリーからのエハガキが渋谷さんからのハガキと一緒にとどきました。こんな日に気がきいています。ルーブル博物館にある『銀行家とその妻』の名画の色刷で、文面は英語で、ホルヴァートさんからです。一年アメリカにいて今はブタペストへの帰途についていているんですって、ピエール・キューリー街18番地とあります。私たちのことをしばしば考えるそうです。六月三十日の日付で八月六日着ですから一カ月ちょっとで来ています。ブタペストの博物館気付で返事を書けばいいと思いますが、ハンガリーは文通許可になっているでしょうか。

パリーやブタペストのことを考えるだけでも、さみしさをまぎらしてくれるよい友だちです。(後略)

ホルヴァート(ティボル・)は戦中も京都にいたハンガリー人東洋美術研究者。帰国後、ブタペストのフェレンツ・ホップ東洋美術館長。「渋谷さん」は渋谷寿夫《かずお》だろう、可児藤吉の遺品整理と遺著公刊に尽力した一人、このころは大山《だいせん》の麓にあった鳥取県農業試験場にいた。

独りの時間は一九四五年の秋からつけていた日記を取り出し、再読させた。再読は記録した「過去」の上に三年後の現在の感想および説明を加える必要を感じさせて、新たに書き直す作業を始めた。文子には、理由は不明ながら、敗戦直後の自分たちの姿を確認したい気持ちが湧いてきて、日記を取り出したのかもしれない。そこに浮かび上がってくるのが身近な死者たちの姿だ。その生きていたときの姿を、時を追いかけるように一人一人について叙述する。これがこのときの文子の思いにかなったまとめ方だった。

戦争が終わった二カ月後、母榮《えい》が一人で住む家に木村春彦の弟、倫平が同居してくれることになった。それは藤吉《とうきち》戦死の報を受けた牧野夫妻が、その実家に向かおうとした時だろう。その十二月、倫平は学生の勤労奉仕を志願し、真冬の七十日近くを炭鉱夫として働いた（すべてが失われていた当時、石炭という大もとの燃料生産から経済回復を図るという「傾斜生産方式」が叫ばれていた）。

母の家の二階に倫平さんが来てくれた秋からつづく一九四五年の冬のことだった。

一九四五、十二、十一

木村倫平さん、今冬の休暇を石炭掘りを志願して出かけるというので、何といって特に御馳走がある訳でもないが、元気にいって来てもらいたく、布地と交換して得た鮭缶を、大根と葉で煮ながら、もろみ醤油をかけたおろしにつけて夕食を共にし、配給酒で出立を祝う。いもきんつばとココアを倫平さんのために用意したが、ちょうど来合わせた春彦さん、中村さんたちと一緒に食べる。

「おめでとうも、もう言うときますワ」と、倫平さん微笑して出かけてゆく。鉱山へ志願した学徒は三百名のよしラジオが報じる。実践する人には感心させられる。
この頃、ざらに目につく自分のことだけを考えて行動する人をみると、水ぶくれみたいで醜悪だが、倫平さんのように人の役に立とうとする人をみると、清楚な香り高い花に向う心地がする。

そして、

一九四六、二、十六、
……倫平さん石炭堀から帰って来られる。煮干のお土産いただく。夜に入って雪降り出す。
倫平さんにはじめてあったのは、その年（一九四五）の九月十九日、空襲で焼土と化した神戸へ私たちははじめて出かけ、家を朝八時に出て午後一時に須磨の木村さんの家へ到着。所要時間の永さと満員の乗物でかなり疲れておなかをぺこぺこにしたこと、あまいおやつで元気回復、春彦さんの弟さんたち、洋之助さん倫平さん両弟に初におあいしたことなど、その日のことがやはり日記にも思い出すのと同じに書いてある。

一九四五、十、四、
……倫平さん今日から母の家に転入。……
してみると、倫平さんと私たちの交わりは、一九四五、十、四、から（あったのは九月十九日ではあるが）一九四六、九、二六、迄（亡くなったのは九月三十日だが）のまる一ヶ年であったのである。

倫平さんを知った終戦直後の一九四五年の秋は、虫の音をきく落付きもないくらい、つぎつぎと戦後に来るべきものが来ていた。前年一九四四年八月八日にうけとった兄からの電報に、正太郎戦死すとあってその秋も悲しかったが、終戦の年一九四五年の秋は又、九月二十九日に一生消し去りがたい電文を読んだ。

「トウキチ七ガツ一八ヒマリアナホウメンニテセンシス」（藤吉七月十八日マリアナ方面にて戦死す）。

そして私たちは戦争を呪った。こく明に悲しみを浮彫りする秋を重ねた。

つづく一九四六年の秋は、倫平さんの死。そして、その上にまだあった。倫平さんの病気になったあくる日のことである。

一九四六、九、二十七、

雨。

夏男さんからの悲しい便り――美江さんは再起不能。すがすがしい可憐な草花を、今の今まで見ていた筈なのに、さっき出ていったばかりの部屋に踵《きびす》をかえしてみたら、しゃがれた皺くちゃの茎も葉も花も枯れつくした、僅かに形をとどめた花の骸《むくろ》がささっている……と、きがついたみたいに、ぞっとしてしまうばかりである。

静かな沼から生れたような美しい姫のような花嫁であったあの人が、戦いの間、夫をまって、やっと仕合せに平和、幼児二人とこれからは暮してゆけるのだったのに、病魔におそわれてねついてしまった。

「奇蹟でも起らない限りは、もう助からない。毎日どうしようか、どうしようかと思って暮していますと」と私たちに書いて来ていた優しい人の妻であるということだけが、それだけが、最後にあたりにうつろうている花の香のようにはかない倖せである美江さん！

建ってから五、六年のあの家の周りには、花も咲くし、芋も菜っ葉も育っている。仕事場の陶器やくかまには薪もつまれている。戦争もすんだこれからは、心たのしむままに白い器をやき、青い皿を作り、と、若い才能ある陶工は夢みていたのに……、いろいろの品物を売って食べているということだけなら、この時節にはざらにあることで、別にとりたててどうということもない。だが薬代に往診料に、着物を売りミシンを売りして明け暮れしているときいた時、ああもういけない、と、予感した。

今日、手にしたハガキは、なんというさみしい響きをつたえることか。今この瞬間にも、美しいあの人は、もう死んだのではあるまいか。

ウィリアム・ブレークの『肉体の上に低徊《ていかい》せる霊』が思浮んで困る。

一九四六、十、十四、

……「十三ヒヨルヨシエシスキド」（十三日夜美江死す城戸）。

一九四六、十、十五、

宮地さん御夫妻と美江さんの死を悲しむ。

優しい花のような美江さんは死んでしまったのだ。幸福なきれいな、だが短い一生を閉じてしまった美江さんのことを考えていると、その逆に生きのこってはいるが、夏男さんのむごたらしいほどの不幸を気の毒におもわずにはいられない。夫婦という一つの生活をしてはいたが、美江さんの死を境に、一方は幸福、一方は不幸ということになってしまった。

戦争の禍いがここにも及んだ。夏男さんの心境をみつめるように察していると、ただこのことからだけでも戦争がにくみたい。おっと、その戦争を起す人間の愛の乏しさを悲しみたい。

……

日付が近いので序でにとりあげれば、相ついで精神的戦禍がぞくぞく私たちの生活に及んでいることが分る。

一九四六、十、十七、

……母の小机には、秋のたむらそう、乞食の金平糖、野菊――隣の坊やの覚さんがつんで来て、連れていってあげたいが、おばあさんは歩けないからと。優しい子供心が大人になってももちつづけられたらな――。四子さんの机には、三、四日前からのコスモスの花。今年も秋はもう深い。それだのに、終戦後、一年以上もたってしまったのに、まだ帰らない人のことが心にかかる。
新聞にフィリッピンからの引揚・復員船が、今日名古屋入港とのこと、明十八日から上陸する由。マニラに出征していた多田さんの帰るかもしれないのを待って、明日、明後日は家をあけることのないようにしようと話しあう。

一九四六、十、十八、
多田さん現われず。東京のお父さんから来ていたハガキに——復員局ではいまだに行衛不明のままになっている由。本月中に今一回南方よりの帰還船がある云々——は、今日私たちのまっていた上陸だが。いく度となく多田さんの帰って来た夢をみるのは、帰ってほしいと思う希望が念頭を去らないからだろう。……
倫平さんにしても、美江さんにしても、若く死んでいる。多田さんの行方不明が即ち死亡であるとすれば、やっぱり死ぬには若すぎる。そしてそれは何れも明らかに戦争のせいだと言いきれる。正ちゃんの戦死も若い。可児藤吉さんの戦死は年寄りではむろんないし四十歳前後なら若いうちに入る。可児さんの死はここにつけ加えてはとうてい書きつづれないほどの私たちの精神生活からぐっとはみ出したもっともっと大きな戦争の犠牲であるし、戦争のもたらしたたいへんな損失である。
私たちはこんなにいい友だちに恵まれていたが、その幸福と不幸をどっちももつようになった。

こんな不幸は、人間の力でいつかは無くすることの出来る不幸だと信じる。戦争をしないですむほど人間がえらくなり、世界中が仲よくなったら、人間同志殺しあうことがなくなったら、土の上に投げつけたトマトのような不幸はとりのぞける。

城戸夏雄は、宮地伝三郎の家族とも親しい関係になっている。後に城戸は四子吉夫妻について記している。

「(私は)茨城の笠間に引込んで長い間の念願だった作陶生活に入った。そして作品がチットモ売れなかった頃、牧野さんがその周囲の親しい方々を発起人にたのんで頒布会をやって下さった。窯から作品が出ると、大きな古ぼけたトランクにつめて上京した。月々文子さんが集金して、あの目白台のお宅へ遊びに立寄った方々に作品を渡して下さる。こんな面倒なことはほかのどなたにも出来ることではない。その後私が東京のデパートでのグループ展に出品したり個展をやったりするようになると、この頒布会の方々が会場へ来て下さるお客様になった」(前出『にど　だもれ』)。この追悼文を記したころ、城戸は茨城県陶芸家協会会長に推されている。

帰還が待ち望まれていた「多田さん」は、久雄に違いない。戦争が終結して一年二カ月が経っている。家族や知人は「引揚・帰還船」情報の報道にすがり、祈る思いで聴き、見つめている。文子は「いく度となく多田さんの帰って来た夢を」見ていた。それが夢だったと気付かされたときの思いはどんなだったか。文子(と四子吉)は、未だ帰らぬ多田のうつし身に、亡き可児藤吉のおもかげを重ねているかのように感じられる。これから一年ほど経って、ついに実家へ戦死の公報が届き、蔵書などを整理することになったことを一九四八年の正月日記が記していた。

この手記で理解しにくいのが文子の死生観だ。ただ死観といったほうがいいのかもしれない。文子はキリスト教系の神戸女学院で学んだが、「とくに信心はない」と自分で記している。その文子は、美しい花と形容した「美江さんの死を境に、一方は幸福、一方は不幸ということになってしまった」と記す。ここでは死、すなわち現世との別離を「幸福」と捉えている。死者は天国に迎えられるからだろうか。その死が愛する夫と子に見守られていたことが、この期の戦争犠牲者と比べられて、そこで「幸福」ということばを使うことになったのだろうか。しかし美江が今生《こんじょう》に幼い子を残すこと、やっと摑んだ家族の幸せから一人去らねばならなかったことについて、文子の思いは及ばないのだろうか？

死者の「幸福」にたいして、夫は妻を、子は母を失って、「不幸ということになってしまった」。この不幸は今生にあるものが受けねばならない宿命（生死別離の苦）ということか。この世の生は苦しいものであり、それでも、というより、だから人間は生きるかぎり幸福を追求しなければならないという「哲学」か。それとも――

「幸福」は美江自身についていっているのではなく、傷ついた文子の心象において、美江がどこまでも「幸福」な像として、美しく在ることをいうのかもしれない。この種の心象が、文子における「詩」になるのかもしれない。

これは理解に難しい表現だが、戦死という、無くてよかった死に対面させられ、さらにつづいた若く愛すべき人たちの死を精神的戦禍とする心の傷が生んだことばであることは確かだ。日常行動で見せる社交的で楽天的、人間好きの背後、というか内部に一種の厳しい信念（心象）を棲まわせていることをうかがわせる文章だ。何十年も先の文子自身の死の迎え方、四子吉との別離の仕方が思い合わされる。

思い浮んできて困るという『肉体の上に低徊せる霊』はウィリアム・ブレイクの版画作品のタイトルだ。柳宗悦が一九二一年十一月に著わした『ブレークの言葉』（叢文閣。巻頭に「此書を亡き妹の霊に贈る」とある）で紹介して以降、日本では長く印刷されていないのではないか（『柳宗悦全集』第五巻、筑摩書房、一九八一年収録）。柳はこの絵を解説していう。「肉体はまったき静けさを以て死の床に横っている。今や彼を離れた霊は、去ろうとしてしかも去り難く彼の上を低徊するのである。しかし窓は開かれ自然に帰るべき時は来ているのである。画家は漂う霊の姿を如何にしてかくまでに描き得たのであろう」。

ウィリアム・ブレイク『肉体の上に低廻せる霊』

二十歳前後の文子は、柳の『ブレークの言葉』を読み、この絵および解説に激甚な印象を受けていた。霊は肉体を離れようとしながら、その霊の足は未だ肉から離れられず、霊自体は浮き上がり斜体になっているのだが、霊の瞳は上から覆いかぶさるその位置からみずからの死体を眺めおろしている。もう窓は開かれ、外なる虚空に帰るべき時が来ているにもかかわらず。

主題の物語性に反して、絵面はいわゆる抒情性とは遠い、説明的といっていいような版画だが、だからだろう、幻想の持つ力というものが強烈に迫ってくる。幻視者だったといわれるブレイクだから、これは見たままの写生であり写実なのかもしれない。これは日本の伝統にはない即物的迫力だ（日本で「写生派の祖」と称される円山応挙に『幽霊図』がある。この図以降、日本の幽霊に足がなくなったといわれる有名な図だが、その病み衰えたような女人像の美は「幽玄」のことばがふさわしい。当時、『（八帖本）花伝書』が一般技芸者にも芸道論として読まれていたようだが、応挙の「写生」は東洋伝統の「気」や精霊を描くことにおいても活用可能な写生だった。応挙とブレイクは応挙が二十余歳年長のほとんど「同時代人」）。

ブレイクの「霊」の図に打たれた若い文子だった。それは文子の身近にあった死が鳴動させ、心奥に刻みつけた。だから二十五年たってもふっと浮かび出てくることがあった、と思わせる。ブレイクの版画はまた、四子吉の震災時の版画風の絵を思い出させる。四子吉は『白樺』に柳が紹介するブレイクを熱心に見ていたから、悲嘆と動揺の表現があのような画面になったと思わせる。ブレイクは四子吉と文子の交流の根に横たわるのではないか。

あの「御岳山紀行」（一八一頁参照）にも見せていたが、死に関する文子の観念には、深刻に自殺を考えた、そして克服した人を思わせるものがある。この想念は文子の父、中村伊三郎の死のほうへと思いを導く。伊三郎の死に方だが、事業家としての信義を守り貫くための終《つい》の手段として自裁を選択、遂行したのではなかったのか。伊三郎についての情報が少ないことも思い合わされての推察だ（四子吉には妹の死が、『ブレークの言葉』出版の少し前にあった）。

歴史年表を参照すると、一九一九年に「土地投機ブーム」が起き、年をまたいで「（第一次世界大戦の）戦後ブーム」がつづくのだが、その二〇年三月、突然、「戦後恐慌始まる」とある。株価、商品相場が暴落する。大阪株式取引所は四月から五月にかけて一カ月近く休業である。ここにも「バブルの崩壊」があり、程なく大震災が襲った。

5　芸術観――八木一艸・一夫作陶展から

「八木一艸《いっそう》・一夫父子展」が一九四九年、京都・朝日ビル画廊で催された（月日不明）。これを見た感想が四子吉の手帳に記されている。感興のままに記したのだろうか、それとも一艸から忌憚のない批評を求められたのだろうか。ここから表立って語られたことのない四子吉の芸術観の一端をうかがうことができる。ここにはまた、この後「オブジェ焼き」の呼称とともに抽象（非実用）前衛陶芸のシンボル的存在になる一夫の仕事振りに興奮している四子吉がいる。このとき一夫三十一歳、『ザムザ氏の散歩』発表の五年前である。

八木一艸については、四子吉所有の一艸作『水盤』を、甥の酒井道雄へ贈るに際して記した文章の下書きが残っている。「私が京都在住、まだ太平洋戦争のはじまる前の頃、当時五條坂の上下に陶芸界を左右する人物が二人いた。その一人が八木一艸。もう一人は清水《きよみず》六兵衛。清水は当時の文展（現在の日展）の大御所で彼の声がかからないと文展入選も見込みないという程の権威。或る事情からこの二人に対立する事情が生じ、それまで文展への出品を続けていた八木一艸は出品を取りやめることになったため、彼の作品は彼の名人芸を心酔する個人が集めて今日に至っている」というものだ。

四子吉の感想エッセイは、「八木父子の作陶展は非常に面白かった」と始まる。その理由は父と子の作品の違いが芸術創造の基にある時代精神の変化を対照的に示しているからだ。一艸は今日までの時代精神を示し、名人芸的伝統の上に立って自己の感覚を盛り込もうとしている。だが、現代は十九世紀以来の人間解放運動の基にある唯物的思想を表現する無機的方法を発展させた。これを一夫の作品は示す、として一夫論になってゆく。

一夫の作品は唯物論的芸術観による無機的方法を身近なものにしてゆく。だが、目標がはっきりしない。従来の通念におじぎをしているかとみれば、がむしゃらに戦いを挑んでいる。その精神的動揺が作品に現われる。これは非難ではない。何かを摑もうと努力している、その態度を褒めたいのだ。不安からすくんでしまう多くの人に比べて、その勇敢さを高く買いたい。ただ行動は消耗をともなう。効果のない消耗はマイナスだと指摘したうえで、作品に現われた一夫の思想の動揺の根元を探る。

一夫の作品は瓶、壺、額皿、陶板等々、従来通りの陶製品であり、用途を約束された形態である。これは作品の概念が従来と変わらないことを意味する。つまり実用を離れて存在しなかった従来の歴史と同じ土台の上に立ちながら、その上に新しい時代の感覚を盛り込もうとしていると解される。

ところが作品が示しているのは実用価値への反逆である。これはどういう意味を持つのか。以下、本文——

造型的な美へのあこがれが、作者を駈り立てる。この内心の要求を陶器という限られた限界をもつ材料の中に投げ込もうとする。作者は熱意を傾けて、造型美を追求する。だが、材料を手にすると、作者はしらずしらずの間に従来の約束の縄に自らを嵌《は》めてゆくのである。つまり新しい造型美への追求と、その手段である筈の陶土との関係が、いつの間にか混乱して、各々が主体性を要求しはじめるという感を呈するわけである。ここに性格の二重性が現われる。八木君の作品全般に見られる第一の矛盾がこれである。

それから作者の意欲として作品に表われているものが何となく病的な感覚に盡《つ》きている感があること。やむにやまれない美の追求が、こういう陰影をもつことに反省すべき点を見出す。作者の色彩として特に見出されるのは、一種のエロチィシズムである。

私はエロチィシズムには深い関心をもつ。が、作者のエロチィシズムにはアブノルマルな、情欲を感じさせる。であるから、その作品が我々に迫ってくるものは、ダイナミックな潑溂さや新鮮さや若々しさではなくて、グロテスクで陰惨で神経病的である。

ということは新しい造型美の追求という第一課題が、先ず分析されてみなければならないことになる。新しい美を創造するということのなかには、「生れる」「産む」という最高のエネルギーが要求される。これは力である。

爆発的な力である。それが現わすものは健康な若々しく新鮮さそのものでなければならない。ここに私はピカソを引出してくる。

ピカソが私達に提供してくれるものは、実に今、私が上に揚げた力である。彼のたくましい、図太い、新鮮で直進的な力強さはこの世紀を通じて比類のないものだと思う。

彼は健康そのものである。真の創造者である。彼は何にも拘束されない。赤児のように実に自由である。彼には完成がない。いつも彼は生きたままの赤坊なのである。赤坊が言葉という約束を知らないように、彼も又スタイルや方法に気をとめない。

赤坊は叫声を発するだけである。ピカソも又彼独特の叫声をあげるのである。赤坊が周囲の者に、どんな場合でも、生き生きした希望にみちた明るい雰囲気をふりまくように、ピカソも又この世紀に絶えず何かしらの刺戟を提供してくれるのだ。ピカソは彼の作品が「下らない」と云われても、「うまくないなあ」などと評されても眉一つ動かさないだろうと私は思う。彼は、いわば生理的な要求に従って作品をつくっているのだ。その生理的な要求というのが新しい全く新しい美を創造することに他ならない。生む力とは生きる力のことである。ピカソは人間のどんな秘密の部分でも直裁に掴み出してキャンバスの上に、ガラスに、木片に、盛り上げる。彼の手にかかると情欲は直ちに生きる欲求に変る。何というたくましさだろう。肉欲も又、元来次代を生むための生理的手段として起る現象に他ならない。この現象の中にアブノルマルな分子があるとすれば、それは直ちに欲情それ自体に執している変質的傾向の現われだと見なければならぬ。

ここに八木君の作品が我々に与える混乱の原因があるように思われる。欲情も又、生きる力の結集されて迸《ほとばし》るものだという自覚の上に立たねばならない。

ピカソは常に裸身でいる。身を飾る何ものをも好まない。彼は正直である。

八木君がみせている過渡期的な病的な境界から脱皮して早くダイナミックな建設的な作品を発表してくれるようにのぞんでやまない。

ここで終わる。実際に出した、その下書きだったのだろうか。父、一艸から求められた感想を文章にまとめているうちに、作品から受ける切実さへの共感から一夫宛の手紙になっていったように感じさせる。なによりもこの文字化作業は若き日の四子吉の内部でうごめいていたものを呼び覚まし、たどらせた。大正アヴァンギャルドと総称される個々の作品および全般の活動について身近にリアルタイムで接しながら、日本画を基礎に自己の創造活動を追及していた自身の煩悶過程を語らせて、さらに自身が獲得した芸術観をそのまま素直に表出した。

『ザムザ氏の散歩』を肩に五条坂を行く八木一夫.（写真）

それはほとんど生理的すなわち野生の、ピカソが示すがごとき生きる欲望の表現、ノルマルを求める人間的な営みが創造活動だとする芸術観である。

この父子展から間もなく一艸は禅寺（臨済宗遠塵庵）に隠棲《いんせい》する。一艸は幾度も寺に入った宮嶋資夫の支援をしたが、そこに親縁する精神の傾向をもっていたのだろう。隠棲にあたって一世一代の父子展を開いたのかもしれない。一艸は代々の陶工ではなく、大正期、新しい京焼を追及して結成したグループ、「赤土社」の同人だった。

「ザムザ（グレゴール・）」はカフカの小説『変身』の主人公、若い、しがないセールスマンだが、朝、自宅のベッドで起きようとして、自分が奇妙不可解な虫に化していることを発見した。一夫作『ザムザ氏の散歩』は円環型の抽象作品（オブジェ）だ。そのモチーフは陶工町に育った兵隊帰りの自分と考えられるが、四子吉のこの文章を読んだ後では、京焼代々の五条坂陶工たちの群れのなかにあって呻吟《しんぎん》した父、一艸の姿が重なる（一夫が『ザムザ氏の散歩』を肩に担い五条坂を〝散歩〟する写真があるが、その姿が想像させる『ザムザ氏の散歩』なるオブジェ作品は陶土、すなわち「混沌の土泥」、すなわち「母なる大地」の霊へ捧げられたティアラ様の冠だ）。

すでに四子吉には東京転居の日が近かった。その昂《たか》ぶりがこの文章に反映しているように感じられる。

第六章　跳躍は意思の力

1　現在を過去にする

一九四九年五月三十一日、二人は母の榮《えい》をともない京都を発った。京都駅を発って間もなく、座席に落ち着き、窓外に目をやっているうちに、文子はこの古都で出会った出来事をとくに脈絡もなく思い出す。そこに浮かび出てくる種々を旅のつれづれにとどめようと、手提げのカバンからノートを取り出し、膝の上にひろげて記し始めた。まずは今日の出発風景から、それは老母を駅までともない連れてくる手段の算段であり（タクシーなど発想の外）、駅頭の見送りの景へとつづく。それはついさっきのこと、それがすでに文子には過去の貴重な絵模様の一景となっている。一つの景は次を呼び出し、連なり重なり湧いてくる絵模様を綴ろうと、心の織機《おりき》が働き始めている。幾重にも織りなし、織り出された綴《つづ》れの模様、巻いてきた布地、そのとりどりに散り乱れたようにも多彩な織物として今、鉄路の振動に身を任せている「私」、それが文子だった。その終わりの部分をそのまま写す。

汽車が動きだして、視界はプラットフォームだけになっている時、何か叫んだ声と手をあげて走る青年の姿を見た。中村先生のヤスオさんだった。

キヨシさんにしてもヤスオさんにしても、それぞれの少年の日から知合って、今、それぞれ高等学校へ入る頃になられ、これからもつきあえば又いろいろな思い出が忘れられなくなるわけだが、この若い方々にこれでお別れすることになった。

京都を去るに当って、京都という土地の自然も、そこにある人工の美しいものも、名残りが惜しまれないわけではないが、出発の二日ばかり前にも強く感じたことは、もう自分は京都に住んでいてはいけないということだった。動機は、具体的には母を引きとるということから始まったが、その前から抽象的に心に巣食っていたコスモポリタン的な、エトランゼ的な、ここではニヒルでない意味での、だから隠遁《いんとん》ではなく、ある限定限度からの跳躍というようなものが、むずむず動いていたことはたしかであった。

その日、病床にいる友だちに住む場所を変えるだけのことだが、そのための別れを告げにゆき、その帰り道になっている南禅寺のはずれの山になった道の方をえらんで歩いた。木はどれもこれも緑だし、足もとの草は、やっぱりみんな緑だった。人一人歩くだけの細い土づらが残っているだけだ。私は、あふれる緑の中を歩いているうちに、ひょいと気がついた。

もうちょっとのことで、この緑の草の一本になりそうなことを思った。でなければ、そのうちに、石にもなり果てそうなのである。京都の静かな生活は、人間をたしかに落つかせる。

その落ついた気分というものにも、よさはあるし、それの必要な人やそんな時もある。そのよさというのは、茶室に坐った時の気持のようなものが感じられはするけれども、これは、元来の私の好みでないことはたしかだと自分でうなずいた。

草や石にはならないでいたい。ところが、この京都には、草とでも石とでも見たてられるような人たちがちょいちょいいるわけで、その人たちは、ここの自然にぴたりとしているというよりは、ここの自然になりきっている。人の好みでどうなければならないということもないが、私たちは、もうこれ以上、この雰囲気にいては駄目だと思うのであった。私は安定しきったものや、ととのってしまったものに、美しさを感じないのかもしれない。人間にしても、欠点だらけの人間を愛しているのかもしれない。（車中で書いたもの終り）

「（車中で書いたもの終り）」とあるが、実はこれはこの年の暮れになって、あらためてノートからわら半紙に「半年記（一九四九　六〜十二月）」なるタイトルを付けて書き写したものだ。東京生活に一定の落ち着きを持ったことと、年の瀬になったことが「半年記」を括りまとめておこうという気持ちにいざなったのだろう。

文子はつねに自分の立ち位置を確めないではいられない。その知性にはつねに自分を振り返らせる、覚めた衝迫感がひそみ横たわっていた。ここでも京都を離れなければならない理由を、内面からの促しとして自己解析している。

「中村先生」は中村健児だろう。学習院を出てから京大の動物学科へ来て、駒井卓《たく》の遺伝学教室に入ったが、ショウジョウバエではなく、爬虫類の染色体を研究、駒井を継いで教授となった——梅棹立候補時だろう。その家族、子どもたちと文子夫妻の交流の親密さが偲ばれる。

「その日」訪ねた「病床にいる友だち」とは森下正明に違いない——この場のことが後にも出る。そこで交わされた会話が、南禅寺近くの細道を帰る道々に思い出された。

森下は新妻を失くしてみずからも肺を病んで、今は療養中の身ながら新制高校の教師を務めていた。そういう境遇があり、また彼らが築いてきた相互の関係からも、京都および京都人が話題になっただろう（森下は病の完治後、九州大学へ赴任。独自の研究成果をあげ、一九六〇年代半ば、宮地伝三郎の後任教授として京大生理生態学教室に迎えられた）。そこで交わされた京都論がここで再開し展開する。

京都の落ち着きはそこに住む者を、そこを形成する緑（草木）や石にしてしまうことに気付いた。人為の巧みが生活の隅々にまで浸透した、その巧みのみごとさに馴染んでしまうと、人はほとんど空気のごとき無機的自然と化して生きることになる。その居心地の良さは茶室の自然さに通じる（森下は茶を嗜《たしな》み、探検遠征中には隊員の気持ちを和ませた）。生きた人間を京都という茶室、すなわち巧みの技が構成する「たたずまい」にしてしまう。

この理解は、京都ではそういう自然と化さないでは生きられないという指摘でもあるだろう。古都が育んだ高度に洗練した文化が備える裏面だ。そのような京都の地において、夫妻は一定の地歩を築いた。

ここで思い出されるのが、「八木父子展」感想中のピカソに関する、四子吉のことばだ。そこに「彼は健康そのものである。真の創造者である。彼は何にも拘束されない。赤児のように自由である。彼には完成がない。いつも彼は生きたままの赤坊である。常に裸身でいる。身を飾る何ものをも好まない。彼は正直である」とあった。四子吉は創造者として赤児の自由、裸の正直を高唱した。洗練され尽くした文化のうちにおける自然的存在の役割とは、ただそこに緑や石のごとく在ることだ。あとは時の流れが重みという価値を付加する。そのような存在の仕事といえば、ほとんど交わりの維持である。野生とその作動は落ち着いた交わりの秩序に波紋をもたらし、お膳立てする周囲に迷惑をかけるだろう。しかし、四子吉は自分の野生を抑圧できない。それはボスになることを拒むことにつながる。あらためて野生の意味および意義を確認できたこと、それが京都生活との訣《けつ》別《べつ》を断行させた。

振り返れば、二人にとって京都は目的の地ではなく、駆け落ち者の仮の宿だった。仮の宿は姦通罪をこらえるためであり、接続した戦争を過ぎ越した今、その京都を永住の地と思い定めることが二人にはできなかった。

こらえ耐えた時間はむろん清算されるのではない。この二十年の経験が多層多重に響き合い、あらためて二人による駆け落ちの決行がなまなまと甦る。引っ越し移動中の客車の座席においてこれを記し、その結びが「欠点だらけの人間を愛しているのかもしれない」であること、これは古都に落ち着いた緑や石とは違う「欠点だらけの人間」の渦中で生活しようという自分への呼びかけだ。「欠点だらけの人間」ということばは隠遁ではなく、跳躍への志向を表わす。東京新生活への武者ぶるいのような、おののきをともなった感覚に文子はとらえられている。まず行動に表わす文子はコスモポリタンなエトランゼ、生き急ぐ文子である。「強く感じたことは、もう自分は京都に住んでいてはいけないということだった」。

2　名残りの色彩

「半年記」は送別の記録を思い出すまま、時の順など無関係に綴っている。そのうちのいくつかを再録する。まず動物学教室の部分——

動物学教室——清風荘の庭で

動物教室の有志が、マキノさんたちの送別会をするから、都合のよい日を云うようにと、トクダさんが伝えに来られたが、例によって「そんなことはいらん」と告げたが、トクダさん曰く、

「小野さんと僕が準備委員ですけど、人がそない云うてるのに、いやや云うもんやないですワ、そんなこと云わんと来てください、文子さんもでっせ」と。これには参って、日をこれこれと云ってしまった。

当日、会場の清風荘へ行くと、三浦さんや教室の女の方たちが、盛んに台所で準備中で、広い庭に面した家の前の芝生に、ゴザが二十メーター角ぐらいに敷かれている。まだ来着の人の姿が二人位なので庭の向うの植込みを散歩して、庭園の模様を見廻り、ぼつぼつ人数が増してきたので、席のある方へ戻り、挨拶などしながら、正面に大文字山をとり入れた植込み

が山の前景のようになっている、どことなく大きい気分の庭を眺めていると、次ぎ次ぎ人が現われて、驚いたことに、有志ときいて五、六人位と考えていたら、なるほどゴザの用意の広いように、動物教室全員であった。

この日カメラマンは、間直之助《はざま》さん。五月二十六日かと記憶する。動物教室開始以来、やめた人もたくさんあるが、夫婦とも招いてこんな盛んな送別会は珍しいことで、私たちが昭和四年夏京都に来て、その秋から知っている動物教室での歴史中にきいたこともない。三十五、六人は出席された。

中村教授が立って私たちを送る挨拶をして下さり、それから各自御持参のお弁当が開かれ、私たち両人には心づくしのサンドウィッチをいただいた。それから配られたお菓子、三浦さんの庭で出来た立派なイチゴの一皿、ラムネ、パン。歌を歌って下さる方もあり、自分たちも歌わせられて、遅れて来られた宮地教授は大阪へ行った帰りだと言われたが、電車でお金をスラレたと言われる、気の毒に思って忘れられない。

松井先生から餞別にといって、一つ大きいのはネクタイピンにでも、あと小さい二つは奥さんの指輪にでもと、真珠をいただいた。予想もつかない事ばかりで、自分たち自身で特別の値打を自負してもいないのに、こんなに遇される感謝をどう表現しようもなく、春の野でタンポポやスミレを眺めてぼんやりしているみたいに、ありがたさをあたたかい陽射しのように受けていた。

みんなと仲よく、出来ることをして、あたりまえに暮してきたことに、悔いだけはなく、どの人をみても当分ちょくちょくは会えないことを惜しむばかりであった。

四子吉および文子がどのような交わり方をしていたかが、文子の筆によってだが、彷彿されてくる。会場の清風荘は西園寺公望《きんもち》の別邸だったが、戦中に京大へ譲渡されて、現在は「入園不可」となっている。この日の会費が百円、アルコール類はなさそう。食事内容といい、いまだ戦後の様相であることを、楽しみ方の素朴さが示し表わしている。代表して挨拶した「中村教授」は中村健児で、別れの列車を追いかけ手を振ったのは高校生になったその息子たちだろう。「松井先生」は松井佳一、後に日本真珠研究会理事を務めて、キンギョの遺伝（育種）でも知られる。すでに「うたごえ運動」はあったたか、二人はイタリア・オペラを歌ったのだろうか。

家庭コンサート・貴人立て

音楽が好きだった二人にふさわしい「家庭コンサート」による送別会もつづいた。これは演奏者の自宅に親しい友人たちとともに招かれて家族もいっしょの会だ。真野《まの》房子によるショパンのピアノ独奏。山田忠男（京大オーケストラ指揮者）・慧子夫妻と大川弘のピアノ、ヴァイオリン、フリュートの三重奏会。泊りがけで石山の徳永宅に招かれ、新婚の豊子夫人とのピアノ連弾。このときは石山から南郷へ瀬田川堤を桜、柳を眺めて歩いた。

オシュコルヌ夫妻と宇治の茶園や平等院に寄っての舟遊び。若い友人たちによる芦屋の集いへの招待。これは彼らを「ニード・ダモレ」へ招いたお別れ会のつづきだった。台に盛られたバラやらの花、菓子、果物、そこに満ちたおしゃべりと笑い声、北村音一や木村春彦の歌、徳永夫妻のピアノ演奏があった。彼らは甲南高校の出身者が多く、いわゆる良家に育っている。すでに独立し、家庭を持ち始めている彼らとの別離は必然だった。その別れの光景には「共にこれからを期す」という、ほとんど連帯の感情が流れているようだ。

彼らとは異質な付き合いもある。『都新聞』（現・『京都新聞』）に牧野夫妻の東京転居の記事が出て、思いがけない人たちが別れの挨拶に来た。そのなかに渡辺虹衣《こうい》の未亡人がいた。茶人の虹衣は喫茶を通して「京都の自然になりきったような、善良な人」だった。

晩年の小父さん（渡辺虹衣）が、時折、朝のうちの時間に、うちに現われて、抹茶を勧めたり、小父さんにたててもらったりしたときのことを思い出す。ひどい近視眼の小父さんは、左手の掌に抹茶茶盌をのせて目の高さに近く捧げ、茶筅をつかわれる、あの心からくつろいだ様子が目に浮ぶ。きくと、これは「貴人だてと称して、あるにはあるたて方ですよ」と言われるのであった。

ある朝、やはりごきげんよく来訪され、いつものように小父さんの好きな抹茶を共にいただいて、小父さんのお頼みのクワ（鍬）とヨツメを貸してあげた。これがあれば畑が出来るとにこにこして、肩に「よっこらさ」とかつぎあげ、「ではまた」と帰ってゆかれたことがあった。私の家から小父さんまでは、歩いて私たちの足で二十分、小父さんの足で三十分近くかかったことと思う。罹災以後、元気を出してはいられても、よほど小父さんの躰には、その衝撃がこたえていたものとみえて、クワとヨツメをかついで行かれるこの時の後姿のよたよたとしていたのが、なんだか気の毒な気持で忘れられなかった。

それから暫くあとで、お茶をのみに家へ来てくれとのことで、まだよいお菓子も手に入らない頃だったから、手製の配給のさつまいもでつくった茶巾しぼりをもっていって、つらかったことをみんな過ぎ去ったこととして、これからはまた風流を友だちに永生きをしてもらいたいとひそかに思いながら、楽しい時を過して帰ったことがあった。そうだ、そのとき、新大和絵を描く友人、岡本萬三さんを誘っていった。小父さんの家で用意してあった抹茶のお菓子は、配給の大豆のイリマメであった。

その後、京都の街のまわりが、青葉の山にうつり変った頃に、小父さんはおなかをこわして、下痢のひどいのがつづき、なおすつもりで絶食して、三日ほどで死んでしまった。お金の貯えもないしヤミは嫌いで辛棒しつづけたところへ罹災で際だって体力が衰えていた。それだのに平素体力のある時のおなかいたと同じように考えて食を断ったから、生きている力のもとが尽きてしまったの

文子の「半年記」はここで途切れる。文章が切れたわけではなく、次頁がない。二つ折したわら半紙に細かい字の横書きだが、綴じてもなく、ここまででちょうど十枚、その十一枚目以降が失われている。人生における別離をそのまま示すかのように——。文子歿後、四子吉が処分したのだろうか。

さまざまな別れ方は、その築いた生活の質をあらためて伝える。知友の層、幅の広さであり、それぞれとの付き合い方をもって結び合っている。その分厚さがそのまま生きることの豊かさだった。ここには出てこなかったが、笹井末三郎をはじめとした千本組関係者とも、それこそ自然態で親しく付き合っていたことを思わせる。

東京転居はどちらが言い出したことだったのだろうか。最初のきっかけは、「母と同居するにはここでは狭い。もっと大きな家が必要だ」というようなところから始まって、心の奥にうずくまっていたものが明るみに出てくると、一挙に育ち、「じゃあ、東京へ引越そう」というところへまで展開、実行にまでいたったたような気がする。

3　「生存努力」と「相互扶助論」――徳田御稔

真正面から「東京へなんで行かんならんのか」と詰問したのが徳田御稔《みとし》だった。

夫妻の転居後、京大に残った徳田は、岡田節人《ときんど》のいう「カリスマ的」教官となる。「とくに京大理学部には、日本におけるルイセンコ派のカリスマ的な教官もいて、かなり多くの若い人の情熱をここへ集約させた」と（『生物学の旅――始まりは昆虫採集！』新潮社、二〇〇〇年。ルイセンコはスターリン独裁下のソヴィエト生物界を牛耳り、獲得形質の遺伝を正統とし、突然変異による進化説を強権を使って弾圧した）。

ここで徳田が変わっているのは師であり、長老的存在の駒井卓や木原均のルイセンコ批判（ソヴィエトの世界的遺伝学者ニコライ・ヴァヴィロフ迫害抗議）があったあと、時流からすればかなり遅いルイセンコ評価だったことだ（一九五二年。中村禎里『日本のルィセンコ論争』みすず書房、一九九七年）。そして若い研究者たちが始めた徳田の著書を読む会へは、呼んでも一度として徳田は出席しなかった（市川定夫『遺伝学と核時代――ムラサキツユクサの警告』社会思想社、一九八四年）。奉られるような立場、拝読されるような読まれ方の場を拒んだということだろうか。

当時二十代の中学教師だった西村登（兵庫陸水生物研究会）の回想がある（私信による）。一九五六年四月から一年間、西村は動物学教室に研修員（内地留学）として在籍した。動物学教室は宮地教授のもと、「実に開放的、民主的」であり、西村は助教授森主一の部屋に机をもらい一対一で指導を受けた。「徳田先生とは個人的にも親しくお付合いできましたが、私が青年団活動で団長に専任されたとき、グループ活動を提唱し、成果をあげたことをお話すると熱心に聴いてくださったことが特に印象に残っています。若い人の意識とか、社会とのかかわりに強い関心を持たれているように感じました」。後にすべて国立大学教授となった院生たちのゼミにも出席、対等の交流ができ、自分より若い大串《おおぐし》龍一、川那部《かわなべ》浩哉《ひろや》、水野信彦らに学会誌投稿前の論文を読んでもらった（西村は「ヒゲナガカワトビケラの生態研究」によって博士号取得）。教室員の全員が可児藤吉の研究とその方法について語り合っていた。可児を「手引き」としてきた西村も、近年、地元の研究会仲間と可児家の墓参をした。今、自分の本棚を飾る伊《い》谷《たに》純一郎（旧制専門学校の先輩でもあった）の著書の背を眺めるたびに、「おい、西村、さぼったらあかんぞ！」と叱られる思いだという。

徳田の身の処し方に、可児藤吉への敬愛の仕方（後述）が関わるのだろうか。ともかく、そんな性格の人間が心安んじていられた四子吉であり、夫妻のつくりだす雰囲気だった。その夫妻は寛容だ。が、それは「来るものを拒まず」であり、「みずからは求めず」を基本にしていたのではないだろうか（その「姿勢」は百瀬晋《すすむ》に由来したのではないか）。文子の「半年記」はそんな徳田の示すぎこちなさを好意的に写している。

徳田御稔さんに話したときは、「東京へなんで行かんならんのですか」と、するどく切込まれた。

「僕、なんか方法考えときますわ、友だちに百万円ぐらい金ださせて、松本さんもさそて、一緒に出版屋しよやないですか」と提案される。

「今は出版屋やる時期でないし、それはそれとしても、京都には永く居すぎたんですから、母を引とるのを動機として、やっぱり東京移住に決めました」と、返事するのが悪いほど、トクダさんはなんとかして引とめようという厚情を示された。

二三度このことについて話しているうちに、やっぱりマキノさんはそうせられた方がいいのだと思うようになったと、今度はトクダさんらしくアッサリと言われるのだった。お名残にトリのスキヤキのごちそうもしてもらって一緒に食べた。

戦争中にジャワのパスツール研究所へ旅立たれ、安否が気づかわれたが無事に帰られてからも、以前と同じように、いつも心たのしく議論の花を咲かせ、コーヒー一杯、パン一切も共に食べるのをたのしみとし、京都大学動物教室にいる人のうち、てってい的にやはり信と愛とにみちて交りつづけたのであった。議論を戦わしている時は、まるでケンカでもしているみたいに論じ合うこともあったが、こんなに仲のいい友だちはそうざらにはなかった。

山歩きも一緒にした、スキーにもいった、戦争前には、よく映画も誘いあった。話して時のすぎるのを忘れるなぞのたぐいは、あまり多くて数えようもない。センチメンタルなところは少しもないが情にあつく、孤独、淡白というようなものはトクダさんのものである。「あー、うまいッ」と言って舌鼓して飲まれるので、トクダさんに入れて一緒にのむコーヒーはいつもおいしかった。

「マキノさん　もう　あさって位に東京へいってですか」と例の神戸弁で、ききに来られて「僕　神戸へいってきます」と表のドアのところで言葉を交して、神戸の家へ行かれたが、これなぞもトクダさんらしく、名残り惜しくごちゃごちゃと感情の交叉してくる時なぞは、じっとこらえたりするのは、トクダさんには向かないので、その前に場所を変えて自分でその場から出てしまいたくなるらしい。戦争中のジャワ行も同じ訳だと推察する。これはトクダさん流の愛情の一つの現われ方である。

トクダさんのお母さんとも永くおつきあいをしたことになったが、七十も越えられ、神戸の家が戦災で焼けてから京都に住まれ、終戦後始めて、奥さんや子供さんたちと入れ代りに京都に住み、なれない京都の寒さもこたえて、寝ついてしまわれたが、私たちを兄弟のないミトシさんの兄弟のように感じて名残りを惜しまれた。餞別にといって、もみじ葉のついた漆しの銘々皿をいただいた。

「ミトシさん」すなわち徳田御稔はエキセントリックな学者と思われてもいたようだが、たしかにおかしみの人だ。動物教室の送別会を設営しておきながら、別れの場面に直面するのがいやだからか、三日前にさりげなくサヨナラをいって、当日は神戸にいた。照れ屋、シャイなのだろうか（駒井のルイセンコ批判が『遺伝』の五月号に載ったことが関係するのだろうか）。が、とにかく大変なスポーツマンだった。北海道大学時代はスキー選手として鳴らし、神鍋山《かんなべやま》ではイタリア・アルプスからヒマラヤ（シッキム）の四千メートル級をすべってきたマライーニと直滑降で競いあった。テニスでは敵なし、サッカーでは彼にボールがわたると誰も奪い返せない。

スポーツへの集中時は視線を浴びながらも自意識から逃れていられる最中だったのかもしれない。「松本さん」は熟知の仲の編集者だろうか、徳田は自分も大学を辞める気だったのだろうか。そこで感じていた「淋しみ」は深い。そういう徳田にとって「生存」は「闘争」であるより、「努力」だったようだ。

徳田は敗戦をジャワ（オランダ領東インド。インドネシア）の、日本が接収したパスツール研究所で迎えた。これも文子には、「ごちゃごちゃと感情の交叉してくる時なぞは、じっとこらえたりするのは、トクダさんには向かないので、その前に場所を変えて自分でその場から出てしまいたくなる」行動として映っている。ジャワではペスト防疫のため、家ネズミの実態調査をした（戦中の一九四四年に『大東亜の動物　哺乳類・南方編』精華房、を四子吉の絵で出版している。帰国日は不明）。敗戦一年半後の一九四七年二月、いまだ出版が極めて困難な時期に『生物進化論』（日本科学社、一九四七年）を著わしている。

その後記にいう。「実は本書の原稿は一月二日起稿し、二月三日に脱稿したので、その間に費やした時間は、わずかに一カ月であるが、進化論を書くためにおよそ七―八年は準備しているから、内容はけっしてお粗末ではないと自負している」と。すでに日本動物学会賞の受賞（『日本生物地理』古今書院、一九四一年）があったとはいえ、この自負は敗戦による既成権威の失墜につながる若い研究者登用の勢いと、生き残った者としての責務感を反映しているだろう。

この著書のなかで徳田は、クロポトキンの『相互扶助論』にふれている。そこで、ダーウィン進化論の重要概念である「生存競争」と「相互扶助」は対立するというのが一般的な理解だが、実は後者は前者にふくまれる「現象」だと説いている。それも、「クロポトキンが『相互扶助論』の中で引用している例証には、誤りが相当に多いことが知られており、この著書の科学的価値は下落している」と、わざわざ「科学的価値」を否定しながら。

「クロポトキンの『相互扶助論』が、ダーウィン説と相対峙するごとく考えられるのであるが、生物の間に見られる相互扶助はＳｔｒｕｇｇｌｅ　ｆｏｒ　ｅｘｉｓｔｅｎｃｅの中に包含されるべき現象にしか過ぎない」。つまり日本語で「Ｓｔｒｕｇｇｌｅ　ｆｏｒ　ｅｘｉｓｔｅｎｃｅを、生存競争と訳することは適切ではない。むしろ『生存のための努力』と訳すべきであって、実際上、生物は個体維持のために努力はしているけれども、競争はしていない」と断言する。日本語の「生存競争」を「生存のための努力」と訳し変え、そこに「相互扶助」をふくめるべきだと主張する（養老孟司は「生存のためのあがき」と語る）。

しかしなぜ、ここに「相互扶助」をわざわざ持ち出してくるのだろうか。なぜ、そこに科学的価値の下落したクロポトキンを出してくる必要があるのか。

四子吉の一九二九年携帯用事務手帳、文子への恋情を「どくだみの花の白きを」と歌に吐露したあの手帳だが、その同じ頁に次の二行が横書きされている――この頁はこの歌とこの詞章のみ。

「生存競争が二十世紀の社会相である。競争のあるところには必ず勝者と敗者とが生ずる。何故、生存競争の文字を相互扶助と云う文字に替えようとはしないのだ」。

「相互扶助」は生物学者クロポトキンの『相互扶助論』に発して、「自主管理」「自由連合」とともにアナキズム理論を支える概念である。これらのことばは四子吉にとって、疾風怒濤の「道草」期に体験から学び獲得した、人間個人のあり方だった（クロポトキン『相互扶助論』の邦訳者は大杉栄〔一九一八年〕。ファーブルの何巻にもなる『昆虫学的回想――昆虫の本能と習性の研究』に『昆虫記』と邦題を付けたのも大杉〔二二年〕。一九一五年に没したばかりのファーブルは大杉にとって同時代人であり、大杉は全巻を訳すつもりだったが初巻で終わった。丘浅次郎の『進化論講話』〔開成館、一九〇四年〕を読んで、人間が生物であることについて、そしてその社会および歴史について、このような見方、考え方があるのかと衝撃を受け、ついには人間のあり方としてのアナキズムに至った大杉である。その大杉はダーウィンの『種の起源』も訳したが〔新潮社、一九一四年〕、ファーブルが観察、叙述する昆虫の世界には親炙を超えて興奮している。例えば『人間昆虫記』は、変幻（メタモルフォーゼ）によってのみ存在できた美女を漫画化した手塚治虫作品であり、『にっぽん昆虫記』は戦後を生き抜く日本人庶民女性を主人公にした今村昌平監督の映画タイトルだが、ここには「昆虫記」という大杉の造語感覚が活きている）。

「生存競争」を「生存のための努力」と訳し変え、そこに「相互扶助」がふくまれるという徳田の考え方は、今西錦司も徳田から学び採り入れた。今西は、生物を個として捉えるところに西欧個人主義の無意識的規制が働いている、自然界は各種生物が種内においても個々に対立闘争しつつ種として生存しているところで調和し成立しているとする。どちらも四子吉による「何故、生存競争の文字を相互扶助と云う文字に替えようとはしないのだ」の問いかけにたいする応答として理解できる。

四子吉の問いかけにはもう一つ、「生存競争が二十世紀の社会相である。競争のあるところには必ず勝者と敗者とが生ずる」という前段があった。

植民地の獲得による収奪、帝国主義国家間の戦争、それが世界戦争を引き起こし、大量殺人兵器を作りだした。国家、民族、社会、個人間における「優勝劣敗」論を、当然であり必然なものとする「社会相」を、四子吉は寡黙に相互扶助の態度をもって批判し、拒もうとした。

大航海時代が西洋に博物誌、博物学者、博物館をもたらした。資本主義の勃興から発展があって、十九世紀に博物学から生物科学が成立した。生物の進化論と社会進化論は多くのことばを共有して、比喩を超える関係にあることを示していた。四子吉の周辺では、「生存競争」「適者生存」「自然淘汰」を人間界の事象に持ち込むことにこだわりがあった。

4　喚起する人——可児藤吉

『生物進化論』（前出、一九四七年二月発行）のなかで徳田御稔は記す。「わたくしが、生態学に関して、いくらかの知識をもっているとすれば、それは、畏友可児藤吉君に負うところである。しかも、かれはもはやいない。今次の戦争で、わたくしが失った最大のものはかれである。かれのナイーブな人格は、仲間の間でもっとも愛されていたし、またかれの卓越した生態学的見識は、われらが畏れかつもっとも尊敬するところのものであった。かれは真面目で正直であったから、生態学の問題に真正面からぶっつかり、二、三の研究のテーマを選んで、それに関する厖大な資料を集めていた。かれは、物事を徹底的にやる性分であったから、簡単に研究報告をまとめて公表するごときことがなかった」。

今西錦司は一九五一年、一般読書界へ向けて著わした『人間以前の社会』（岩波新書）を可児に捧げて、「序」の結びにいう。「わたくしは本書を、サイパンで戦死した一人の友人にささげる。可児藤吉——彼のように熱烈な批判と、誠実な助言とを惜しまなかったひとを、わたくしはふたたび見いだしうるであろうか。彼なくして、いまわたくしの学問の道はさびしい」。

可児藤吉は美作《みまさか》（岡山県）津山近くの勝間田で薬種商の次男に生まれ、二歳で母を亡くした。間もなく、継母が入った——ここから例えば、文子の朗読を靴下の穴をつくろいながら聴いていたという藤吉の姿が、ある種の感慨をともなって想起される。父は長男を薬剤師、次男には医師になる

可児藤吉画『木曽・御岳遠望』

ことを勧め、期待した。藤吉は津山中学から大阪府立浪速高校（現・大阪大学）の理科乙類へ入学、これは医科へと通じる道なのだろうか。父との葛藤がどのようなものだったのか、学資についてはすでに中学時代から育英資金を得ていたらしい。

大学は父に無断で農学部農林生物学科に入り、湯浅八郎教授の昆虫教室へ進むが、専攻は薬用昆虫学だった。卒論は「ノミの触覚の形態比較」、自筆の図による形態比較であり、その線画は微細で画然としている。苦学生であり、ときどき兄と義母が父にないしょで送金していた。そしていつごろからか理学部の川村多実二の紹介、推薦――と思われる――により三井銀行会長、万代順四郎《まんだいじゅんしろう》による奨学金を得ていた。

川村は津山の出身だから、藤吉には中学をふくめ故郷の大先輩だった。万代もまた美作・勝間田の農家の次男の生まれ、苦学したクリスチャンであり、三十代から同郷人学生を援助して、戦後は母校・青山学院の大学化を推進した（その名は、例えば「青山学院万代順四郎記念図書館」として遺っている）。

藤吉は卒業すると、そのまま大学院へ進む。が、五年後の一九三八年、理学部動物学科の川村教室へ転じた。同年刊行の川村著『動物群聚研究法』（建文舘。『生物学実験法講座』十三巻中の一冊）は藤吉の代筆とのこと。これは藤吉への評価の高さであり、原稿料はそのまま藤吉に渡ったはず。このころ、「群れ（群聚）」は藤吉ら研究者仲間にとってとりわけ大きな主題だった。

「生態学者可児藤吉氏の生活と学問をめぐって」と題された座談会記録がある。出席者は朝山新一、岩田久二雄、小野喜三郎、渋谷寿夫、徳田御稔、牧野四子吉の六名（一九五八年四月に持たれた座談会にもかかわらず、発表掲載は六七年四月発行の『ミチューリン生物学研究』）。このなかで小野が川村ゼミの様子を、「清水の次郎長一家」に擬して語っている。川村親分を中心に大政小政が宮地伝三郎と上野益三《ますぞう》、ときに次郎長親分の川村が藤吉に向かって、「理論とか哲学はどうや」といって冷やかす。と、藤吉は「横をむいてチョロッと舌を出す」といった場面がしょっちゅうだった、と。

この挿話の背景にあるのが川村の「理論嫌い」であり、そういう川村から「理論とか哲学」重視にみえる藤吉の姿だった（「理論は灰色、現実は緑」は大正教養主義の箴言的エートス）。実際に当時、朝山は小野や可児らと「生物学には理論がない。哲学も必要だ」とさかんに話し合っていた。その可児における理論は、高校時代、ヒューマニズムの立場からマルキシズムに関心を持ったことと関係するという。それが徹底した渓流調査を実践させ、その結果が「なわばり」および「棲みわけ」という総括になった。この話が明示するのは、自然科学を成立させるために必要な厳密な実証性を、手続きを超えた方法思想として意識させたのがマルキシズムだったという史的経緯だろう。座談会は朝山の「あの人（可児）にかんするかぎり、いやな思い出はない」「ええ男やった」の発言に出席者全員がうなずいたところで終わっている。

可児が一九三二年（滝川事件の前年）に結成された唯物論研究会のメンバーだったと記すのが伊藤嘉昭《よしあき》だ（「生態学の危機（3）」『自然』一九七三年六月号）。唯物論研究会は「社会的実践活動とは無縁」をうたうことによって、戸坂潤《とさかじゅん》などを中心に設立された。その後、唯物論シリーズ（三笠全書。戦後に続刊、全五十巻）を発行、そのなかには自然科学関係書も多数あり、可児の蔵書中にも幾冊かあった。伊藤はさらにつづけていう。

可児は青年共産同盟に属しており、神戸からくる共産党員に指導されていた。召集された可児は中国戦線に送られるはずだったが、「中国大陸でおこった一つの事件」との関係を特高が疑い、激戦地の南方へ変更となり、その結果、マリアナ方面で戦死したのだ、と（伊藤の言う、「中国大陸でおこった一つの事件」は「満鉄調査部事件」を指すか。その第二次検挙が一九四三年六月、可児の召集が同年十二月。大興安嶺探検実現交渉のため渡満したのが四二年三月）。こうした話を「ある人から伝えられた」という伊藤は敗戦時には中学生であり、可児当人との面識はまったくない。

伊藤の記すところにもっとも近縁する内容を公にしているのが、伊藤とも交流があった飯島衛《まもる》だ――だから「ある人」は飯島かもしれない。可児は出征前夜、発生（第三教室）の助手をしていた多田実といっしょに飯島を訪ねて来た。そこで、「ゆっくりとおたがいに心中を話しあった」。別れぎわに可児は、「こんなばかな戦争ではけっして死なない。おれは山男だからなんとか生きのびてもどる」と言いのこした。ここに登場した「多田実」は文子日記に登場し、戦後二年以上、生還を待たれていた「多田久雄」だろう――飯島は下記のように「永島」を「長島」と誤記してもいる。

岡田節人も多田久雄を「発生の助手」と記している。可児と多田は、可児の出征前夜に会うような仲だった。

飯島の言をつづける。当時、「神戸の共産主義者団とのつながりをもった連中は長島をはじめ拷問で殺され、いま大阪市大にいる小野義彦らののこしたゆるい組織がまだわずかに命脈をたもっていた」。「長島」は正しくは「永島孝雄」、治安維持法で捕まり、獄死直前に保釈され、富田病院で死んだ（野間宏のデビュー作『暗い絵』に登場する「永杉英作」のモデル）。そして、その時点で動物学教室で左翼だった仲間は発生の三上美樹に可児と飯島の三人だけであり、「わずかにまだのこっていた組織とのつながりをもてばもちうるのは私だけだったが、いろいろ考えたすえ、私はあえてこれをやめた」（「徳田御稔の進化論の再検討」『自然』一九七七年五月号）。

飯島は「要注意人物」であり、滝川事件以降も数回、検挙されたとみずから書いている（『私のヨーロッパ紀行――ある生物学者の体験と観察』みすず書房、一九七五年）。これからすると可児は左翼であっても、伊藤の言と違って、革命組織とのつながりはなさそうだ。

飯島が自身について記したところを要約すると、飯島は理学部植物学教室の細胞講座（桑田《くわた》義備《よしなり》教授）にいた。飯島はすでに旧制山口高校時代、青年共産同盟へ加入、革命家を志していた。大学へ入って唯物論研究会の武谷三男（地球物理学講座）らによる自然弁証法研究会に出席したりしているとき、滝川事件が起きた。これで検挙され、高校生時代の革命運動が浮上、その関係から殺人犯の嫌疑で山口へ送られ、一年近く獄中生活を送った。釈放後、大学に戻ろうとして学生課と衝突、退校と決まった。このとき飯島を救ったのが理学部長の川村多実二だった。桑田教授に頼まれた川村学部長が学生課主事を説得して復学できた。また、駒井卓の尽力によって駒井の動物学遺伝教室、飯島がいた桑田研究室、木原研究所の三者が交流する「遺伝談話会」ができ、ここで中尾佐助（木原研）らと幹事を務めるうち、徳田、可児、森下、渋谷などと親しくなった――となると、これはすでに「大東亜戦争」下のことになる。

今、伊藤や飯島が記した内容を確かめる術はない。が、ここに登場した人たちは共産主義運動、反戦運動を学生として体験、見聞した最後の世代になる。藤吉は入営前夜、多田と会い、それから飯島の下宿を訪ね、語り合った。そして半年後、南方に送られる前夜、四子吉・文子と一晩を語り明かした。そのとき藤吉は誰にも語らなかった過去、今の思い、考えを心おきなく、思い残すことなくしゃべったのではないか。内密に聞いた事柄についてしゃべらない四子吉と文子である。

四子吉の遺品中に手書きの「可児藤吉君遺稿整理委員の申合書」と、その三年間八回にわたった会合記録のメモがある。申合書の一部分を再録する。

「私等は可児君を死なせたくはないのだ。私等は可児君が元の研究生活に復帰し、彼の考えていた動物生態学の仕事を立派に完成さすことを希望するのであるが、今はそれを言っても詮ないことである。可児君は死んだのだから、もはや私等は可児君と語り合うことはできないが、私等の間では、彼の思想を通じて未だに生きている可児君を、いつまでも失いたくないために、また他方には可児君の如き立派な学究者があったことを世間や学界に広く知ってもらい、特に今後生態学を専攻する後進者に、マイル・ストーンを与えるために」、その遺稿を整理するとある。そして「今西錦司・徳田御稔・内田俊郎・牧野四子吉・宮地伝三郎・森下正明・しぶやかづお」の七名が自筆署名している。

「言っても詮ないこと」だからこその、「可児君を死なせたくはないのだ」の言だった。可児藤吉は喚起しつづける。

遺稿整理委員会の手によってまとめられた原稿は出版事情の厳しいなか、信州の木曽教育会から『木曽王滝川昆虫誌』として出版された（一九五二年）。タイトルに「王滝川」が付くが、内容は既刊単行本収録分を除いた論文集である。可児は「伝説的研究者」と呼ばれるようになり、二十五年後、『可児藤吉全集』（思索社）が出版された。

この項の最後に一つの「危惧」を付け加えておきたい。それは関東軍防疫給水部、通称七三一部隊が可児を要員として使おうとしたのではないかという「危惧」である。ガダルカナルからの「転進」以来、玉砕と撤退をつづけた日本軍は一九四三年秋、陸軍最強をうたった関東軍を南方へ向かわせる決定をした。そのときすでに大陸において、七三一部隊は製造した各種の細菌兵器を各種の手段によって使用していた。敗勢挽回のために可能な手段、戦術として四四年春、細菌戦実施部隊をマリアナ方面（サイパン）へ送った。その部隊が作戦を実行した形跡はなく、全滅している（秦郁彦「日本の細菌戦」『昭和史の謎を追う（上）』文春文庫、一九九九年）。

可児の卒論は「ノミの触覚の形態比較」だった。そして、例えば細菌爆弾はチフスに感染させたノミをばらまくというものだ。ノミは火薬爆発では死ぬ。こうした制約条件のもとに感染、繁殖させた大量のノミを生きたまま素早く拡散させる手段の研究が要請された。可児はノミの生態に詳しく、昆虫の生態観察のやり方、手段、方法の案出についての専門家だった。

そもそも七三一部隊と京大との関係は、部隊創設者の石井四郎隊長が京大医学部出身であることから非常に深かった。石井は陸軍医学校の教師になると、間もなく校内に防疫研究室を設立、その嘱託を母校の恩師たちに依頼、みなが軍医学校防疫研究室嘱託になった。これが関東軍防疫部につながってゆく。七三一部隊を創設すると、京大医学部の優秀な若手研究者の招聘を恩師らに依頼、十名近くが将校待遇の技師としてハルピン郊外の現地施設に入った。その後、戦争が泥沼化するにしたがい部隊は拡大、支部を拡張して、日本の細菌学会との結びつきも深め強化した。

部隊は昆虫研究者も招聘した。ノミ、ブユ、カといった吸血性昆虫は医学の対象であり、軍隊にとっては兵士の健康のみならず、士気に大いに関わる。それを七三一部隊は兵器として使おうと、その生態（種類、環境生育条件）、培養繁殖法（器具、技術ほか）が知りたく、専門家が欲しかった。そのなかに京大出身者がいる。

最初に石井部隊へ弟子の若手研究者を送り込んだ教授二名が、京都探検地理学会の賛助会員である（戸田正三、正路倫之助）。その戸田正三はまた、今西、森下が馬車で蒙古草原を調査したときの主催組織である興亜民族生活科学研究所の所長で、研究所のあった公衆衛生学教室の教授だった。大興安嶺探検にあたって現地で満州国治安部ほかと交渉にあたったのが可児であり、その際、賛助会員である教授の紹介があっただろう。七三一部隊から昆虫専門家の紹介要請を受けるようなことがあったとすれば、可児の名が挙げられただろう。可児がその要請を断っても、召集による配属を拒むことはできない。

ここに細菌戦関連で一つ付け加えておきたいことがある。敗戦をいち早く知らされて、痕跡を残さぬよう実験用生体、施設等を破壊、焼却、粉砕し、急ぎ帰国した七三一部隊研究者と戦後医学界との関係は細菌学にとどまらず、医学教育、病院、薬学、医薬品会社に太いパイプとなってつづいたことは今ではとりあえず知られている。その七三一部隊へ若手を派遣した教師と宮地伝三郎が交差、対決した場面が、戦後も七年たった朝鮮戦争のさなかにあった。

日本学術会議の総会（第七審議）において、三名の会員から「細菌兵器使用禁止に関するジュネーブ条約の（国会）批准を国会に申し入れること」という提案がなされた。この提案の賛成討論者が宮地と新村猛（雑誌『世界文化』で検挙）、反対討論者の四人中に医学者が二人いた。その二人とも七三一部隊に弟子を送りだした当の京大名誉教授であり、その一人が探検学会賛助会員に名を連ねた戸田正三だった。

「戦争放棄した日本では筋違い」という我妻栄《わがつまさかえ》（東大）の法を論拠にした反対があり、この提案は挙手により否決された（常石敬一『医学者たちの組織犯罪――関東軍七三一部隊』朝日新聞社、一九九四年）。が、ここで気になったのは、宮地が提案の賛成討論に立った理由である。宮地には「科学動員」への反省、痛みがあったのではないか。

京大理学部における「科学動員研究」の全体像は明らかになっているのだろうか。物理学科が海軍依頼による原子力爆弾（F号）研究をやっていたことはどれだけか明らかになっている。動物学科では陸軍「軍医学校嘱託」により、「ブユの駆除法」を「衛生昆虫」研究として行っていた。徳田御稔のペスト防疫を目的としたジャワ行も「陸軍派遣」というから「軍医学校嘱託」研究だったか。動物学科――すでに宮地は教授だった――と陸軍軍医学校が「科学研究」においてつながっていた。

宮地が七三一部隊についてなにかを知っていたかどうかは分からない。が、戦後になって医学部細菌教室との関係を知り、自身が参加、指導した「ブユの駆除法」研究についてあらためて種々考えることがあっただろう。


可児藤吉が死んだとされる戦死公報の「七月十八日」は、大本営が「サイパン島守備隊玉砕」を発表した日であり、同日、「大東亜戦争」開戦時からつづく東条英機内閣が総辞職した。

5　京都の風——宮地伝三郎

四子吉と宮地伝三郎の間には「以心伝心」風な結びつきがあるようだ。二人の生まれが三カ月違い、出会ったときがともに新婚間もなくであり、ともに川村教授を師としたが、そうした二人の交流の様子について、宮地の姿態を素描することから始めたい。

宮地には世評の高い『アユの話』(毎日出版文化賞、岩波新書、一九六〇年)なども入った全五巻からなる『宮地伝三郎動物記』(筑摩書房、一九七二—七三年)がある。この動物記の底を流れるのが、『荘子』のいう「万物斉同《ばんぶつせいどう》」、すなわち全生物は同格という観念であり、これが思想というより共感を誘うような文章で表現されている。あるがままに自然を肯定、受容し、その本性を尊重、人間のさかしらを嫌う。日常生活も「財産なんぞは遺すものではない」と恬淡《てんたん》としていた。この老荘風思想と自由な学風の尊重は弁別し難い。

宮地は動物生態学講座を始めた川村多実二を継いで生理生態教室の教授となった。恩賜の銀時計組（学部の主席卒業）だった川村は京大（医科大学・生理教室）へ行くと決したとき、「都落ちかと、実に落胆したものだ」と同じ東大・生物後輩の宮地に向かって述懐し、励ましたとのこと。

その川村に高校生（三高）時代から師事したのが山本宣治《せんじ》（山宣）だった。山宣は東大卒業後、川村のもとにもどり、イモリの卵巣を研究、京大講師として一九二四年まで大津臨湖実験所で実習を指導して後、同志社へ移った。その関心がイモリから人間の性（別）の発生へと移行、そして産児制限の社会運動に関わったところから無産運動家になり、第一回普通選挙で労農党から立候補し、京都選出の衆議院議員になった（労農党の当選者二名）。その翌一九二九年、治安維持法の「改正」（行為そのものではなく、「〔その為〕にする行為」を対象に加え、最高刑を死刑にした〔「その為」かどうかを判断するのは司法省〕）に反対したため国粋主義者に刺殺された。大津臨湖実験所で山宣の使っていた机を引き継いだのが、一九二五年に京大へ来た宮地だった。山宣の使った本やら資料が残っていたと宮地は語るが、ここで直に会ってはいないようだ。そして山宣没後、川村教授にしたがってその墓参をした、と。

生態教室教授の宮地は、教室内に結成されたサル（霊長類）研究グループの責任者を、今西に代わって引き受けたが、この経緯に併せて、その立場で行ったことが宮地教授の特徴をよく表わす。

戦後、GHQによる、軍国主義者、戦争協力者など戦争犯罪人の追及は教育界にも及んだ。京大では滝川事件で残留した法学部教授が辞職し、滝川が復帰したなどということもあった。医学部での追及はなかった。探検地理学会は今西や森下の帰国前、吉良龍夫が中心になって自主解散した（解散した方がいいと判断する根拠があったのだろう。時節がら、空襲によって「報告集」の完成原稿が焼けたのはさいわいと判断されたかもしれない）。一九四六年六月に北京から帰国した今西は、学内の「教員適正検査」を受けたのち理学部講師に復帰した。今西はすでに蒙古草原で群れのなかのウマにあだ名を付けて観察記録を付けており、そのテーマを国内で持続させるべく、四八年の春から野生ウマ観察のため宮崎県の都井岬に通いだした。

その観察途上、ニホンザルに出くわして間もなく、社会集団としてサルの方が興味深いと観察対象をサルの群れに変えた。この種の「変わり身」の早さは、登山中に必要とする決断（戦闘現場の指揮官に比される）から習得したのか、いわゆる「機を見るに敏」に似る。周囲を顧慮しないため、しばしば周囲の人を怒らせたが、京都駅における、木原会長への土下座もあったがいつも結果として認めざるを得ない成果を挙げた。

教育制度改革によって講座の講師数が規定されると、今西はみずから辞職した。その今西を新設の京大人文科学研究所が講師に迎えた。召集による「遺作」を覚悟して著わした『生物の世界』（前出、一九四一年出版）の見識、植物まで視野に入れた「生物に見られる社会現象の起源」を問う姿勢を貫いている。サル観察（霊長類研究グループ）のリーダーは社会科学系の所属であり、観察しているのは理学部所属の院生、卒業生（他大学教官）だった。

このサル観察が集団動物（個体群）の生態研究に新紀元をもたらして、今や一般化した「個体識別による長期観察」法の始まりだった。当時、彼らとその研究がいかに異端視されていたかを示す大串龍一の証言がある（『日本の生態学――今西錦司とその周辺』東海大学出版会、一九九二年）。学会の大会にはつねに奇想天外な話が少しは出るのだそうだが、「霊長類研究グループの講演も多くの動物学者には、学問の世界とは別のおとぎばなしのように受け取られていた。その矢面に立ったのは主として伊谷（純一郎）だった。当時、私は京都大学理学部の学生から大学院（新制）へ進んだところであったが、当時伊谷と同じく動物学教室の大学院（旧制）におり、その後京都大学教授から国立基礎生物研究所（生物科学総合研究機構）長になり、世界的な分子生物学者として知られるようになった岡田節人から、伊谷らの研究が本当に科学としての将来性があるのかという真剣な質問を受けたことがある。不毛の道に迷い込んで一生を誤るかもしれない友人を心配している岡田の声音を今も思い出すことができる」というものだ。

一九四八年の短い期間だが、成立し運営された「教室会議」は、宮地が教授だったから実現した。つまりは戦後民主主義の試行的実践だった。宮地が教授になって最初にやったのが、教授室の大テーブルで助手、学生（当時十人ぐらいだった）といっしょに昼飯をとることだった。教室会議は大学当局との力関係から継続できなかったとはいえ、当の生態教室内では自主的研究グループがいくつも発足した。サルを対象とした霊長類もその一つであり、他に陸水生物のアユ、海洋生物の藻場《もば》、ショウジョウバエの適応異変などの研究グループがあり、それぞれに代表者、主任研究者、会計責任者を決め、メンバーもサル（霊長類）グループがそうであったように教室員に限らなかった。

宮地自身はサルを追うフィールドワークをしなかったが、霊長類グループの責任者を引き受けた。そして学部のみならず大学や学界からあがる批判の声にたいし、緩衝材として間に立つというにとどまらず、その途中経過の報告に耳を傾け、必要なところへ出向いて彼らの観察の意味、意義を説き、その成果を海外に向けても発信した（一九五五年、ソ連アカデミーの招待でレニングラード〔サンクトペテルブルグ〕に行ったとき、記録映画『ニホンザルの社会生活』を映写し、その解説で「サルの言語」と言ったところ猛烈な反撃をくらった。彼らには言語は人間固有の、つまりは聖性の証だった）。

肉体労働を主としたサル観察は三年間の試行の結果、今では、ことばとしても一般化した「餌づけ」に成功した（一九五二年）。そしてこの後、今西をリーダーとする「奇想」的グループは霊長類研究における世界の先駆者、先進的権威と認められるにいたる（宮地は日本モンキーセンターが創設〔五六年〕されるとともに所長になった）。

宮地と今西の間も一筋縄ではゆかない興味深いものがある。今西には初めて勤めた臨湖実験所以来、宮地はずっと世話になった先輩である。その宮地について、「宮地さんは理論が弱い」と書く。しかもこれを宮地の本（『宮地伝三郎動物記』第五巻）の月報に書くのだから、遠慮のない仲なのだろうが、綿密なフィールドワークを経て作成し、養殖などに実地採用され感謝もされている宮地の「内湾度指数」やアユの縄張り論などは、今西のいう「理論」に入らない。宮地の師の川村においては、理論は「弱い」どころか「嫌い」だった。今西の本意はこうした川村教室の「伝統的」傾向にあって、端的には今西進化論を理解しない、にあるのだろう。

その宮地の論は分かりやすい。生存競争と棲みわけは相互否定的ではなく、進化の推進力として両立し相補うというものだ。それは例えば、アユにおける順位序列競争によるなわばり（棲みわけ）の関係であり、これは淘汰、適応とは別の事柄だ。

宮地の指向性自体には要素還元論はないが、しかしこれを拒否、排除しないどころか、その追究の道程および結果を特有の興味と関心のもとに注視しつづけている。そこで浮かぶのが「万物斉同」の観念であり、さらに共感の才である。この才質は理論を重視するが、絶対視はしない。「(生物)理論」とは生物世界を理解するための方法的枠組みだ。専門家が互いに交流するための共通語(圏)づくりの試みであり、したがって時代(的規制)性を持つから「パラダイム」のように受け取ることができる。理論の進化発展とは、専門学者間におけるパラダイムの変化だ。

学問は進展し、それを応用して世の中は便利になっているが、これを人類の進化、人間の進歩、歴史の発展とは必ずしも言えないと宮地は考えていたのではないか。「アユは生まれたときから完全なアユだが、サルは社会学習をしなければサルになれない」(「対照的なサルとアユ」『生物学の視座から』人文書院、一九八〇年)。例えば、古い生き残り的生物とされるシーラカンスや、ゴキブリでもいい、それらは適者生存とか適応といった概念を使わなくても、つまりは生存のための努力、無理なあがきをする必要がなかったから今に生きているわけで、つまりはずっと仕合わせだった。進化は特化であり、生存条件を厳しく狭くして、その分、競争対象を増やしている。人間にとって進歩、発展、成長は強迫的本能がさせているようで、結果として周囲の環境に「敵」をふやし、一瞬たりとも安心できず、いよいよストレス(強迫)を溜める。

宮地が理学部長を務めていた一九六二年、動物学科に今西を担当教授にした自然人類学講座(教室)ができ、六七年には大学の枠を越えた——東大、名大などからも参加した——国立霊長類研究所の設立に至る。この六七年、理学部に生物物理学科が創設された。これを推進したのが、幸島で

四子吉「京大動物学教室からの北山」

サルを追いかける伊谷を心配していた岡田節人教授だった。人間社会の根拠を家族にみて、その原初の姿態をアフリカの霊長類に求める指向性と、生命を物理化学的に追究する指向性が――物質の原理への関心からではなかったが――併行している。宮地は六四年に定年退職し、生理生態教室の教授は、九州大学にいた森下正明が継いだ（復員していれば、可児藤吉の可能性が大だろう）。

なお、森下が教授、森主一が理学部長だった一九七四年、動物学科教室会議は日高敏隆（東京農工大教授）の第一講座（生理・系統・遺伝）教授招請を決め、この依頼を日高が応諾して、翌年就任した（後年、理学部長）。教室会議が制度として確立し機能している。

この間の一九五三年、宮地が中心推進者の一人になって日本生態学会ができた。これまでは植物に二つの生態学会があり、動物の方もつくろうという動きがあったのを、動物と植物からなっているのが生物界（エコ・システム）だから両者の分離を固定化するのは研究のためによくないと、時間をかけてやっと一元組織にこぎつけた。そして宮地が会長を務めていた時期（一九六二―七一年）、会員が中心になってアメリカによるヴェトナムでの枯葉剤作戦への抗議行動を行った。自然および生物を対象にした他の学会は、対立する一方の側に立つような政治的行動は慎しむべきと、中立すなわち沈黙による枯葉剤作戦の容認をつづけるなかでの、ほとんど学会をあげての抗議行動だった（伊藤嘉昭『一生態学徒の農学遍歴』蒼樹書房、一九七五年）。

アメリカの著名生態学者らが、ヴェトナム戦争初期から植物枯死化学兵器の危険性を指摘していた。日本をふくむ生態学者の抗議におされてアメリカ政府が実施した実態調査の結果、今では知らぬ者がないダイオキシンの猛毒、催奇《さいき》性《せい》が明らかになった。同時に、地球環境における熱帯雨林の重要な役割とその意外なもろさ、再生の困難性が明らかになった。枯葉剤作戦は中止となったが、その被害は半世紀たった今も継続し、熱帯雨林の破壊は喫緊《きっきん》の危機としていよいよトピックだ。

四子吉「比良のみえる湖畔」

『宮地伝三郎動物記』は全巻とも挿絵は四子吉だ。その第五巻に「一生態学者の歩み」と題した、生き物との係わりによる自叙伝がある。その最終章「もうもうとして四十年」と小題されたなかに二枚のスケッチがある。「四十年」とは京大に「奉職」し退職するまでを指し、スケッチにはそれぞれ「京大動物学教室からの北山」「比良のみえる湖畔」と

渡辺崋山『四州真景』図巻から「十里（部分）」

キャプションがついている。

二枚は写真のような写実ではなく、描いた対象にとくにこだわりがあるふうでもなく、だから画面に説明や感傷性、主張や「気韻生動《きいんせいどう》」があるわけでもなく、挿絵としてなにげなく通りすぎる。が、ふっと振り返って見たくなる。と、そのなにげない風景のなにげなさに、「もうもうとして四十年」のたしかにあることを感得させる。四子吉は現地へあらためて行って、写生したのではないだろう。

その経過した時間、「もうもうとして四十年」を自身のこととして把握している表現だ。「四十年」を心身のたしかな蓄積とする、その経験が二人の仲を通じ合い、交感し合っている。スケッチの透明感（校舎から北山）と潤い（琵琶湖から比良）は四子吉のものであるとともに宮地のものだ。なにも描かれない空白から横溢する透明感と潤いに二人の自由が影向《ようごう》する。白描による影向――空白な自由に、風がほのかに触れる自然態。

画面に画家個人の視線があって、その描かれない余白に時間の経過が表われる。それは凝縮し、抽象された心理ないしは観念の拡がりという趣きだ。その調子に四子吉なる存在が定着している。その印象は、南画に習熟した渡辺崋山《かざん》が藩政による日頃の詰屈《きっくつ》から解放され、旅の染める心のままに絵筆に遊んだと見える『四州真景』図巻を思い出させる。

この「一生態学者の歩み」のプロローグに、特に掲げて宮地はいう。再び生きるとしたら、「楽しい学問である」生物学をやりたい、と。そして許されるなら、「いまの妻と道づれでありたい。そのことは妻とも合意ずみである」と（二人は見合い結婚）。それから二十年以上経って、牧野夫妻も没した後だが、宮地夫妻は同時期に入院した。そして夫人が亡くなると間もなく、同じ病室で伝三郎も息を引き取った。

「再び生きるとしたら」と、宮地は生物学者らしからぬ非科学的なことば使いをした。遺伝子操作によるクローンにしても、個別一回性の時間を過ごすことに変わりはない。記憶や知識や技術などの残存、蓄積はなく、複製として「形あるものはいずれ滅びる」を超えることはできない。

しかしまた、誕生は生殖を介して遺伝子を再編集することだから、遺伝子は継続している。突然変異にしても、編集される遺伝子の大多数に変化はない。遺伝子からすると、その形生以来、もしくは種の発生以来、ここまでを生きつづけてきた。個体としての死を、いわば条件にした遺伝子の継続だ。死による個体の断絶を条件とした「永遠性」、遺伝子による輪廻転生である。

個体の誕生はうちにやがての解体崩壊をふくんでいる。その過程が、寿命が尽きて死ぬまでの現象だ。物質としてのこの過程を、物理学は追跡＝還元可能な機械的な働きとする。「機械的」とは、その働きが始原以来、変わらぬことをいう。遺伝子の継続、継承を機械的働きとして理解する人間はまた、自他の寿命が表現する現象の場面では感情とともに在らざるを得ない。人間の感情もまた、人間なる遺伝子編集の形生とともに古いだろう。

宮地夫妻の死模様は、老荘的をもってした生の現象にともなわれた感情の行きついた反応を物語るのかもしれない。あの「再び生きるとしたら」という仮定は個体の死を条件にした永遠性、すなわち輪廻転生した遺伝子への伝言なのかもしれない。見ることも意識することもできない未来へ向けて、宮地夫婦はこういう「ことば」をもって生物科学の肯定と生物としての人間への信頼を表明した。

終 章 めぐる野生

敗戦後初めて迎えた冬のさなか、友人に宛てた手紙のなかで四子吉は説明もなく、自分が「スランプにある」と一言付け加えた。そのスランプ状態とは、それまで自分が恃《たの》んできた「自我」が四子吉自身の内で省みられていたのではないか。自我に徹することで美を追求してきた姿勢が、戦争圧迫下の日本において文子という女性と居ることで、談話を楽しむことができる極めて特異な場を形成させた。が、親愛の交わりをした何人かを失った今、その同じ場所で同じ画家として在ることについて、「それでいいのか」と詰問《きつもん》する声が内に起きていたのではないか。

社会を、「外」におくことで存在した「自我」だった。日常という利害関係に関わるうろんな事象としていわば勝手に押しかける「外」であり、できる限り遠ざけていた。それが「自由」を保ち維持するためのやり方だった。その「外」がもたらした「情愛の人間関係」の破壊、喪失が、今、取り返しのつかない「感覚」として自分の内に巣喰い居着いた。自由をなにより尊重したい個人主義のなかに、その喪失感覚がたしかな実体験として入り込み内面化した。四子吉なる自己への他者性の嵌入《かんにゅう》であり、個人に属した戦争体験が社会的経験となった。

四子吉は戦後世界に向け、「可児君を死なせたくはないのだ」と、「言っても詮ないこと」だからこそ、言う。このとき、心ならずも死んだ――殺された――知友たち一人一人の生きた貌《かお》が想起されている。これは四子吉におけるあらたな個人主義だった。

「日本人らしい日本人」が内に社会性を育てた個人になる、これが道行だった――かつて、「自我」を先頭に立って主張、社会文化運動として推進した作家が「成長」し、色紙にカボチャとタマネギを描いて「仲好きことは美しき哉」と賛していた。四子吉・文子は新しい社会性の促しを負って、東京へ転居した。その東京生活は新規であるより再開だった。それは駆け落ちが、とくに文子にとって不本意だったからだ。本来あったはずの生活を、二十年後に取りもどす、の意である。

図鑑を描く

東京へ来てからの挿絵の仕事は、ほとんどが京都時代からの知合いの著書である。他の挿絵依頼は断ったのか、代わって増えたのが図鑑である。図鑑類は描く数量も多く、企画、編集から出版まで年月を要する。

専門的な『日本産貝類概説』『日本軟体動物分類学　二枚貝綱／掘足綱』『特殊鳥類判別図鑑』といったものから、一般向けの『朝日ラルース　世界動物百科』、子ども向けの『原色図解大事典』など多数ある。描いた対象も水棲動物だけでなく、鳥、昆虫など全動物に及ぶ。『広辞苑』もこの部類に入ると言っていい。

『広辞苑』については、実は依頼された当初は、他の仕事が溜まっているからと断った。すると川村多実二から直接、「やってくれないか」と電話があり、師の言として承った。が、その量の多さに自身は動植物を描くことにし、有職故実、風俗、建築、器物などは友人の佐藤（佐伯）義郎に頼んで発行に至った。

主なものを列挙する。

『日本産貝類概説』三巻、波部忠重、貝類文献刊行会、一九五一―五二年
『原色少年動物図鑑』内田清之助・岡田要、北隆館、一九五三年
『学生版原色動物図鑑 水棲動物篇』岡田要・瀧庸・酒井恒・阿部宗明、北隆館、一九五五年
『広辞苑』新村出編、岩波書店、一九五五年
『学生版原色動物図鑑 陸棲動物篇』内田清之助・川村智治郎・黒田禮・古賀忠道、北隆館、一九六一年
『原色日本淡水魚類図鑑』宮地伝三郎・川那部浩哉・水野信彦、保育社、一九六三年
『原色図鑑生物百科ライブラリー4・5／動物、6・7／昆虫』北隆館、一九六六―六七年
『カラー図鑑百科1／動物、3／魚貝、4／鳥類』世界文化社、一九六七―六八年
『原色動物大図鑑』全四巻中の一、二巻、北隆館、一九七〇、八六年
『朝日ラルース 世界動物百科』朝日新聞社、一九七一―七五年
『特殊鳥類判別図鑑』環境庁、一九七四年
『万有百科大事典』小学館、一九七七年
『二枚貝綱／掘足綱――日本軟体動物分類学』波部忠重、北隆館、一九七七年
『貝と水の生物 携帯版』檜山義夫監修、旺文社、一九七七年

『原色図解大事典』小学館、一九八〇―八一年
『野外観察図鑑4 魚』旺文社、一九八五年
『原色魚類検索図鑑1』阿部宗明、北隆館、一九八九年

アメリカ出版の図鑑

アメリカからの戦前（モルガン研究所）と戦後（カルフォルニア大学スクリップス海洋学研究所）、二度の招聘は断ったが、絵の依頼は受けている。「カルフォルニア大学のストアー、ユージンガー」共著『ナチュラルヒストリー』中の鳥類、「ミシガン大学のバーチ」依頼の貝類である。貝は標本を送ってきたが、輸送中に管ビンのなかで傷んでいるものがあり、厄介だったと語っている。が、ともかく報酬は日本に比し、格段によかった。

ビアンキ、ファーブルの動物記

四子吉は子どもの無垢純真にありのままの人間の姿影を見ていた。東京の出版界では児童物は溢れ、書き手、描き手は仕事を求めて相争う状態だった。この渦中に飛び込む気持ちは四子吉になかった。そんななかで子どもへの熱情を満たしたのがヴィタリー・ビアンキやアンリ・ファーブルの仕事だった。

ここでは絵と文章が同等、子どもの読者（聴き手）にとってはむしろ絵が先で、その解説としてことば（文章）があるといってもいいものだ。絵の興味から、「なんだろう?」「どうしたの?」と

物語に導かれるようになっている。触発された好奇心が源泉となって湧きだす物語の世界へ身も心も没入し、さらに展開してゆく。没入は遊びであり、遊びのなかで想像力を鍛え、豊かに育てている。描く本人も、描くことを楽しんでいる。

ビアンキは始め、『森の新聞』全四巻（内田莉莎子他訳、理論社）として一九五七年に出た。それが十年余の後に『ビアンキこども動物記』として全七巻になった。『ファーブル昆虫記』（中村浩訳、あかね書房）全七巻は一九六九年からの刊行。

写生といい、写実といい、いずれも人間の眼から見てのことだ。四子吉は対象とする生物への感覚的驚異を基礎に置きつつ、その生命態を描きたい。人間（画家）の思い入れによる仮託的寓意や人工性を排除したい。個々の動物について、その無機、有機の環境すなわち生きもの個々の社会生活を考慮する。人間の感覚世界に近づけ、似せて喜ぶ写生、写実ではない。画家が描く対象である動物の視線で見える世界を表現したい。人間の感覚をもって見るのではなく、当の生きものの感覚による世界把握を表現のうえに企図する。その面白さ、興味深さを読者が共有することを希求している。こういう形で自然科学の眼を活かしている。

『自然手帖』

『東京新聞』夕刊に一年間連載（一九六二年）した「自然手帖」も、随想の執筆者は曜日ごとに六人だが、絵は四子吉一人の担当だった。日曜を除いて連日、文章を見てから主題の動植物を正確に墨一色で描くのだから、蓄積した知識と技法があって初めてできることだっただろう。ここでも種々の制約を、文章とともに表現への動因、契機にし、描く対象にのりつつのびやかに楽しんで描いていると見える。その余裕、遊び心が伝わって、その後、三度刊行されている（大和書房、一九六四年。雪華社、一九六八年。平凡社、一九九八年）。

右の指摘と深く関係して、もう一つ四子吉が意識して働かせている眼がある。それは完成品が印刷物という形態をとることである。したがってそれが拡大や縮小されて、複数（多数）の完成品ができることを意識した眼だ——この眼は著作権を重要視させることにつながる。一枚だけのいわゆるタブロー画を描いているという意識ではなく、印刷されたあとの像（映像）を意識して描いている。

理科美術協会の結成

四子吉にとって「自由」は個人の尊重と同義であり、作品がそれを表わす。独自の作品すなわちオリジナリティはそのまま自由の表現でなければならない。その基に父が身に着けていた職人気質および道義感（観）があった。仕事の成果は当人の生の証《あかし》として誇りであり、敬われるべきだった。自分の領分である仕事は黙ってきちんと仕上げるのであり、そこに筋を通した。筋を曲げること、へつらいに誇りはなかった。そして仕事が「できる・できない」が、そのまま人間評価につながった。

四子吉の場合、そこに自由という精神性が加わった。自由な精神が自由な作品を創造する。作品の創造によって作者の精神は自由になる。必要とする範囲と質においてみずから獲得するのが創造者にとっての自由である。筋を通すのも自由を獲得するためだった。

東京の出版界で驚かされたことの一つに理科系図版の使われ方があった。例えば、過去に描いた絵図が、描いた本人にまったく無断で他に使いまわされていた。個人が為した仕事は当人の人格と同じである。作品には作者という人間が存在する。「著作権」とは「著作人格権」であり、作品への敬意（かけがえのなさ）と作者の人格尊重を認めることを意味している。作品をないがしろにして金銭利益を追求する才覚（エコノミー）は本末転倒だ。

生物画を描く仲間たちと知り合うと、そこで団体の必要性が話題になっていたが、実際に組織化を目ざし動き始めたのは東京へ来て六年過ぎたころ、それからさらに二年、やっと機が熟した。白尾三男、立石鉄臣、佐々木啓裕、小林勇、斎藤謙綱、鈴木史朗、牧野四子吉の七名が呼びかけ人となり、参加者七十三名によって一九五八年七月二十五日、日本理科美術協会が誕生した。

作者にとって著作権の主張は社会参加の意思表示であり、作品への署名によって作者と作品は社会化する。著作権の主張は、そこに責任も発生して一種の社会的義務を負うことになった。個に徹してきた四子吉が仲間の組織化のために率先、活動した。それが戦後社会における四子吉の生き方となった。著作権のために裁判所に提訴もしている。ともに従来の四子吉からは考えられない行為だろう。一九六〇年の安保反対闘争には夫妻で国会前に出て行った。

「目白台サロン」の形成

転居後も京都時代の知友がそこを東京宿泊所とし――ビジネスホテルなど発想もなかった時代、こうした付き合い方は一般だった――、その教え子らも上京時に寄った。東京に研究の場を移した者も来た。彼らに連れられて来た在京の若い学者、絵の依頼に来た編集者、山や詩の知り合いなどと新たな交遊が始まる。彼ら彼女らは夫妻よりそうとう若かったが、客は多彩だから会話は多岐にわたり弾んだ。

牧野宅の前の路地を表通りに出た、その真向かいに東大病院の分院がある。夫妻は東大分院を「かかりつけ医」とし、旧来の知人友人に分院を薦め紹介もしたから、彼（女）らが通院の度に立寄る場ともなった。こうして京都時代とはだいぶおもむきの異なる「目白台サロン」が形成された。四子吉の没後、夫妻を偲ぶ回想文集『にど　だもれ――回想牧野四子吉・文子』（一九八八年）が百十七名の文章によって刊行されたが、これはその人たちの手によった。

森沢康は一九五二年、東大分院内科に入局した。その森沢を夫妻は各種の劇場、ホールの催しに誘った。N響コンサート、イタリア・オペラ、俳優座が演じた文子訳のカルロ・ゴルドーニ『一度に二人の主人を持てば』（『主人二人の召使』）、劇団民芸公演等（四子吉・文子が目白台へ土地を見に来てたまたま出会ったことから、ここへ「小屋」を建てることに決めた親しい隣家、渡辺浦人の娘、浩子が民芸演出部員だった〔新国立劇場創設とともに初代芸術監督〕。また文子の父が親しかった下村海南の息、正夫が劇団「東演」の創立者で演出家だった）。

森沢は牧野宅に立寄る学者との会話から「エコロジー（生態学）」に興味を持ち、これが公衆衛生学に進む機縁となった。

「牧野さんから可児藤吉全集を借り出して、その棲み分け理論に共鳴して脳卒中発症の地域差を調べ出した訳です。脳卒中の多発地帯である山梨県の白州町をフィールドにして、東大分院の若い医者、看護婦さん、社会事業大学の学生さんに参加して頂き、毎年五十名程で、一週間泊り込み、この農村地帯で何が脳卒中発症の危険因子となっているか、住民の集団検診と気候、食事、生活状況などの生態学的アプローチを同時に行って、昭和三十五年頃、山梨県白州町における脳卒中の医・生態学的研究として第一報を日本老年医学会に発表した」。

森沢は私事についても記す。牧野夫妻と女友達と四人で筑波山に登ったとき、その女性との結婚を勧められた。子どもができると名付け親になってもらった。それぞれ「木実」「千里」「拓」と。晩年、二人がイタリア旅行に出る直前、文子が持病の胆嚢炎を再発、旅行の中止を強く言ったが、「最後だから、二人してマライーニに会ってくる」と決意が固い。そこで出発時まで点滴した。どうやら無事に帰ってきてから、「実は森沢先生を遺体引き取り人に指名してあの時は出発したのだ」と告白された。

イタリアで二人と知り合ったのが陣内秀信である。ヴェネツィアの建築大学に留学中、たまたま隣室に住んだ別府貫一郎から夫妻を紹介された。別府と四子吉は川端画学校以来の友人である。四年後、陣内は最初の著書『都市のルネサンス――イタリア建築の現在』（中公新書、一九七八年）を出すが、そのきっかけは四子吉夫妻が月刊『自然』（中央公論社）編集長だった岡部昭彦を紹介したことによる。

学者や編集者ばかりではない。フィレンツェの町なかで文子に声をかけられたのがきっかけで、目白台を訪ねるようになったのが山村せい子である。

山村が夫妻に「ひかれた最大の魅力は、モノやカタチにとらわれない自由な精神のありよう」だった。「あそこには、まず人がいて、心がありました。モノが人や心をさしおいてしゃしゃり出ることが決してありませんでした。モノはいつも後からさり気なく登場します。それなのに、お二人のまわりのモノたちが、逆にみな生かされていたようなのはフシギでした。／あのちょっと古びた椅子に掛けると、それだけでほっとしたものでしたし、色のさめかけたテーブルクロスからは、いろんな話が聞けました。（中略）いつかなど、あんまりお話が楽しくて夕方になり、『今日は卵とおとうふとつくだ煮とラッキョだけど、ご飯食べてかない？』というお誘いに、もちろん喜んで座り直した私は、あやうく終バスに乗りおくれそうという一幕もありました」。

次世代に向けて「自由な精神のありよう」を、その内実にふさわしく生活をとおして示した二人である。二人は社会共同体の内にいて、しかしその規制力に取り込まれることなく、また疎外感に陥ることもなく、日常の時間を充実させた。その柔軟さが湧出《ゆうしゅつ》、発散する雰囲気が訪ねてくる人自身を解放した。そこに媚《こび》や馴れ合いはない。嫌われることなど恐れなかった。その生き方が人間関係における偶然を必然的出会いにしてしまった。それがまた四子吉の絵における描いた対象との関係だ。すなわちエコロジカル・リアリズムである。

この家で始まった交流が生んだと推察した仕事の例を挙げる。島崎三郎・日高敏隆共訳、四子吉扉絵によるエドゥアルド・シュトルフ作『マンモスの狩人』（理論社、一九五九年）だ。この組み合わせが興味深い。島崎は東大分院内の衛生看護課に勤務するようになると朝と晩、出勤前と帰宅前、牧野宅を訪ねるのを習慣とした。その島崎にアリストテレス『動物誌』他をギリシア語から訳し、ラテン語他さまざまな言語からなる資料と浩瀚な研究誌を博捜し、懇切、膨大な注釈を付けた仕事がある。つまり諸言語に通じている（『アリストテレス全集』七、八、九巻、岩波書店、一九六八―六九年）。日高が目白台へ行くようになったのは旧制高校時代の生物仲間、有藤《ありとう》寛一郎が連れて行って以来だ。有藤は編集者として四子吉に会い、その後、ついに植物画家になった――が、それでは「食えず」、古本屋も営んだ。日高は専門にする動物行動学、進化生態学を基礎に、その守備範囲、活動領域は広く、翻訳書も多彩である――学生時代から家族の柱として生活費を稼がねばならなかった。

島崎と日高は東京大学動物学科の同窓とはいえ、生年に十年以上の隔たりがある。推察を誘うのは、そんな二人が小中学生向けの『マンモスの狩人』を共訳するにいたった経緯である。

二人はたまたまここで同席、紹介され、どちらか（島崎？）が『マンモスの狩人』を話題に出し、好奇心旺盛でバックグランドが広く欧州語に堪能な二人だから、もう一人の方がすぐに借りて読み、「これはおもしろい。翻訳したらいい」となった。そこで登場するのが文子。「それなら二人が共訳

シュトルフ『マンモスの狩人』扉絵・四子吉画

して、理論社ね」と。そして四子吉も扉の絵で参加した、という成り行きが推察できる。

四子吉による、その扉絵がもう一つ、想像を喚起する。そこには半裸に獣皮を付け、右掌に磨製《ませい》石器（硅石製《けいせきせい》ナイフ）を握るクロマニヨン風若者の姿が淡彩で描かれている。背後の壁に牛像が刻まれて――。そもそも人間を描くことの少ない四子吉だが、この若者が四子吉の自画像に見えるのである。四子吉には自分をこの物語中に投映、とまではいかないにしても擬《ぎ》したくなるところがあったのではないか（扉絵は初版のみ、再刊本にはない）。

文子のイタリア

文子のイタリア語翻訳は、戦時下にフォスコ・マライーニ編『イタリア山岳兵の歌（歌集）』（この中の「山の大尉」は『〔うたごえ合唱団編〕うたごえ歌集』に牧野文子訳で載る）、マライーニ著『ヒマラヤの真珠』（精華房、一九四三年。戦後、理論社から復刊、一九五六年）の二冊から始まった。戦後もマライーニ著書には『チベット――そこに秘められたもの』『ガッシャブルム4――カラコルムの峻峰登頂記録』（ともに理論社、一九五八、六二年）、『海女の島――舳倉島』（未来社、一九六四年。島滞在中に御礼として小祠へ幔幕を寄贈している）があり、マリオ・ファンティン編『ヒマラヤ巨峰初登頂記――八〇〇〇メートル峰一四座』（あかね書房、一九六九年）、カルロ・ゴルドーニの戯曲『主人二人の召使』（未来社、一九五九年。小沢栄太郎演出で俳優座上演）、民族独立闘争渦中のアルジェリア臨時政府監修『消えない証言――アルジェリアの子どもの物語』（理論社、一九六四年）などがある。

文子は一九五四年四月、今西錦司の勧めがあって日本山岳会に入会した。会員番号四一七六、つづく四一七七番がマライーニ、その経緯は山岳会がマライーニの講演を企画し、文子に仲介を依頼したことに始まる。翌年、四子吉も入会した。五六年七月、マライーニ著『ヒマラヤの真珠』が新装再刊、その出版祝賀会の発起人に日高信六郎、松方三郎、今西錦司、島田巽《たつみ》、田辺主計《かずえ》、林和夫、交野武一の名が並んでいる。文子はその後、日本山岳会の海外委員会イタリア担当委員となり、七四年には日本山岳会代表としてユーゴスラビア（当時）で開催された「国際山岳会」に出席した（六七年、文子はイタリア政府から「カヴァリエーレ勲章」を授与されたが、これについての記述は文子の文章に見当たらない）。

文子と四子吉のイタリア旅行は一九六四年から七四年にかけて三回、いずれも他国をまわる長期の旅だった。その旅紀行を文子は『イタリアは青い空』『知らなかった美しいイタリア』『イタリアへの郷愁』（理論社、一九六八、七三、七六年）として出版した。この「イタリア三部作」は、開放させた五官が感応するまま、細大漏らさず記録するという姿勢で一貫する。それは最初の旅に出る直前に没した百瀬晋に向けて、弔い報告をするという強い意思があるかのようだ。そのほんの一端を、二人における「旅」を垣間見させるので再録する（『知らなかった美しいイタリア』）。

半年の旅を終えて、家に落ち着いてまず何よりもと、旅先から家へ送っておいた本や絵葉書の小包を片付けに取りかかった。そのうち小さな写真のフィルムの空缶にまるめて入れてあったものを、はて、これは何だったろうと不審に思いながら取り出した。すぐには思い当たらなかったが、おお、そうだ、ポルトガルの南西端の大西洋に突き出たあの断崖の潮煙《しおけむり》を上げて春風の吹いていたサグレス岬で、夫が採集したカタツムリだと思った。そして貝の学者の波部《はべ》忠重さんに、前回もイタリア土産にカタツムリを喜んでもらっていたので、今度もそれをあげた。その後、

「あのカタツムリは生きていたそうだよ、今、飼ってみているんだって……」と、同氏に会うことがあって聞いてきた夫は、わたしに面白そうに話した。旅をしていた友だちが無事だったのを知ったように、わたしも何だかうれしかった。また少したって来宅されたわれわれの京都時代からの親しい友人の進化論学者の徳田御稔さんにも、この話をした。するとそれはあり得ることだそうで、少しユーモラスに解釈すれば、生活環境が気に入らなくて、つまりカタツムリがむくれ(!?)て、半年もの間夏眠していたのである。そののち植物生態学者の吉良龍夫さんにもこれを話すと、彼はお父上の吉良哲明さんがやはり貝学者でいられたので詳しかった。何も食べないで真っ暗な所にいても、空気さえ通っていればカタツムリは生きているのだそうである。なるほど紙にまるめて缶の中に押し込んでおいただけだし、缶の蓋もゆるいものであった。

それにしても半年も暗闇の中で、じっとして何も食べずに生きていたなんて……と、わたしには小さな無賃旅行者のカタツムリがほほえましかった。そしてカタツムリの命が、何だかひどく貴いものに思えた。相手が、お互いにじっくりと話し合うことも不可能なカタツムリでも、ともかくも生きていてくれたことが、わたしには大した喜びだったのである。命と喜びとは、いつもそっとどこかで抱擁し合っているものらしいと、わたしは独り合点をした。

ここに登場した人たちはみな、暗闇で半年も夏眠するカタツムリに共感、共鳴できるものを持つ人たちなのだろう。命と喜びとは、半年も暗闇の中で、じっとして何も食べずに抱擁し合っている、は文子における詩だ。

イタリア三部作と内容、対象を同じにしながらも、あらたな構想のもとに執筆していたのが、絶筆となり没後刊行となった『イタリアの山を行く』（アディン書房）だった。

一般にイタリア旅行といえば旧都市国家の市や町の景観や飲食であり、またルネッサンスを中心とした美術、音楽、教会であり、そこにはローマ文化が色濃くあり、地中海やエーゲ海が臨まれる。『イタリアの山を行く』はそれらの背景にあって、それらを個々の共同体に囲い分ける山嶺《さんれい》地帯が主題だ。したがって山もイタリア側アルプスだけではない。あの長靴の脊梁《せきりょう》を形成するアペニン山地であり、カカトであり、さらに島々である。つまりは、かつての領邦に育った特異な文化の報告である。そのほとんどにマライーニが運転手役などで同行しており、文子の指向はマライーニの『随筆日本――イタリア人の見た昭和の日本』（松籟社、

文子，四子吉，百瀬晋

岡田温司監訳、二〇〇九年）と共通し、そのイタリア版への試みのごとくだ。

イタリア以外の旅記録として『鳴り始めたオルゴール――一二の国・旅の随想』（理論社、一九八二年）がある。

フォスコ・マライーニのこと

文子と四子吉はフィレンツェに着くと、アルノ川にかかるポンテ・ベッキオ橋に来た。いつのころからか写真や絵で見ていた、その小店の並ぶ橋の中央テラスにいたると、二人は「オー　ミオ　パッピーノ」（ジャコモ・プッチーニ『ジャンニ・ステッキ』）を口ずさみ始めた。口ずさみ、歌って、フィレンツェにいる自分たちを実感した。それはイタリア語を始めたときに抱かれた、叶わぬ夢、「イタリアの地に立つ」が生きてかなった瞬間だった。それは知らず知らずのうちに溜まった、これと名指すことができないような生活の〝塵埃《じんあい》〟を放散する爽快さであり、日本人として生きてきたこととの確認だった。

フィレンツェはフォスコ・マライーニが育った町であり、父譲りの邸宅があった。その屋敷を、「自分は留守にしているが自由に使って」といわれており、二人は自炊を体験、フィレンツェ人の日常生活を楽しむことができた。この夫妻について、フォスコは「将来の日本人のあるべき姿の手本」とまでいっている。そのフォスコについて、人間性の一面を示すエピソードを紹介したい。

フォスコの父は彫刻家、母はポーランド系のスコットランド人で民族学的探究の旅を好んだ。このような両親を持って長じたフォスコは、アイヌ研究のため日伊交換学生として北海道大学へ、妻子同伴で来日した。交換学生期限の切れた一九四一年四月からイタリア語教師として京大へ赴任、その年十二月八日の真珠湾奇襲以後も同盟国国民として過ごした――イタリア国民でなければ、頻繁に旅行していたから、検挙されていただろう。

四三年夏、イタリアにパドリオ政権が成立し、無条件降伏するとともに連合国側に参加した。その直後、ドイツはイタリアへ侵攻、捕らわれていたムッソリーニを救出し、北部にファシスト政権のサロ共和国をつくった。すると日本政府は在日イタリア人百九十人にたいし、ムッソリーニ首相のサロ共和国支持を求めた。これを拒否したマライーニたちは――十六人にマライーニ夫妻の子三人の十九人――「敵性国民」として名古屋市郊外の強制収容所に入れられた。

収容所でほぼ二年間、二度の冬と夏を過ごしたのだが、「敵国人に食わせるものがあるなら日本人にまわせ」という日本人のあり様だったから、彼らの飢餓のいやし方はすさまじい。人気のないのを見計らって収容所のゴミ箱をあさり、ミカンやジャガイモの皮、キャベツの芯、魚の尾まで集めて煮た。春になるとタンポポなど野草に動物性タンパクを求めてカエル、カタツムリ、ノネズミ、ヘビを獲った。そして、そうせざるを得ないイタリア人を管理官（特高警察官）が侮辱したとき、フォスコは「我々イタリア人は誇りを持っている」と鉈を一閃、自分の小指の先を断ち切って相手に投げつけた。ヤクザの「申し開き」方を、武士の切腹が表現する名誉の護持に用いた。この侠気を示した個人的行為は、対象フィールドに柔軟に馴染む資質才質を備えた人類学者を示すだろう。

戦後、解放されて帰国したが、八年後に再来日、牧野夫妻との交友が復活した。以降、いっしょに日本やイタリアを旅行した。マライーニ著『海女の島――舳倉島』『随筆日本――イタリア人の見た昭和の日本』に四子吉・文子が登場する（後者では、収容所に入らなかった、すなわちムッソリーニ政府を認めた在日イタリア人を含め、みな変名）。マライーニの写真展はイタリア、日本でしばしば開催されている。大阪万博ではイタリア館責任者を務めた（『随筆日本』は収容所における日本体験を内に持ちつつ、「高度経済成長」に向けて変貌しようとしている日本列島を旅してまわり、親しく接した民俗を通して民族を論じた浩瀚な日本論——その「随筆」の語の意図は、「博物誌風精神誌」に通じる。この初版英訳本はアイゼンハワー大統領訪日が直前に中止となった、折りからの安保闘争もあって、アメリカで週間ベストセラーとなった）。

着物に京都弁で周りの子どもたちと遊んでいた長女のダーチャ・マライーニは、今やイタリア現代文学を代表する作家の一人（邦訳作品多数）。幼児期八年間を日本で過ごしたが、日本語はすっかり忘れたとのこと。日本生まれの次女（札幌生まれでユキ＝雪）、三女はそれぞれ音楽、絵画の専門家になった。

先にその「屈辱」を語った宮沢弘幸について（二一四頁参照）、フォスコは記している。「わたしにとってヒロユキは日本精神のもっとも高貴な、この地上でもっとも貴重な側面を表わしていた。それは現代の西洋人よりも古代ギリシア人に近いような、宗教的な美への繊細な感受性、そして生きることへの真摯な情熱、人間だけでなくあらゆる土地の『命あるもの』（チベットの人々が言うように）から『命なきもの』にいたる、ありとあらゆる存在にたいする思いやりの心である」（『随筆日本』初版序文）。

宮沢弘幸は北海道大学の電気工学専攻学生、海軍の委託（奨学）生となり技術将校を目ざしていた。

身体は小柄だが頑健、なにより大志とそれに向けての実践力が際立つ。日本の鉄道を（蒸気機関車から）電化するにとどまらず、釜山へ海底トンネルを通し、その線路を満鉄につなげるだけでなく、北京から南はサイゴン、西へバンコク、カルカッタ、カシュガル、カンダハル、テヘラン、バグダッドを連結する鉄道網を夢見ていた。それは欧米の植民地支配から、日本が先頭に立ってアジアを解放する、その具体策としての構想だった。

マライーニのドロミティ山荘で，フォスコ，四子吉，文子

そのためには実見にしかずと、機会を得ては満州、千島、上海に旅をして、夏春の休み期間は大学学生部による「斡旋募集」に応募して陸海軍の労働実習、講習会に参加、カラフトで軍港給油基地建設作業員や習志野の戦車学校訓練なども体験した。そしてなにより欧米の最新先進技術を習得すべく諸国語を学び、英会話はほとんどマスター、フランス語、ドイツ語も日常会話が通じる程度になっていた（この知識欲と行動力が、やるべき仕事がなくなっていた特高にとって「スパイ容疑」条件にかなった）。また新渡戸稲造が始めた年齢、男女、職業など資格不問の「札幌遠友夜学校」のボランティア教師もやった。

弘幸とフォスコは北大英語教師のレーン夫妻宅で会っ

た。会って間もない夏休みの十日間、二人は自転車によるアイヌ部落めぐりをしている。フォスコの計画を聞いて、弘幸が同行を申し入れたのだろう。北アルプスは奥穂から槍への縦走も二人でやった。冬期には積雪中の手稲山山頂近くに「雪小屋」を造って、五日間スキーで過ごしている（当時の『北海道新聞』に「初の快挙」として載る）。そしてマライーニが京都へ来る前には、その家の一室に同居する仲になっていた。

開戦が近づいたころ、大学学生部は個々の学生にたいし、外人との付き合いには気をつけるように注意を促した。が、弘幸は自身にやましいところは寸毫《すんごう》もないという確信から、意に介さなかった。例えば、マライーニ一家が去って後、一般には手に入り難くなっていた牛乳を飲むため、毎朝、登校前にレーン宅を訪ねていた。

レーンは絶対平和主義を貫くクエーカー教徒であり、第一次世界大戦時には良心的兵役拒否者として病院で役務をはたした。人柄は物静か、信教は個人に属すこととして宣教などいっさいしない。夫人は組合派牧師の娘、京都生まれで同志社女学校を出てアメリカへ留学した。弘幸とレーン夫妻は分離裁判であり、弁護士も違い、会うことはおろか相談することも許されなかった。が、ともに無罪を主張して大審院（最高裁）まで上訴した。

レーン夫妻は四三年九月、日米交換船で帰国し、戦後、五年近くたって北大教師に復帰した。が、この「事件」について触れることなく——戦後の初来日時、宮沢家を弔問に訪れたが、弘幸の母から「玄関払い」された。弘幸は「罪人」として墓にいた。今もそのままであり、妹は兄、弘幸の名誉回復のために運動していたが、二〇二〇年十月アメリカで没——夫婦はアメリカにも帰らず没し、墓も札幌にある（その子どもたちはアメリカ在住）。

フォスコは自分が使っていた寝袋を網走の弘幸に送ったが、その手に渡らなかった。戦後、弘幸に会ったとき、フォスコには一人の老いた病人にしか見えず、弘幸がみずから名乗るまで分からなかった、と記す。レーン夫妻とも隣家で親しかったフォスコは、この「レーン・宮沢事件」について機会あるごとに書き、訴えた。

文子の詩について

文子は河井酔茗が主宰した塔影詩社に属し、詩集が五冊ある。最初の詩集『かぜくさのうた』（塔影詩社、一九五三年九月発行）から冒頭の詩、「ぎんどろ」を引く（「ぎんどろ」は白楊《はこやなぎ》、落葉した樹影はポプラに似るか）。

ぎんどろに
春が来た

一枚の葉もないが
ぎんどろは光ってる

地の中から

水が昇って

あったかい
陽がふりそそいで

一本の大きなぎんどろに
春が来たのだ

ぎんどろは
光ってる

悲しみに
うつむいてはいけない

ぎんどろの木を
ずうっと梢の先まで見上げて
その上の空を見る

銀色の幹が
いきづいて
ぎんどろは
光ってる

ぎんどろの裸の枝や幹に暖かそうな光があたって春の到来を告げている。そこに自分のうつむきがちな心を仮託して、〝元気になろうよ〟とうたった詩だ。

この詩集の「序」に河井酔茗が激励、期待の言としていっている。「詩の本質に独自性があるべきだ。（中略）表現があまりに明確で、描写、叙述に止まり、詩感を逸している点もある。（中略）詩と散文との区別に注意して工夫を凝らしているのは察しられるが、尚お完全とは言い難い」。この引用は評言中の特に厳しい指摘だけを連ねたのだが、これを端的にいえば、文子の詩のことばは主題である抒情を吐露するための叙述手段であって、表現の目的としていないとなるだろう。肝心なのは「ぎんどろ」の樹であり、その裸の樹影に春の光のさす情景が見えてきて、その映像がおのずからのように詩人の想いを伝えて抒情にならなければならない。

師の酔茗による指摘は第五詩集においても変わることはなく、その変わらないところに、むしろ文子における「ことば」があった。詩のことばに託した「想い」の連ね方が、日記から随想へと延長してゆく、あの文章での使い方と変わらない。だから抒情詩としても、そのことばの調べ、律がありきたりとなる。文子は会話の人であり、現場における呼吸とともにことばで交わる人であり、ことば自体を目的として対象化し操作するような表現には向かない「人」だった。

労わりの生

すでに胆嚢炎を患っていた文子は一九八三年五月二十日、体調悪化、すぐに東大分院に入院、六月八日、尿毒症により亡くなった。

個室へ移動中の、ベッドに横たわる文子に出くわしたのが岡部昭彦(当時、『自然』編集長)だった。「付きそうようにして病室に入った私を認めた文子夫人には、あのいつもの陽気な笑顔はなかった。そして、ふりしぼるようにして『岡部さん、もうだめです』と、やっとのことでおっしゃった。私のなぐさめとはげましのことばは空しくひびくだけで、どうしようもない」。

文子は虚空に向かい毅然と咲いた白い花だ。それがやっとのことで、ふりしぼるようにして「もうだめです」と言ったときは、「だめなとき」なのだ。親しい友人に向かっては、そのように告げる文子を、脇に立って眺めているしかない四子吉だ。愛をともに追いかけた人に、二人でいる最後まで、だめになるまでを、きちんとやって来たと告げたかった。「私の人生は、花の草野をただどこまでも歩いて行くだけです」を実践し、その「花の草野」へ埋もれて化した。野生が必然とするような、到達場所としての野生の死が想起される。

文子通夜の夜の情景を、三輪誠は記す。

「文子夫人の葬儀の日程は生憎と抜けられない予定が入っていた。おそくなってもせめてお通夜だけでも、と所用を大いそぎで終らせると、目白のお宅にかけつけた。ところが着いてみると牧野宅はひっそりと暗く、もの音ひとつしない。鍵のかかった引戸越しに『牧野さん』と呼んでも返事がない。時刻はまだ九時にはなっていなかったと思う。そこへ弔問の中年の婦人とお子さんが来られた。通常の通夜ならまだ来客への気配りで多忙な時間である筈である。しかし、どうしても応答が得られないので、私たちは電話をかけてみる事にした。電話はしばらく呼び出し音が鳴ってから『はい』という、あのいつもの牧野さんの声が聞えた。『三輪です』『ああ三輪さん』『お別れに来ました』『もう疲れたのでもうやすみました』『御親戚の方も！』『皆帰ってもらいました』。瞬間、私の頭にひらめいたものがあった。〝ああ、おじさんはおばさんと一秒でも長く二人きりでいたいのだ。明日はもう茶毘に付されてしまうおばさんとの二人だけの夜を静かに持ちたいのだ〟『分りました。また参ります。お気を付け下さい』。かくして私は文子夫人とは最後のお別れはできなかった。しかし、己れを持つひとの、澄んだ、凛然とした世界に接した思いで帰路についた」（『にどだもれ』）。

虚空に立つ威厳

以下は四子吉没後、残されていたノートからの再録である。文子が亡くなったのが一九八三年六月八日、それから二カ月余が過ぎた真夏、二人でいるのが常態だった場所に一人いることの理不尽、不条理について随想している。発表するつもりの原稿の下書きではないだろう。昔は短歌創作による抒情の発露が慰撫をもたらした。しかし、この草むしり作業を語る散文は作歌の無効を示し、庭に旺盛な緑の繁茂を終末の景として見ている。抒情性を呼び起こすなにもない、冷え冷えとした真夏が迫り寄せる。それを叙す四子吉には自分しかいない。その不自然であることを、ただ見つめている。

庭の芝生の雑草がひどく眼につくので久しぶりに降り立って、しゃがみ込んで雑草をむしりはじめてみた。

考えてみると文子が分院に入院する前から庭の手入れなどはしていない。もっとも五月ころはまだそれ程草も木も生い繁った状態ではなかったので気にもならなかったのだが、今や伸び放題の繁りようで一寸手に負えないほどである。

雑草をむしり取りながらふっと妙に空しい気分に陥るのを感じた。何か足りないものがある。それが何であるのかは直ぐにわかった。つまり現在私はひとりなのだということだ。草むしりをしている私を見守っている者が誰もいないということだ。文子がいた頃、私が庭に出て枝切りをするとか雑草刈りをするとかして、やや疲れかけた頃、「お茶をあがりませんか?」「お茶の用意ができました!」という声がきまったように聞えたものだった。

私が草むしりの手を洗って室に入ると、大ていは抹茶の用意ができていたものだ。私の好きな茶碗で飲む一服のお茶は何ともいえない満ち足りた気分を味わせてくれたものだったが、現在決定的に不足しているのがこのことなのだ。

その空しさなのだ。いつでも私の傍で私を見守ってくれていた人が今やこの世界にはいない。消えてしまっている。これが事実だ。にも拘らず、そう思いたくないという矛盾した感情が同居しているもののようだ。或いは文子が死んだと思い込むことで私の心の中から文子がいなくなるのを怖れているのかもしれない。

私と文子は特殊の場合を除いては大抵いつでも行動を共にしていたといえるようだ。旅の場合、山行、ハイキング、町への買物、オペラ、音楽会、観劇、展覧会等、殆んどそれぞれが単独で出掛けたという例が考えつかない。一つにはそのいずれの場合でも、常に共通したよろこびを、楽しさを、倶にしたいという願望が意識下にひそんでいたためだという風にも考えられる。行動としてはそれが我々の場合一番普通のことであった。家庭内の作業にしても能力に応じた方法でお互に協力しあうようになっていた。二人のいずれからも強要したりして成り立ったものではなくて、極めて自然に、むしろ自発的にいずれかを撰んで実行に移していたといい得られる。一般的には特殊なあり方だという風にも受けとられたろうと思うことはあったが、少しもそれが気にならなかった。むしろ自然発生的に成立した夫婦間のこの協力関係は巾を拡げて社会の中での人間の生活のあり方に基本的に一致するものだと私は思っていた。だから、私は私達の生活のあり方にいささかも疑義を抱いたことはなかったし、文子もまた私の考え方を積極的に支持していた。従って人生観や世界観の面でも二人の間に殆んど溝がなかったと云い得られるように思う。二人はお互いそれぞれが好む道を歩いている。文子は詩を主体にした文学的な道を、私は美術の道を——これは形の上では異なっているように見えても、基本的には全く同じものである。

この私にとってのかけ替えのない生活協同者であって、なお私が生涯に愛した唯一人の女性を失ったということは悲痛とか悲愁とかいう言葉ではいい尽せない中味の違いを思い知らせてくれる。今や私の世界が崩れかけているとさえ云い得られるような気がする。急に私の生活自体が方向を失った小舟のように、自らの意志や力では乗りきって行けない、つまりその能力を喪失してしまった空虚の中に沈み込んでいる私自身を瞶《みつ》めている日々を経験している、といってもいい過ぎではないように思えていた。それほどに文子の存在が私にとっては大きなものだった。それがただに愛情に基いた人間関係がもたらしてくれたものの結末だとも自分に云い聞かせても来た。協力で成り立っていた生活が、その一方が消滅したことでこんなにも脆く崩壊するとは考えも及ばないことだった。が、現にその状態に現在の私は立たされている。が、これではいけない。この境地から何とか脱出しなければならない。多少の時間はかかるとしても、それをなし遂げる努力を怠ってはならない。これは一つには死んだ文子の意志や希求していたものを無視する結果に陥らせないためにも、必要だ。

尻切れとんぼに終わる文章だ。起承転結など無理なのだ。一気に記し、なかに補正も訂正もない。「今や私の世界が崩れかけている」という生態を、文字を使って語ることで文字から返ってくる声を聞こうとしている。励ましの声を、必死に。

一見には荒れたふうでも、つねに手入れが行き届いていた庭だった。そこに生い茂った雑草を除こうとする行為に始まった文子への追想はいつも使っているペンを手に、これも使いなれた机の上で、独り記してゆくほどに文子に近づく。近づくのだが、その近づき方は同時に遠ざけもする。触れようとして触れられない。徘徊する無言の霊との対話。孤独感を心身に迫らせる内なる対話。その寒冷を外の真夏の暑熱がさらに際立たせる。それでも語る。孤独を、存在のいわば条件として、そこに二人で生きる根拠を置いて、だからつねにいっしょに行動し、話し、互いを確かめ合ってきた。それが二人で生きるという決意だったと、あらためて自己確認する。このときこの確認は文子の存在が、四子吉の存在への励ましだったという生の実態を、いよいよ明確に切実に告知した。嘆くこともできない四子吉がここにいる。

大きく空白をおいた見開きの次頁末に文子の死から一年がたった、次の短い文章がある。その全文を引く。

現在私の住んでる家の何処にも、彼女との生活のかげが染め浸みついているのを痛切に感じるのだが、その一つ一つが容謝なく私をうちのめす。死後一年を経過しても、その浸みついているものが少しも薄れてくれない。そのことが結果的には私に平穏な心境を与えてくれないのだ。これから遁れようとするには、この家はいうまでもなく、使い慣れてきた家具や什器に至るまでの一切を放てきする以外なさ相だ。そのことが私をして過去から切り離しうる唯一つの方法だという風にも考えられる。だが、果してそれを実行して身辺から一切を切りすてることが出来るとして、果してそれだけで平静な心境が獲得できるだろうかと考えるとやはりそれにも疑義が残る。

ここで切れている。文子没して一年、このころにはその独り住いを慮《おもんぱか》る周囲から、例えば神戸の甥（酒井道雄）からの同居といった提案があった。それらの好意に対応しようとする自分を見つめ直し、問うために記し始めた私記だ。が、その生活について思いをめぐらそうと周囲を見まわすや、そこから不在の文子が滲み出してくる。それはいない文子を求めうろたえる自身の影のよう――。

文子没後の四子吉は遺物を整理し、浄書されていた詩稿と、文子による多田等観からの聞き書き原稿を出版した。が、自分の個人展覧会については世話人や会場も決まっていたが、けっきょく中止した。その行動はかつて四子吉が、文子と新生活を始めてすぐに詠んだ歌を思い出させる。

そのかみの悪童の名に呼ばれたる　わがおもかげをなつかしむ日ぞ
人の世のこの面白さ　しんじつに　二二が八で終る世もある

「二二が八」となった「人の世の面白さ」。それが去ってしまった今、その空隙を狙っていたように、「悪童の名に呼ばれたるわがおもかげ」が浮かび出る。それもどくだみの花の、フリジアの花の、その「白」が放射するさみしさ、かなしさにひとすじに浸ろうとする「悪童」だ。情けないのか、雄々しいのか、それが文子の死にひたに面して立ち返った野性の貌《かお》だった。

文子が没して四年たった一九八七年三月二十一日、四子吉は八十六年六カ月の生涯を閉じた。その日頃口にした、「死ぬのはちっともこわくない。人間はやがて一人で死んでいくんだから」ということば通りの死に方だったと酒井道雄はいう。最後の最後まで気丈であり、その「一人で在ること」には文子が付いていた。というより文子と共に「在る」ために独りだった。その「独り」を持続する姿に惹かれて、誰か彼かが毎日のように訪ねて行っていた、その一人が床に敷いたカーペットの上に呼吸を止めた四子吉を見出した。野生を文化のうちに貫こうと意思した生がもたらした威厳ある死だ。

絵を描くのは生物のなかで人間だけなのだろうか。いったい人間はいつごろから絵を描いたのだろうか。地球上各所に動物などの絵が残っている。あれらは洞窟や岩壁など、残るに適した条件だったから今に残ったのであり、消滅した絵も無数にあるだろう。どうして彼（女）らは絵を描いたりしたのだろう。そこにどうしてヒトをふくめ動物を描いたのだろうか。それはまたなにを、どこまで意識した行為だったのだろうか。

描いた理由など、現代からは想像するしかない。が、これは想像はできるということであって、想像できるのはそこになにかを感じるからであり、稚拙、ナイーブ、素朴に巧みな、ヒトをふくめた動物絵図が今に訴えかけてくるなにかを持っているということだろう。そのなにかは、描いた人間たちと現代人に共通するような、なにかなのではないか。

人類発生から変わらぬ感覚と、その働きを野生と呼ぶなら、それら動物の絵が喚起するなにかは野生と関係があるに違いない。

洞窟などに描かれたヒトは、動物と同じ「次元」にいるように見える。動物はヒトと同じ面に描かれることによって、ヒトの次元に入り込んだということだろうか。これは、描くヒトにとっては描くことによって、自分たちの世界へ、動物を取り込んだということになりそうだ。そういう働きを「描く」行為は、担い孕んでいたように思われてくる。

絵が残った条件である風雨などを防いだ空間とは居住に適した場所であり、そこで火を焚くことを知ったヒトは、草木などの煙化とともに進行する、闇を溶かしてゆく炎と熱の働きに神秘を感じていただろう。そのゆらめく明かりに照らされながら、太陽の光と密接な昼間なる「外」の景色を壁に描きとどめ、そこに自身らの姿も描いた。

洞窟は安心して食べ眠ることができる「内」なる仲間といられる場所だ。内から一歩、外に出ると、そこにはヒトと仲間外のヒト（他人）をふくめた動物が、獲物を求めて「平等」に殺し、殺される場が拡がっていた。この殺し殺される関係、平等の切実さが、彼らの絵に反映しているように見える。

生物としての平等性を条件づけているのが自然だろう。ヒトはその自然を自然として、畏怖の感覚をともないながら意識したとき、その意識のうちに生物としてのヒトであることを、動物としての平等性とともに感覚するのだろう。イヌイット、ロマ、アイヌといったことばにその名残りを感じることができる。

今の人間世界でスポーツが盛んに楽しまれるのは体力という野生を、運動性能として興奮をともないながら安心安泰に味わい偲ぶことができるからだろう。そしてスポーツには美が必ず付帯する。

その美はいかに優美であろうと、野生の感覚と密接だ。生きた肉体が手段であり、目的である限り生と無縁であることはできないのだろう。そして野生が本来、死に極まる危険性をともなうように、美もまた危険ななにものかを秘して美であるようだ。

自然を支配しようと努めてきたヒトは、今、あらためて自然との「共棲・共存」の知恵を急ぎ求めている。その知恵のためには野生の感覚が必要不可欠だろう。知恵はヒトが、計りがたい自然の力に接して得たのだから。自然への畏怖をともなった切実な願望から生まれ育てた知恵、これを祈りの精神といっしょに蓄積したのが文化なのだから。自然との密接さ、切実さの感覚こそ当人の備える自然だ。自身の心身が備える自然、これが野生だ。蘇らせた野生に照らして、あらためて「自分」という文化の実態を見直すこと、ここからしか有効な知恵は湧いてこないだろう。

岩壁に遺る絵はヒトをふくめた生き物の共同の場、にぎわいの空間、ほとんどまつりの「場」のようだ。描くことによって流し流される血が交歓、応答し、生の鼓動が共振、共鳴し始める。そこでは岩膚や顔料とも交雑し、生き物たちの命がまつり、まつられている。このまつりによって、無機有機の「遺伝子」が交叉、混淆、交響し合い、地球規模の史的博物物語を奏でだす。

芸術は五官を対象的手段ではなく、目的対象にする。作品は鑑賞者の感覚に直に働きかけることで創造となる。感覚器官を刺戟することで、それが蔵しながら眠らせている性能を覚醒させる。その覚醒はそのまま開発であり開拓だ。これは心身が個々に遺伝した生来の性能、すなわち野生の諸能力を甦らせて育てることだ。咲いた花は一輪のイヌフグリであっても、花弁を空気と天象にさらして華麗、花粉を虫やら鳥に向かってふるわせ多彩、その濡れて満開の生殖器は雄々しく神々しい。

野生の諸力、その輪廻転生は一瞬を永遠とし、細部を普遍にまでつなぐことにおいてエコロジカル・ロマンスと呼ぶにふさわしい。

あとがき

牧野四子吉が描いた生物画はきわめて忠実な写実だが、伝来の写生術による動植物画とは違った不思議さがある。その不思議な印象が、ぼくにはその絵の魅力と重なった。したがって絵に不思議をもたらす根拠および由来をたずねることが、その魅力を問うことに重なる。という次第で、それについて長々と記してきたわけだが、ここで「あとがき」として、そのような印象および問いかけを持つにいたった私的経緯とその後について略述しておきたい。

四子吉にとって琵琶湖は、生物画に導いた川村多実二を偲ばせて静かに深い。その琵琶湖にぼくが関わるきっかけは、田島正夫さんに与えられた。田島さんに沢近十九一《さわちかとくいち》さんを紹介されて、そこでぼくは、当時建設中だった滋賀県立琵琶湖博物館の資料収集を手伝うことになった。

その仕事は瀬田在住の写真家、前野隆資さんが六十年余にわたって撮った八万枚になる近江の写真（生活の景が多く、すべてに撮影日時と場所をメモされていた!）、これに民俗的解説を付ける作業だった。この作業を企画した博物館設立準備室の担当者が、京都学士山岳会（ＡＡＣＫ）および京都探検地理学会を継いだ京大探検部初の女性部員、嘉田《かだ》由紀子さんだった。嘉田さん運転の車に同乗、前野夫妻をともない、かつての撮影現場を訪れ、当時のスライドを映写し、現地の人たちの話を聴く会を何度か持った。

彼ら彼女らの反応は画面に映った人たちを特定することから始まった。そこに幼い、また若い自分たちの姿が現出して、そのどよめきのうちに、隅のほうに写るはるかな故人の背中姿からでも、その名前をすべて挙げた。この事実が如実に示すのだが、生活スタイルが激変する前の日常について、映った事物を手掛かりに細部を、まさに「言挙げ」して詳しく説き明かしてくれた（前野隆資写真集『琵琶湖・水物語——湖国の絆は時代「とき」をこえて』平凡社、一九九六年刊の嘉田解説に詳しい）。

沢近さんは長く月刊『アニマ』（平凡社）の編集長を務めた方で、今回も役立たせてもらった『彩色江戸博物学集成』（平凡社、一九九四年）の雑誌連載時もそうだったのではないかと思うのだが、その下での作業と人との交流、会話を通じてぼくは、生命が依拠する自然の博物誌について蒙《もう》を啓《ひら》かれた。加えるにヒトの生活は生活技術の伝承と新たな蓄積を意味し、その歴史とは時間軸によるいわば縦の博物誌だと考えるにいたった。

この時点では牧野四子吉について、回想文集の『にど　だもれ』に寄せた山本安英《やすえ》の文章を筆録するという形で関わっていたのだが、まったく意識していなかった。そのぼくを四子吉の展覧会に誘ったのは、これも同じ田島正夫さんだった。桜を主としたと記憶するのだが、鎌倉の小さなギャラリーへ。つづいて京都・思文閣でのシンポジウムをふくむ大規模展覧会へだった。

ヒトを除く生物は一個体の表現が、そのままで博物誌を想起させることがあると気付かせたのが四子吉の絵だった。その根拠および由来をたずねて、四子吉の「願望」が出会い、行い、またその周辺で起きた事やら物について広く枚挙してゆく作業は楽しかった。しかし、それらを適宜に分類、整理しようとして困惑した。そのための準拠枠が見えない。全体を眺めわたす手段がなく、透視は効かない。そこで浮上したのが「博物誌風精神誌」だった。「事物」を枚挙するにあたって、精神現象の徴《しるし》として誌《しる》すということだ。

今や極微界も無限大も、その全貌を捉えられないから全貌だ。が、また部分あっての全貌であることもたしかだ。部分は、全貌を支える直接性——触れて応える——をもって部分である。精神誌として部分を枚挙すれば、そこから現象の種々相を一貫するものがのぞいてくる。それは不思議さの全貌に反応する直接性であり、その強度と震度に関係するという見通しだ。

四子吉の著作権継承者の酒井道雄さんは、かつて『神戸新聞』の政治部記者だった。田中角栄が盛んなころ、東京支局におり、その目白「御殿」は取材場所であり、そこから住宅街の細道を抜けて近い牧野宅には必ずのように訪ねたとのこと。酒井さんには岩波新書『神戸発阪神大震災以後』(一九九五年)のような編著書もあり、四子吉の評伝を残すには最適とぼくは言うのだが、「いや、いや……」と肯《うべな》わなかった。そして便宜以上のお世話を享けることとなった。

神戸の酒井さん宅に逗留し、香代子夫人の手になる三食をいただきながら資料を調べさせてもらった。また「牧野四子吉・アトリエの会」の高山明子さん、藤川康洋さんには、その後、たびたびの問い合わせに応えてもらった。

四子吉を知ってからすでに二十年になるわけだが、この間に直接に、また手紙、メール、電話で「インタヴュー」した方々には、その個々の場面が思い出されるのだが、感謝とともに遅延をお詫びしなければならない。ご氏名を挙げさせていただく（敬称略）。

有藤寛一郎（植物画家だが、その営む古書店で話をうかがった）、工藤茂（由利本荘で生まれ育った、『にど　だもれ』の最年少編集者）、杉本誠（移転後のイタリア人収容所があった豊田市でマライーニ展を開催）、田端英雄（美濃、上石津で里山実践中。半年に一度は進行具合について尋ねられた）、斉藤清明（京大探検部出身。本田睨《にらむ》の本を教示された）、田島明（姉が幼時、ダーチャ・マライーニと一緒に遊んだ）、常石敬一（広重徹に鍛えられたとのこと）、山田正平（イタリア語の解読）、山田晴基（美作在なので、可児藤吉の遺族を捜してもらった）、可児敬司（可児藤吉の甥）、蒔苗博道《まかないひろみち》（可児敬司氏の紹介。「可児藤吉の『軍隊日誌』」他をNPO機関誌『富士山麓の自然』に掲載）、西村登（蒔苗氏の紹介。五十年代、京大宮地教室への「国内留学生」）、松本昌次（未来社と理論社発行の文子著書のほとんどをもらった）。すでに故人も多くなってしまったが、静かな励ましを受けていた二十年だった。

ぼくが興深く読んでいた著述家、面識のない二人の著書の「あとがき」に共通して「中川和夫」の名前を見ていた。そこで「ぷねうま舎」の中川さん宛に今回の原稿の「はじめに」を、紹介もなく郵送した。そこから氏との交流がはじまり、二年になる。氏は「なんとねばりづよい」と呆れながら、拙稿を丹念にチェックし、サジェッションしてくれて、なんとも感謝のことばがない。ただぼくが「筋」として徹したかったのは、あふれ増大する情報現象なのだから、その消費対象として「再生可能」を意識することだった。

『にど　だもれ』をはじめ、多くの図書から引用させていただいたこと、そして図版（写真）を利用させていただいたことを、関係者の皆さまに深謝いたします。

二〇二〇年十二月十六日

船木拓生

船木拓生

1947年生まれ。早稲田大学第二文学部露文科卒。1970年、“山本安英の会”事務局に入り、木下順二『夕鶴』『子午線の祀り』などの制作に携わる。“会”解散後、企画編集プロダクションを経てフリー。著書、『富士の気分——深沢七郎・三島由紀夫・武田泰淳による綺想（かぷりちょす）』（西田書店、2000年）、『評伝 観世榮夫』（平凡社、2007年）。

俠気の生態学　牧野四子吉と文子の鮮やかな日々

2021年4月23日　第1刷発行

著　者　船木拓生《ふなきたくお》

発行者　中川和夫

発行所　株式会社ぷねうま舎
〒162-0805　東京都新宿区矢来町122　第二矢来ビル3F
電話 03-5228-5842　　ファックス 03-5228-5843
http://www.pneumasha.com

印刷・製本　株式会社ディグ

ISBN 978-4-910154-17-6　　Printed in Japan

この女《ひと》を見よ
——本荘幽蘭と隠された近代日本——
江刺昭子・安藤礼二
四六判・二三二頁
本体二三〇〇円

釈宗演と明治
——ZEN 初めて海を渡る——
中島美千代
四六判・二七二頁
本体一八〇〇円

友ありき 与謝蕪村
渡辺 洋
A5変型判・三二二頁
本体二六〇〇円

ダライ・ラマ 共苦《ニンジェ》の思想
辻村優英
四六判・二六六頁
本体二八〇〇円

甲陽軍鑑の悲劇
——闇に葬られた信玄の兵書——
浅野裕一・浅野史拡
四六判・二五六頁
本体二四〇〇円

真説 巌流島
浅野史拡
四六判・三五六頁
本体二〇〇〇円

死後の世界
——東アジア宗教の回廊をゆく——
立川武蔵
四六判・二四六頁
本体二五〇〇円

土に還る
——野辺送りの手帖——
中島美千代
四六判・二二〇頁
本体一八〇〇円

大いなる夜の物語
清水将吾
四六判・二二〇頁
本体二〇〇〇円

——ぷねうま舎——

表示の本体価格に消費税が加算されます
2021年4月現在

死海文書

全12冊

編集委員：月本昭男・勝村弘也・守屋彰夫・上村　静

Ⅰ	共同体の規則・終末規定	松田伊作・月本昭男・上村　静 訳	本体6200円
Ⅱ	清潔規定・ハラハー・神殿の巻物	阿部　望・里内勝己 訳	
Ⅲ	聖書釈義	月本昭男・山我哲雄 上村　静・加藤哲平 訳	次回配本
Ⅳ	黙示文学	月本昭男・勝村弘也・阿部　望 杉江拓磨 訳	
Ⅴ	エノク書・ヨベル書	月本昭男・武藤慎一・加藤哲平 訳	
Ⅵ	聖書の再話１	守屋彰夫・上村　静 訳	本体5300円
Ⅶ	聖書の再話２	守屋彰夫・上村　静・山吉智久 訳	本体5400円
Ⅷ	詩篇	勝村弘也・上村　静 訳	本体3600円
Ⅸ	儀礼文書	上村　静 訳	本体4000円
Ⅹ	知恵文書	勝村弘也 訳	本体5000円
Ⅺ	天文文書・魔術文書	勝村弘也・上村　静・三津間康幸 訳	
補遺	聖書写本・銅板巻物	勝村弘也ほか 訳	

ぷねうま舎

表示の本体価格に消費税が加算されます

2021年４月現在